CÓMO VER UNA CORRIDA DE TOROS

José Antonio del Moral

CÓMO VER UNA CORRIDA DE TOROS
MANUAL DE TAUROMAQUIA PARA NUEVOS AFICIONADOS

ALIANZA EDITORIAL

Fotos: Arjona

Primera edición: 2009
Novena reimpresión: 2024

Reservados todos los derechos. El contenido de esta obra está protegido por la Ley, que establece penas de prisión y/o multas, además de las correspondientes indemnizaciones por daños y perjuicios, para quienes reprodujeren, plagiaren, distribuyeren o comunicaren públicamente, en todo o en parte, una obra literaria, artística o científica, o su transformación, interpretación o ejecución artística fijada en cualquier tipo de soporte o comunicada a través de cualquier medio, sin la preceptiva autorización.

© José Antonio del Moral Pérez
© de las fotos: Arjona
© Alianza Editorial, S. A., Madrid, 2001, 2009, 2010, 2011, 2014, 2016, 2017, 2019, 2021, 2023, 2024
Valentín Beato, 21; 28037 Madrid

ISBN: 978-84-206-9353-8
Depósito legal: M. 39.350-2011
Printed in Spain

SI QUIERE RECIBIR INFORMACIÓN PERIÓDICA SOBRE LAS NOVEDADES DE
ALIANZA EDITORIAL, ENVÍE UN CORREO ELECTRÓNICO A LA DIRECCIÓN:

alianzaeditorial@anaya.es

*A todos los que sintiéndose íntimamente atraídos por el toro y el toreo
consiguen alcanzar la verdadera afición.
Porque aficionados sólo son
los que se motivan y perseveran por afecto.*

Y a mis amigos
Antonio, José y Alfonso Ordóñez Araújo,
Francisco Rivera «Paquirri», José María Manzanares, Emilio Muñoz,
Paco Ojeda, Juan Antonio Ruiz «Espartaco», Enrique Ponce,
Diego Robles, Pascual Montero, Álvaro Domecq Díez,
Atanasio Fernández, Carlos Núñez Moreno de Guerra,
Juan Pedro y Fernando Domecq Solís, José Luis Buendía,
Manolo González Sánchez-Dalp, Pilar Fernández Cobaleda,
Gabriel Aguirre, Manuel y Antonio Tornay, Álvaro Arias,
Guillermo Sureda, Claude Popelín, Antonio Abad Ojuel,
Alfonso Carlos Saiz Valdivielso, Nacho Alvarez Vara,
Mariano de la Cruz, Jean Cau, José Enrique Moreno,
Joaquín López del Ramo, José Joaquín Marroquí, José y Agustín
Arjona, François Vergé, José Miguel e Ida Ibernia, Jesús Fernández-
Lerga, Patrick Guillaume, Daniel y Cristina Lalanne, Juan María
Gómez Mariaca, Juan Antonio Gómez-Angulo, Olivier Baratchart,
Marc Lavie, Javier Silva y Azlor de Aragón, Dolores Aguirre,
Francisco Baruqui, Pierre Arnouil, José María Arechavala,
José Luis Bilbao, Alicia Hall, Michael Wigram, Carlo Crosta, Elio
Garbieri, Joe Distler, Domingo Luis Valenciano, Paco Pepe Díaz
Moreno, Francisco Benítez, Manuel y Fernando Bermejo, Carlos Ruiz
Villasuso, Alfredo Casas y Xavier Cazaubón.

Y, sobre todo, a mis padres,
José del Moral y M.ª del Pilar Pérez-Cortina.

*De una manera u otra,
todos ellos fueron y son mis mejores maestros.*

ÍNDICE

Prólogo a esta edición 9
Prólogo, por Ignacio Álvarez Vara «Barquerito» 11
Presentación y advertencias 15

1. La plaza de toros 21
2. ¿Quién torea esta tarde?... 43
3. Pórtico e inicio de la corrida 65
4. ¿Qué es la lidia? 81
5. Primer tercio: el toreo de capa y la suerte de varas .. 93
6. Segundo tercio: la suerte de banderillas 123
7. Último tercio: el toreo de muleta y la estocada 135
8. Sobre los vestidos, los utensilios y la música en los toros 195
9. Nociones sobre el toreo a caballo 203
10. El toreo en Portugal 225
11. Las estirpes del toro y sus caracteristicas morfologicas 235
12. Toreros historicos y semblanza de los actuales 253

Últimos consejos 333

PRÓLOGO A ESTA EDICIÓN

Cuando Ignacio Álvarez Vara «Barquerito» terminó de leer el primer original de este libro y antes de escribir el prólogo que le pedí, me dijo estar seguro de que *Cómo ver una corrida de toros* sería traducido a otros idiomas y que se publicarían sucesivas ediciones. Confieso que su comentario me sonó más al deseo elogioso de un amigo que a certera premonición, al cabo de los años confirmada con creces. Aparte las varias ediciones prácticamente agotadas en la colección de bolsillo de Alianza, se publicó en francés con gran repercusión y ventas, se está traduciendo al inglés y al portugués, se editó en México de cara a la enorme afición americana, el año pasado en la apreciada colección del Círculo de Lectores, y ahora, corregido y aumentado, en esta edición de lujo que presentamos. El árbol, pues, ha crecido, da sombra a más de cien mil nuevos aficionados repartidos por toda la geografía taurina del mundo y espero seguirá cobijando el entusiasmo por la fiesta brava de muchos más lectores.

Creo sinceramente que los excelentes resultados editoriales de este libro se deben a la deliberada claridad que busqué al escribirlo, cuidando a toda costa la sencillez del lenguaje, de modo que el discurso narrativo de cuanto aquí se explica no chocara con la impresión primeriza del espectador cada vez que presencia un festejo y le sirviera de faro para iluminar los secretos aparentemente ocultos del toreo, de su técnica, de la lidia en definitiva y, por supuesto, de esa guía elemental por necesaria para descubrir las reacciones que definen los distintos y cambiantes comportamientos del toro a lo largo de su lidia. Por eso no ha sido un libro polémico o proclive a discrepancias, sino a coincidencias y a la luz que, a la postre, nos une en el mejor disfrute del toreo. Y en mi empeño de que sobre todo sirviera a los que se asomaban por primera vez a los ruedos, descubrí que a los que verdaderamente saben de toros les gustó tanto o más que a los que no conocían nada del tema y, por consiguiente, tuve la certeza de que de toros deberíamos escribir y hablar siempre con la máxima claridad posible. Hasta la aparición de este libro, mis propias obras anteriores y la mayor parte de los muchos y excelentes trabajos que he leído de otros autores habían tratado el tema taurino con el lenguaje y los tópicos que solemos emplear los que somos aficionados cuando discutimos entre nosotros. Una jerga, desde luego original y atractiva por exclusiva, pero en absoluto comprensible para la mayoría. La identificación entre la experimentada visión del autor y la virginidad taurina de los nuevos lectores al descubrir unos misterios que creían indescifrables ha sido, pues, el verdadero motor de este libro. Por eso y salvo algunas erratas e imprecisiones, no he tenido que cambiar la letra ni el espíritu de *Cómo ver una corrida de toros*, aunque sí ampliarla o modificarla en su parte histórica y en las semblanzas de toreros contemporáneos que al publicarse la primera edición estaban en lo alto y ahora se han retirado o decaído, otros que sólo apuntaban posibilidades y alguno que ni siquiera había toreado vestido de luces.

PRÓLOGO

Los contados manuales sobre tauromaquia publicados a lo largo del último siglo corrido desde el primer tratado de Sánchez de Neira (1879) a la enciclopedia de Ortiz Blasco (1991) cumplieron misión de nomenclátores taurinos con la intención expresa de hacer comprensible el toreo. En España, donde la transmisión oral de la ciencia taurina ha sido mayoritaria, los libros de toros se han leído poco y bastante mal, pero todos esos manuales han contribuido a crear y profundizar aficiones. Sin embargo, el mero conocimiento de la jerga taurina no presupone la comprensión del toreo, que, además de verbalmente alambicado, es un mundo conceptualmente complejo y excesivamente encerrado, como una obsesión, en sí mismo.

A muchas cosas se asemeja el toreo como concepto de fondo: al lenguaje mismo, porque el toreo es sintaxis, es decir, una integración de elementos que conforman una unidad de expresión; a la geometría, porque el toreo es la resolución de un problema de extensión y de espacios; a cualquiera de las artes plásticas, pues nadie podrá negar al toreo su capacidad genuina de crear incesantemente formas e imágenes.

Sujeto a leyes casi exactas pero sometido al rigor que impone la imprevisibilidad de una fiera, el toreo es, además, un formidable ejercicio de expresión personal, un fondo sin fin de ejercicios de estilo. Es todo eso lo que, al cabo de dos siglos, ha obligado al toreo a generar su propio vocabulario.

La atracción despertada por la tauromaquia se debe en parte a la fuerza original del vocabulario taurino, intraducible porque carece de equivalencias reales en otras lenguas cultas. Ese lenguaje específico es, por tanto, una herramienta imprescindible para entender los toros. Pero no es, ni mucho menos, la única. De toros se aprende sólo a base de ver. De ver mucho y de saber ver cuanto se ve. La categoría de buen aficionado, que está muy por encima de la de espectador, es gradual, no admite la precocidad y sólo se adquiere con la experiencia.

Este nuevo libro de José Antonio del Moral, que me parece el más moderno y el más práctico de cuantos prontuarios taurinos conozco, viene, en cierto modo, a enriquecer esa experiencia. Primero, porque es un manual de notable voluntad didáctica. Luego, porque, a pesar de su claridad elemental, no ha renunciado a plantear ninguna de las grandes cuestiones de fondo del toreo, que son las mismas que quienes nos tenemos por aficionados formados consideramos cuestiones palpitantes, o sea, las que nos identifican, nos dividen o nos hacen afines. Los toros se pueden aprender a ver, pero, cuanto más se van viendo, más particulares son las visiones del toreo.

Con la experiencia se van haciendo más irrenunciables e insobornables el gusto y el criterio: ejercer de aficionado es desarrollar una pasión. Detrás de un crítico taurino, es obvio, se esconde, o debería en mi opinión esconderse, un aficionado apasionado. Eso al margen del viejo consejo del maestro Gregorio Corrochano que obliga al crítico a ser, en el tendido, un espectador menos y un aficionado rigurosamente silencioso.

De modo que esa apasionante claridad –a propósito de la corrida, que se va desgranando página a página– es una de las virtudes mayores de este libro que, sin tópicos, viene a llenar una de las más inexcusables lagunas de la bibliografía taurina. No existía en español un manual que explicara con tan cartesiana precisión las formas y el fondo del espectáculo. Tres reconocidos maestros de la crítica taurina como César Jalón «Clarito», Gregorio Corrochano y el francés Claude Popelin habían abordado ese trabajo pero no de manera integral. Del Moral, original pero deudor, como cualquier aficionado, del saber heredado, entronca con el espíritu doctrinal de todos ellos, pero lo ha puesto al día, porque el toreo ha evolucionado bastante desde que «Clarito», Corrochano y Popelin concluyeron sus respectivas obras de divulgación, reflexión personal y análisis.

El repertorio de la tauromaquia que se incluye aquí me parece un exhaustivo catálogo de suertes del toreo y de señas de conducta del toro. Creo honradamente que ilumina no sólo al profano: confesaré que, después de muchos años de afición militante, me he sentido enriquecido con su lectura a pesar de la voluntad deliberadamente divulgativa del *corpus* central del libro, que ha prescindido de toda retórica y de cualquier erudición superflua, males endémicos de la literatura taurina. Me parece también que el hilván de sugerencias de Del Moral para quien quiera convertirse en un buen aficionado tiene algo de fórmula infalible, aunque todavía no se haya descubierto la receta que enseñe a saber escuchar.

Para aprender de toros es tan importante saber ver como saber escuchar, y José Antonio del Moral, que echó los dientes en una plaza de toros y que lleva más de la mitad de su vida dedicado casi en exclusiva a desentrañar el espectáculo, ha tenido la fortuna de haber podido y sabido escuchar a grandes aficionados y a grandes maestros profesionales de los distintos estamentos del toreo. Tendré que señalar que él ha sido uno de los raros aficionados precoces que he conocido.

También, por cierto, he tenido yo la fortuna de disfrutar escuchando a José Antonio del Moral después de haberlo conocido, hace ya un cuarto de siglo, como incipiente escritor taurino. Primero, como crítico de la crítica; después, como charlista y crítico maduro. Lo he seguido siempre porque siempre he tenido, y aún tengo, la curiosidad de conocer su punto de vista, sus ponderaciones y su sentido crítico a propósito de una corrida que hayamos tenido la ocasión de ver los dos. Si es corrida que yo no he visto, lo tengo por juicio del todo fiable, por buen retrato y por buena crónica. En prensa y en libros ha dejado un legado de destacado peso específico. Está avalado sobre todo por su conocimiento, pero igualmente por su honradez y por una independencia tan feroz que no ha temido nunca nadar contra corriente.

Lo cómodo de nuestro oficio de críticos taurinos ha sido asentir con los tópicos, de cualquier clase y de cualquier signo. Haberse atrevido a desafiar las visiones tópicas le ha granjeado a Del Moral el respeto sincero de muchos, particularmente dentro del mundo de los profesionales del toreo, donde goza de crédito y prestigio, pero también le obliga con frecuencia a atravesar más de un desierto y a subir más de un calvario.

Del Moral no ha sido un crítico radical, tampoco fácil, pero sí un crítico exigente –lo es todavía y me imagino que no podrá dejar de serlo nunca– y, además, uno de los más profundos enamorados del toreo que puedan imaginarse. Dueño de su criterio, ajeno a cualquier compromiso, al abrigo de su larga experiencia, se ha atrevido en estas páginas con una sucinta historia del toreo que, sin dejar de ser provocativa, resulta de una rotunda transparencia. También esa síntesis de historia del toreo, apurada hasta el final de la temporada del año 2000, me parece elemento enriquecedor en este libro. No todo el toreo cabe en un libro, desde luego, pero aquí cabe mucho de él. No el misterio todavía incomprensible de que un toro embista, porque la capacidad de embestir de un toro sigue siendo algo así como un desafío genético. De la misma manera, resulta difícil la explicación de esa metáfora tan única de la vida y la muerte que es el toreo como espectáculo. Aquí están las líneas para empezar a entenderlo y para entenderlo mejor.

IGNACIO ÁLVAREZ VARA
«BARQUERITO»

PRESENTACIÓN Y ADVERTENCIAS

GRAN PARTE DE LOS ESPECTADORES que asisten a las corridas de toros y muchísimos de cuantos las contemplan a través de las pantallas de televisión desconocen los misterios de lo que ven. No digamos los que nunca las han visto y sólo tienen referencias taurinas a través de comentarios esporádicos y fugaces en los medios de comunicación.

Este libro intenta, de una parte, aproximarles a lo desconocido, y de otra, que cuando vayan a los toros y solamente logren detenerse en las imágenes más o menos plásticas que derivan del juego taurino, puedan descubrir el fondo de su razón. Porque detrás de lo que ocurre delante de sus ojos hay un mundo variadísimo de situaciones que, si se saben descifrar y se aprende a valorar, pueden desvelar gran parte del entramado de un arte único por incierto, efímero e irrepetible. Incierto porque imprevisibles y hasta misteriosos son los diversos comportamientos de las reses bravas, y diferentes cada uno de los toreros y sus respectivos estados de ánimo. Efímero, ya que sucede en un estrecho y limitado periodo de tiempo.

E irrepetible, pues cualquier lance taurino, por pequeño o grande que sea, jamás se puede contemplar de nuevo en las mismas circunstancias.

A muchos les podrá parecer casual el arte del toreo. No lo es, porque se basa y surge en la mejor conjunción de las condiciones específicas de un hombre dotado para la profesión taurina, enfrentadas a las de un animal peligroso: El valor como soporte de la inteligencia que el torero utiliza para domeñar y aprovechar la mayor o menor fuerza, fiereza y nobleza del toro, en cada caso, tratando de que la lucha o el juego se desenvuelvan con el máximo, el más hermoso, personal y ajustado acople entre los contendientes. Cuando el intérprete logra acoplarse con un toro en grado máximo y siente su obra en lo más hondo, la realidad torera parece un sueño. Un sueño ideal capaz de emocionar y entusiasmar a todos los espectadores al unísono como muy pocas artes lo logran, sean o no aficionados y entendidos. Lo que distingue a unos de otros es que los verdaderos aficionados también disfrutan en las corridas que no deparan momentos sublimes, y los que no lo son se cansan si no hay éxito, desesperan, llegan hasta despreciarlas.

Dedicamos por ello y muy especialmente este libro a los que sin saber nada o casi nada del toro y del toreo quieran descubrir las razones de una repentina atracción por las corridas, porque hubo algo que les sedujo en su primera experiencia, sin poder explicar cómo ni qué. También va dirigido a cuantos después de asistir a uno o dos festejos taurinos deciden no volver más por el aburrimiento que supone no comprender nada de lo que en el ruedo ocurre, por hermoso o desagradable que resulte. A los que piensan y hasta creen que todos los toros son iguales y que los toreros siempre hacen lo mismo. A cuantos simplemente quieran saber algo, sin más. Y, por supuesto, a los ya iniciados que pretendan descubrir aspectos o matices no observados, porque les ayudarán a descifrar otros nuevos.

Nos gustaría también acercarnos y desengañar a cuantos creen que el toreo es un espectáculo brutal y arcaico. Seguramente desconocen las innumerables referencias de las fiestas y juegos taurómacos que han quedado plasmados por el hombre desde el principio de los tiempos en distintas facetas del arte y que engrandecen la cultura y la historia. Buena prueba de ello son las pinturas rupestres de Altamira y Santimamiñe, los neolíticos turolense y albaceteño, toda la cultura del Mediterráneo, los ritos taurunupciales, los toros pétreos de Guisando y las menciones que de distintos aspectos taurinos figuran en los Fueros de Tudela y en las *Cantigas* del rey Alfonso X el Sabio, entre otras muchas de la riquísima y permanente simbología taurina, cuya manifestación artística más señera fue reflejada por nuestros pintores Goya y Picasso en sus respectivas y universalmente admiradas tauromaquias.

Y por justificar más la raíz cultural de la Fiesta Brava sin caer en las sabias y demasiado repetidas citas de José Ortega y Gasset, reproducir algo de lo que el profesor Tierno Galván escribió sobre la afición a los toros por lo que supone de apoyo a las pretensiones de este libro: «Los aficionados a los toros participan en una creencia. La afición es, en cierta manera, un culto. El espectador taurino cree en ciertas cualidades inherentes al hombre que constituyen la hombría y, precisamente porque cree en ellas, va a los toros».

Pero no sólo los grandes del intelecto y de la literatura española han dejado el testimonio de su taurofilia en sus estudios sobre la tauromaquia. Los nombres de Evans, Obermaier, Montherlant, Schwob, Doumerque, Cocteau, Legendre, Cau, Smith, Leiris, Hemingway, entre otros muchos, contradicen a los que tachan a la Fiesta de espectáculo inculto para satisfacer a incultos. El toreo, aparte haber dado lugar a la inspiración de infinidad de artistas, es culto por sí mismo.

Muchas de las obras que han logrado los más grandes toreros de todos los tiempos, alcanzaron tanta categoría artística como las de los mejores intérpretes de la música, de la literatura, de la escultura, de la pintura, de la danza...

Nuestro propósito, sin embargo, es no caer en cultismos ni en citas más o menos espectaculares. Ni siquiera pretendemos justificarlas a fondo. De ahí una primera advertencia que hacemos a los lectores que sean muy aficionados o entendidos, incluso a los profesionales del toreo y de la Fiesta que pudieran adentrarse algún día en la lectura de estas páginas: que no esperen nada nuevo. Los que se asomen buscando hallazgos inéditos, tropezarán con obviedades. Eso sí, desmenuzadas e intencionadamente reiteradas en algunos casos, para hacerlas más simples de lo que parecen a primera vista.

En el toro y su lidia siempre queda algo por descubrir por mucho que se sepa. No hay pretensión de agotar todas las interrogantes en este intento, sino auxilio para que puedan desentrañarlas más lógicamente. Presentamos, pues, una guía muy simple, valedera incluso para jóvenes bachilleres y hasta para niños de escuela con el íntimo y exclusivo deseo de ayudarles a dar sus primeros pasos por el mundo taurino y para que disfruten como espectadores siempre que acudan a una plaza o se sienten delante del televisor para ver una corrida de toros.

Advertimos, también, a los lectores que nunca han asistido a las corridas de toros que, aunque éstas se rigen por una Ley aprobada en Cortes y por su correspondiente Reglamento, no nos hemos basado en su amplio articulado para abordar los temas que abarca este libro. El lector va a encontrar referencias al mismo, pero las que aparecen pertenecen a lo que afecta a la organización del espectáculo –que son necesarias–, no a cuanto implica a la lidia y al toreo. El Reglamento también da instrucciones concretas respecto a esto último, algunas demasiado rígidas y casi imposibles de aplicar en la práctica, por lo que hemos decidido opinar inclinándonos hacia todo lo que sucede realmente en las plazas de toros intentando no caer en utopías inalcanzables.

Quienes sin saber nada del toro y del toreo acceden a los primeros conocimientos sobre la tauromaquia sólo y exclusivamente a través del Reglamento, suelen pensar que en las plazas se aplica al pie de la letra y que así debe hacerse. Nada más lejos de la realidad. Una cosa es la letra de la ley y otra su espíritu. Tengan la seguridad de que si se aplicara el Reglamento a rajatabla, no se podrían celebrar corridas de toros. No quiere esto decir que el Reglamento de Espectáculos Taurinos sea innecesario, sino que a los nuevos espectadores les conviene más conocerlo y hasta, si prefieren, estudiarlo después de cerciorarse de su afición, so pena de quedar atrapados por una tela de araña en forma de intransigencia de la que es muy difícil salir.

1. LA PLAZA DE TOROS

Origen, razón y arquitectura de las plazas de toros

Desde que se celebraban corridas de toros caballerescas en el siglo XVI hasta las primeras que tuvieron lugar con diestros de a pie en pleno siglo XVIII los recintos utilizados para dar cobijo y marco a la Fiesta Brava pasaron de las plazas mayores puramente urbanas a las circulares fabricadas ex profeso para el mismo fin que ahora, en nuestros días, tienen. Madrid fue la primera capital del mundo en conocer una plaza de toros permanente de forma circular.

Algunos se preguntarán las razones de esta forma circular, si antes siempre habían tenido la planta cuadrangular característica común de casi todas las plazas mayores en pueblos y ciudades. Sencillamente, porque el círculo, además de posibilitar mayor capacidad de aforo y una visibilidad prácticamente uniforme, eliminaba espacios residuales y ángulos muertos que, a veces, resultaban excesivamente peligrosos. Cuando se celebraban corridas en plazas cuadrangulares, muchas reses tendían a refugiarse en algunas de sus esquinas y, por negarse a salir de ellas, el juego taurino se hacía difícil por no decir imposible, con todo el personal actuante alrededor del animal tratando de que abandonara su querencia de cualquier forma. Hubo, pues, que evitar rincones en los nuevos cosos taurinos porque así lo aconsejaba la experiencia de tantas celebraciones frustradas por tener lugar en recintos rectangulares, poligonales o de cuadratura demasiado irregular. Se dio el caso de alguna fiesta en la que, prevista y anunciada la suelta de varias reses, sólo pudo jugarse una porque, ya en la plaza la primera, no hubo modo de hacerla salir de la esquina donde se quedó parada a causa de su cobardía o mansedumbre. Circunstancia frecuente en aquellos tiempos en los que la cabaña de ganado bravo no había alcanzado el grado de selección que al cabo de los años tuvo. Además y en general, los toros pierden más fácilmente el sentido de la orientación en un recinto circular y corretean buscando recuerdos o salidas imposibles por las tablas que lo limitan.

Otra de las características comunes en los nuevos ruedos fue la adopción de suelos definitivamente arenados sobre tierra previamente apisonada y alisada, para que no resbalaran los toros ni los toreros. En las plazas urbanas, generalmente empedradas o enlosadas, los resbalones y consiguientes caídas provocaban accidentes gratuitos e innecesarios que también dificultaban el juego en el mejor de los casos, cuando no algún herido y hasta desgracias irreparables.

Poco a poco fueron adoptándose sucesivas ideas y realizadas las reformas más convenientes hasta configurar los cosos taurinos como ahora los conocemos. Espacios idóneos para centrar la mirada de los espectadores sobre el enfrentamiento del hombre con la fiera. Referencia ciertamente tardía de los circos en la antigua Roma donde tantísimos espectáculos similares habían creado historia 2.000 años antes. Y en el caso taurino, perfeccionados en círculo, como hemos dicho. Porque la mayoría de los circos romanos tuvieron planta ovoide, como se puede apreciar en los que aún existen y, sobre todo, en las famosas arenas francesas de Arles y de Nimes. Ambos, perfectamente conservados y finalmente utilizados como plazas de toros, mantienen su planta ovoidal.

Fueron, precisamente, estos dos anfiteatros y el Coliseo de Roma los antecedentes de un tipo muy repetido de arquitectura para las plazas de toros, aunque para ver el primer ejemplar perfecto hubo que esperar hasta 1859: la plaza de toros de Valencia, puramente neoclásica en su estilo. Porque las plazas más famosas se construyeron en el siglo XVIII, de fábrica todavía muy barroca. En 1760, la plaza de la Real Maestranza de Sevilla; en 1765, la de Acho en Lima (Perú), y en 1769 la de Ronda. Desde el siglo XVIII hasta nuestros días, las plazas de toros pasaron arquitectónicamente por fases distintas, más notables en su ornamentación que en su estructura, muy fiel a las necesidades de la lidia a lo largo de los casi dos siglos que llevan celebrándose corridas de toros según las normas generales todavía vigentes. Desde el barroco e incluso el rococó hasta el neoclasicismo, se han construido cosos de estilo neomudéjar, del hierro, modernistas, del hormigón, ibicencos o con módulos prefabricados y de la más avanzada vanguardia hasta las más recientemente cubiertas, como las de Zaragoza y, sobre todo por expresamente construidas con sofisticados techos móviles, las de «Illumbe» en San Sebastián y la más reciente del «Palacio Vista Alegre» en el barrio de Carabanchel de Madrid.

Los estilos preponderantes de cada época siempre han tenido reflejo en las plazas de toros. Edificios prácticamente públicos o tenidos como tales han venido configurando notablemente el paisaje urbano de muchas ciudades y pueblos grandes en sincronía con el arte preponderante en cada uno de ellos. Resulta curioso comprobar la similitud de estilos arquitectónicos entre las plazas de toros y otros edificios de carácter público en una misma ciudad. Como teatros, ayuntamientos, estaciones de ferrocarril y hasta mataderos o fábricas de harina.

Pero en el diseño de las plazas de toros también tuvieron influencia algunos protagonistas de la Fiesta. No en vano habían sido o iban a ser los escenarios de sus hazañas y era lógico que los matadores más influyentes intentaran dar normas o instrucciones muy precisas, también caprichosas, sobre cómo deberían construirse y con qué características. La idea de construir plazas monumentales es muy reciente, y aunque «Gallito» fue, precisamente, quien ideó la actual Monumental de las Ventas en Madrid previendo la enorme demanda que la Fiesta iba a lograr con el tiempo, fue un famoso matador de Chiclana (Cádiz), Francisco Montes «Paquiro», quien se destapó como primer legislador de la Fiesta, imponiendo a la lidia un determinado orden y a las plazas de toros la funcionalidad correspondiente a sus dictados. Hasta llegar él, las corridas eran un tumulto más o menos fiel a determinadas tradiciones que fueron creando costumbre. Pero desde que Montes dictó su *Tauromaquia* completa en 1836, todo empezó a tener razón de ser según normas y tiempos predeterminados. En este mismo tratado sobre *Tauromaquia*, «Paquiro», que había sido albañil antes que torero, también dio instrucciones de cómo debían construirse las plazas de toros: «Las plazas deben tener de cantería, cuando menos, hasta los primeros balcones. Y estar construidas con la mayor solidez y el gusto exquisito, debiendo ser el Gobierno quien cuide todo lo concerniente a su hermosura y magnificencia, pues son edificios públicos susceptibles de recibir cuantas bellezas posee la más brillante arquitectura, y en que debe darse a conocer a todos los que las observan el grado de esplendor y de adelanto en que se hallan las artes en España».

Aconsejó, incluso, la ubicación de las plazas con relación a la ciudad: «Deben estar en el campo, a cierta distancia de la población, combinando que se hallen al abrigo de los vientos que con más fuerza reinan en el pueblo; deberá haber una calzada de buen piso para que las gentes vayan a la función y un camino que no se cruce con el anterior, por el que irán los carruajes y las caballerías».

«Paquiro», a la postre considerado como inventor del toreo moderno, se preocupaba de algo que con el tiempo también se convirtió en parte del espectáculo. El entorno y acceso a las plazas, lugares de bullicio y animación inusitada los días de corrida. Cita ineludible para los que iban a los toros y para los que tan sólo acudían para ver entrar y salir a los matadores y a sus cuadrillas, a la banda de música, a las autoridades y a distintos personajes y personajillos famosos, cuando no para observar el gesto de gozo o de disgusto de los espectadores tras la celebración del festejo, tratando de adivinar y hasta de sumarse al general sentimiento como si hubieran estado dentro, según hubiera sido el resultado del festejo. Esta aglomeración de curiosos permanece viva en la mayoría de los pueblos y ciudades cuando se celebran corridas.

Naturalmente, con el transcurso del tiempo las plazas construidas en las afueras de las ciudades se vieron rodeadas de edificios y acabaron inmersas en plena urbe. Pero cada vez que se construye una nueva plaza –continúa construyéndose alguna cada año– se siguen imponiendo las instrucciones de «Paquiro», por lo que respecta a su ubicación y a muchas de sus indicaciones.

La mayoría de las plazas de toros han venido incorporándose al urbanismo de toda la Península Ibérica; del sur de Francia, donde también se adaptaron al orden establecido por «Paquiro», y, por supuesto, al de casi toda la América hispana. En todos estos países y regiones no se concebía que cualquier pueblo importante no tuviera su plaza de toros, porque no había ni hay celebración o fiesta sin una corrida o una feria con varios festejos.

Así ha venido imponiéndose, por encima de cualquier situación política o avatar social. El poder, en dictadura o en democracia, tiende a absorber lo popular. Gracias al enorme arraigo de los juegos taurinos del pueblo, desde el campo pasaron a las plazas mayores y de éstas a las plazas de fábrica donde la Fiesta Brava empezó a mostrarse como un espectáculo propiamente dicho. Espectáculo que sustituyó por completo el espacio que durante decenios había protagonizado la nobleza caballeresca. El gran cambio surgió cuando los plebeyos que a pie auxiliaban a los nobles jinetes fueron adquiriendo destreza y los más virtuosos de cada pueblo acabaron convirtiéndose en profesionales. Aunque ambas modalidades convivieron durante algún tiempo, la nobleza dejó de protagonizar la

Fiesta, implantándose el toreo de a pie como fundamento en la mayor parte de los festejos que se celebraban, quedando las suertes de a caballo en una y solitaria faceta, la del necesario castigo del toro o suerte de varas, anterior a las suertes definitivas del toreo de a pie propiamente dicho. Quedó, si acaso, para la nobleza lo que finalmente acabaría siendo el actual toreo a caballo o rejoneo y la crianza organizada de las reses de lidia.

Este trasiego social en torno a las corridas celebradas en las plazas de toros de fábrica no alteró para nada la estructura y la funcionalidad con que fueron inicialmente diseñadas. La mayoría, principalmente las más importantes, se conservan exactamente igual a como fueron construidas, aunque en determinados casos se hayan restaurado, mejorado o ampliado determinadas dependencias y servicios.

Descripción de la plaza y de sus dependencias

Entremos en la plaza de toros. E imaginemos la mejor posible: de capacidad media y con toda clase de servicios y dependencias para que el nuevo espectador tenga referencias y orientaciones precisas. Pero como no todas las plazas son perfectas ni, por supuesto, iguales, iremos describiendo lo más idóneo, marcando al mismo tiempo las carencias.

Cuantos más y más amplios sean los accesos, mejor. Tanto los que abren o cierran el edificio al exterior con puertas de entrada como los que conducen a los graderíos donde se acomodan los espectadores para ver el espectáculo. La angostura de las puertas y vomitorios en las plazas antiguas fue remediada con reformas en algunas y totalmente solucionada en las nuevas, sobre todo en las de reciente construcción, proyectadas en función de la mayor comodidad del público a fin de que la gente pudiera entrar y salir sin agobios y con la mayor brevedad posible. Lo mismo por lo que respecta a las zonas que relacionan las

Palcos, tendidos y callejón en la plaza de Sevilla.

dependencias interiores como pasillos, escaleras, etc., para que los espectadores no sufran aglomeraciones.

Lo idóneo es que cualquier espectador pueda circular libremente por todos los corredores de la plaza y que cada localidad esté perfectamente señalizada con la numeración que identifica el acceso al lugar del asiento que indica la entrada, como ocurre en cualquier otro espectáculo y, desde luego, en las plazas más importantes. La comunicabilidad entre dependencias distintas es muy conveniente en las plazas de toros, porque son frecuentes las equivocaciones al entrar por una puerta distinta a la debida. Así se evita el regreso a la calle para encontrar el sitio preciso.

Uno de los inconvenientes que tienen algunas plazas es, como hemos dicho, la estrechez de los vomitorios, debido a lo cual muchos espectadores rezagados no pueden ver la lidia del primer toro por estar reglamentariamente prohibido el trasiego de personas por las localidades mientras sucede la lidia. No se extrañen los espectadores que van por primera vez a una corrida de toros que los empleados de la plaza les impidan acceder a su localidad, ni que se les permita abandonarla mientras se lidia un toro, aunque sean el primero o el último. En todo caso, y en cualquier plaza, es conveniente ocupar la localidad con bastante antelación al comienzo del espectáculo y no abandonarla hasta que termine.

El aforo o capacidad de una plaza de toros debe estar en función de la importancia de la ciudad donde está ubicada, aunque no ocurra así en todos los casos, ya que hay ciudades e incluso capitales de provincia que tienen una plaza de toros con menor capacidad que las de algunos pueblos, como es el caso de la plaza del Puerto de Santa María (Cádiz).

Ya hemos dicho que «Gallito», máxima figura de su época (1908-1920) y uno de los toreros más importantes de la historia, inspiró la construcción de Las Ventas de Madrid y apadrinó la efímera Monumental de Sevilla creyendo, con razón, que las plazas antiguas se iban a quedar pequeñas y también para favorecer a los aficionados de economía más débil. Sin embargo, y respetando las intenciones del gran torero, la capacidad ideal de una plaza grande está entre diez y doce mil espectadores porque en las plazas de mayor aforo no sólo tiene que haber localidades demasiado alejadas del ruedo, sino que el coro que forma el público puede resultar excesivamente diversificado. La unidad de criterio de los espectadores es muy difícil de lograr en las monumentales, donde al socaire de la gran masa suelen anidar banderías y sectores en controversia, siempre molestos para el resto del público, de los toreros, e incluso de la brillantez del espectáculo. De ahí que las mejores aficiones o al menos las consideradas más solventes son las que respecto a los avatares de la lidia se manifiestan al unísono. Los aficionados muy nuevos y los espectadores ocasionales que vean por primera vez una corrida de toros pueden darse cuenta de ello a poco que observen las reacciones del público que les rodea.

La lidia se contempla mejor a corta o media distancia que desde lejos. Las localidades muy altas o excesivamente distantes de la acción privan de algunos detalles importantes. El gesto del torero y la mirada del toro, entre otros. No en vano es por esta distancia que los precios de los sitios más cercanos al ruedo –barreras, contrabarreras y primeras filas de tendido o gradas de sombra– son más caros que los altos y bastante más que los lugares de acomodo al sol. Bajo la sombra prefieren casi siempre actuar los toreros, salvo en las excepciones que imponen determinadas condiciones del toro o para guardarse del viento, si sopla más donde hay sombra que al sol, porque el viento resulta molestísimo para torear por el descontrol que el torero tiene de los engaños cuando arrecia. Y cuanto más sople, peor.

Pero ya que hablamos del sol y de la sombra, simplemente apuntar para los que nunca hayan pisado una plaza de toros que, al igual que en cualquier otro recinto donde se celebran espectáculos al aire libre, hay dos partes claramente diferenciadas entre el espacio soleado y el sombrío. La línea de sombra arrojada que separa uno de otro y que avanza hasta convertir todo en sombra mientras dura una función vespertina, impone la hora del inicio de casi todas las corridas de toros, generalmente a las 5 p. m. o la correspondiente a los cambios de horario de primavera y otoño. La famosa puntualidad taurina se debe al instante en que las localidades y sus distintos precios se corresponden absolutamente con la ubicación en sol o en sombra de cada una de ellas. Sobre todo las que están situadas en la zona llamada de «sol y sombra», lugar codiciado por los entendidos que conocen muy bien las plazas y saben comprar determinadas entradas para situarse casi todo el tiempo en sombra a menor precio. Lo mismo que los más modestos de entre ellos que también conocen los sitios con sol menos duradero.

El caso es que, debido a tan inquebrantable puntualidad, la costumbre ha hecho ley sea cual fuere la hora del comienzo de una corrida. La lidia en festejos matinales o nocturnos se lleva a cabo en los terrenos de sombra, como acontece en los vespertinos, sin perjuicio de las excepciones ya comentadas a las que llegaremos en el capítulo dedicado a la lidia en todas sus variantes.

Hay algunas plazas construidas ex profeso con más localidades de sombra que de sol, como la de Estepona (de estilo ibicenco y con perfil de cono truncado), que destina la parte más alta, precisamente, a la sombra. Y más recientemente, asistimos al cubrimiento de algunas plazas –la de Nimes durante el invierno y las ya referidas de Zaragoza, San Sebastián y Carabanchel– mediante distintos procedimientos mecánicos, fijos o móviles, lo que ha provocado una gran polémica entre los que quieren evitar el sol y las molestias de la climatología adversa, enfrentados a cuantos prefieren seguir asistiendo a las corridas independientemente del frío, la lluvia o el calor, fieles al dicho tópico que habla de «sol y moscas» como circunstancia ideal para ver en su mejor salsa cualquier corrida de toros.

En todo caso, sean o no cubiertas y tanto en sombra como en sol, en una plaza de toros debe haber –las hay en su mayoría– localidades o sitios de asiento individual y debidamente numerados según las clases apuntadas.

En primer término, las llamadas «barreras», situadas detrás del callejón, lugar del que escribiremos seguidamente y que separa el ruedo de las primeras localidades. En la fila inmediata superior, las «contrabarreras» que en algunas plazas son tres (en la de Valencia hay tres filas de barrera y tres de contrabarrera, en la de Sevilla tres de barrera y en la Monumental de México, cinco), aunque lo normal es que haya una sola fila de barreras y otra de contrabarreras, a las que sigue un pasillo y a éste las filas del tendido que, en las plazas más grandes, suele dividirse en dos, tendido bajo y tendido alto, a su vez separados por otro pasillo. Inmediatas a la última fila del tendido, y también en las grandes plazas, les siguen las «gradas» (en la plaza de Valencia se les denomina «nayas»), localidad cubierta situada en la segunda planta de la plaza, que puede albergar simples graderíos o palcos con puerta de entrada independiente, separación entre unos y otros, y sillas para acomodar a los que se sientan en las delanteras, generalmente limitadas en forma de balcón enrejado. Estas últimas, muy apreciadas por su comodidad, tanto en las gradas como en los palcos. Lo mismo que son codiciadas las delanteras de «andanada» (o segunda «naya»), última localidad situada en la tercera planta, que solamente tienen los grandes recintos y que al igual que en las gradas, también puede haber filas de asientos y palcos.

Todos los asientos de una plaza de toros deben ser suficientemente amplios. Y lo mismo el espacio entre las filas. Pero estas medidas, contempladas en la teoría escrita de un reglamento, sólo se cumplen en las de construcción muy moderna o contemporánea. Ejemplares en este sentido son las nuevas de Bilbao y Córdoba.

El conjunto de localidades y asientos, desde la primera fila de barrera hasta la última de andanada, se divide sectorialmente en lo que comúnmente se llaman «tendidos». Y éstos, a su vez, en tres clases: sombra, sol, y sol y sombra, según lo ya expuesto. Hay plazas con 10 y hasta con 12 tendidos. Las hay que se numeran consecutivamente según el sentido de las agujas del reloj a partir del tendido que ocupan los palcos de máximo rango, como en la plaza de Madrid. Otras que han preferido identificar con números pares los tendidos que hay a la derecha del palco de honor (Palco del Príncipe en la Maestranza de Sevilla) y con impares los situados a la izquierda. Pero en casi todos los casos la numeración de cada tendido figura bien visible en los vomitorios e incluso en las puertas de entrada a la plaza desde la calle, por lo que a cualquier nuevo espectador no le será difícil encontrar su sitio.

El callejón

El callejón es el lugar de espacio libre entre la valla o barrera que circunda el redondel y el muro en que comienza el tendido. Separa las primeras localidades que ocupa el público del ruedo, donde sucede la lidia. Los asientos de barrera están situados muy por encima del piso del callejón y éste algo más elevado que el piso del ruedo. La separación entre el callejón y el ruedo es una valla (barrera propiamente dicha) construida de madera con suficiente solidez y debidamente anclada para evitar en la medida de lo posible que los toros la desplacen, rompan o traspasen con sus derrotes. En esta valla hay tres o cuatro huecos o portillos diáfanos para que los toreros puedan salir o entrar al ruedo, protegidos por sus correspondientes «burladeros» para que los toros no puedan entrar en el callejón y para que los toreros puedan refugiarse en casos de apuro si son perseguidos por un toro y no encuentran otro modo de protegerse.

Los burladeros son una especie de escudos, trozos de valla también construidos en madera, que se colocan justamente delante de los portillos mencionados lo suficientemente separados de la barrera para que los lidiadores puedan acceder con justeza. En las primeras épocas del toreo se utilizaban únicamente en plazas sin valla ni callejón, colocados delante del muro de contención del tendido.

El número de burladeros que debe haber en la barrera siempre se prestó a polémicas. Algunos los consideran despectivamente como aliviadores excesivos para los toreros porque antiguamente no existían y los lidiadores perseguidos por el toro se veían obligados a saltar limpiamente la barrera para alcanzar el callejón, cosa que siempre ocurrió y ocurre cuando no hay un burladero cercano. En aquellos años sólo se autorizaban si lo solicitaba algún matador mermado de facultades. Otros, con más razón, piensan que su exceso perjudica el orden tradicional de la lidia. Lo más correcto es que el número de burladeros venga determinado por la longitud perimétrica del ruedo.

Tres para los ruedos pequeños y nunca más de cinco en los muy grandes.

Dentro del callejón y situados bajo las localidades de barrera hay otro tipo de estancias, también estrechas y protegidas por burladeros y de ahí su mismo nombre. Son lugares con o sin asiento donde se sitúan los lidiadores que no están en turno de actuación, apoderados, empleados, asistencias, médicos, miembros de la empresa, delegados de la autoridad, veterinarios, mayorales de ganaderías y todos los que tengan que ver directamente con el espectáculo y no actúen. Estos burladeros también son utilizados por periodistas, fotógrafos y cámaras de televisión. Su utilidad es evitar que por el callejón circulen los que nada tienen que ver en la lidia a fin de que los que actúan en cada momento tengan libertad de movimientos sin tropiezos. Esta norma, que debe aplicarse con rigurosidad, sólo se cumple en contadas plazas, por lo que no es extraño ver callejones llenos de invitados y de personajes ansiosos de ocupar estas localidades para presumir.

La anchura del callejón debe ser de dos metros, aunque se permitan los de un metro y medio. Pero los hay bastante estrechos y en muy pocas plazas anchísimos, como en la de Bilbao, que cuenta con toda clase de servicios. El callejón debería ser lo más ancho posible, siempre que no impida la visión perfecta de la lidia a los espectadores.

El ruedo, sus puertas y servicios

El ruedo es el espacio circular destinado a la lidia. Su dimensión, sea cual fuere la categoría de la plaza y conforme a la disposición legal, no puede ser mayor de 60 metros de diámetro ni menor de 45, aunque haya plazas muy antiguas, como las de Ronda y El Puerto de Santa María, cuyos ruedos sobrepasan estas medidas. La barrera que los circunda debe tener una altura de 1,60 metros y estar provista de cuatro portones de 3 metros de luz y de dos hojas. Estos portones, por su parte exterior, son exactamente iguales al resto de la barrera y por la parte interior llevan cerrojos y pasadores muy sólidos, resistentes a posibles deterioros y de fácil manejo para su continua utilización durante la lidia.

La puerta de chiqueros

¿Qué hay detrás de estas puertas, para qué o a quién sirven? La más llamativa para el nuevo espectador, aunque en algunas plazas sea pequeña, es aquella por donde salen los toros al ruedo, la puerta de «chiqueros» o de «toriles». Dependencias que, precisamente, están detrás de allí. Una sucesión de jaulas oscuras con dimensiones ajustadas al tamaño de las reses, donde cada toro aguarda encerrado su turno de combate antes del comienzo de la corrida. Estos chiqueros que, idealmente, pueden comunicarse entre sí, desembocan por un extremo en el corredor o pasillo que vierte en la misma puerta de salida al ruedo, y por otro en los corrales, que son lugares para guardar el ganado desde el momento que llegan a la plaza hasta el que son introducidos –enchiquerados– en los toriles. Maniobra previa a la celebración de cada festejo que, generalmente, se celebra a las 12 de la mañana los días de corrida y que se conoce popularmente con el nombre de apartado de los toros.

El apartado

En las plazas más importantes y fundamentalmente en las de Bilbao, Pamplona y Madrid, las operaciones de «apartado» de los toros constituyen todo un rito cercano al espectáculo, por lo que muchos aficionados y curiosos acuden a presenciarlas. La gran demanda para poder asistir a estos preparativos tan especiales como concurridos exigió el preceptivo pago de un boleto o entrada para poder verlos. Sin embargo, debemos advertir que no en todas las plazas se pueden presenciar las tareas del apartado por no tener instalaciones adecuadas ni suficientes para ello.

El apartado consiste en separar los toros de cada corrida en los corrales de la plaza para encerrar cada uno en el chiquero que le corresponda. Los corraleros y el mayoral de la ganadería cuyos toros se van a lidiar se sirven de una parada de cabestros (bueyes domesticados que se utilizan para manejar el ganado bravo), de sus voces y de un hábil manejo de puertas para conseguir apartar cada toro a base de ir aislándolo cada vez que pasa de un corral a otro hasta quedar solo para ser encerrado finalmente en su chiquero. Estas maniobras se realizan con sumo cuidado para no irritar a los toros, porque en dicho estado pueden derrotar violentamente en paredes o puertas y hasta pelearse entre unos y otros, herirse o, lo que es peor, matarse de un golpe o negarse a pasar e imposibilitar su encierro. En las plazas donde el público puede presenciar el apartado, se advierte la prohibición de llamar la atención de los toros, por lo que se exige a los asistentes guarden silencio y compostura.

Antes de que se celebre el apartado, y para encerrar cada toro con la precisión que obliga el orden de la corrida, tiene lugar el sorteo de las reses que se van a lidiar para que cada res salga al ruedo en el momento que le corresponda a cada matador sin equívocos posibles.

El sorteo de los toros

El sorteo de los toros destinados a una corrida se impuso como consecuencia de la injusticia que suponía para los matadores la caprichosa elección del orden de la lidia de cada uno por parte del ganadero o ganaderos anunciados. Fue Luis Mazzantini el primer espada que se negó a este privilegio de los ganaderos y el primero en exigir el sorteo de las reses entre él y sus compañeros de cartel, haciéndo-

Momento del «sorteo» de los toros en una corrida.

lo constar en sus contratos. Pero el sorteo no se impuso totalmente hasta 1900.

Desde entonces suele celebrarse inmediatamente antes del apartado y enchiqueramiento de las reses. Casi siempre son los banderilleros y los apoderados de los matadores quienes, luego de emparejar los toros con la mayor equidad posible, acuerdan y componen tres lotes de dos toros para cada matador, tratando en la medida de lo posible que ninguno resulte perjudicado, antes de proceder al acto ritual de introducir en la copa de un sombrero las papeletas en las que previamente se han escrito los números que identifican a las reses de cada lote y que todos los toros de lidia llevan marcados a fuego sobre un costado. Papeletas muy bien dobladas hasta formar pequeñas bolitas que se remueven para que se confundan entre sí y no haya lugar a trampas. Después de lo cual cada uno de los representantes de los matadores procede a extraer del sombrero una papeleta según riguroso orden de antigüedad profesional de cada espada anunciado. Una vez

Un toro «aquerenciado» en la umbría de un corral.

identificados los toros que han correspondido a cada cual, se elige el definitivo orden de salida al ruedo de las reses. Si son tres espadas los actuantes, que es lo más habitual, la corrida de seis toros se divide en tres parejas. El primer espada lidia el primer toro y el cuarto. Al siguiente le corresponde actuar frente al segundo y al quinto. Y al matador que cierra la terna, con el tercero y el sexto.

Los seis toros de una corrida en uno de los corrales.

Patios de caballos y de arrastre

Detrás de cada uno de los otros tres portones que se abren en la valla del ruedo hay dos grandes patios (el de caballos y el de arrastre, respectivamente) y el acceso principal a la plaza desde la calle o «Puerta Grande», que el público suele utilizar como cualquier otra para entrar a la plaza o abandonarla y los toreros únicamente traspasan para salir a hombros después de un gran triunfo.

Los dos patios tienen accesos suficientemente amplios desde el exterior de la plaza para que puedan circular vehículos pesados. En el llamado patio de caballos están las cuadras de los equinos que intervienen en la corrida, de ahí su nombre, y el correspondiente guadarnés. Los picadores utilizan este patio para probar y calentar sus monturas. Los matadores y sus cuadrillas acceden a la plaza por él y desde él salen al ruedo. También desde este patio se accede a la capilla, dependencia de carácter religioso, lugar de oración o de espera para los toreros antes del inicio del espectáculo.

Patio de caballos: los picadores prueban sus monturas.

Es el primer lugar que los toreros visitan nada más llegar a la plaza y donde se recogen o imploran protección y buena suerte ante la peligrosa misión que les aguarda. Desde el otro gran patio, llamado de arrastre, salen al ruedo las mulas que arrastran cada toro –de ello su nombre– tras su muerte hasta la nave de desuello de reses que también alberga. En esta nave se disponen y limpian las carnes de los toros para su comercialización.

En algunas plazas, y sobre todo en las principales, el público puede acceder al edificio por estos patios. En la plaza de Madrid, por ejemplo, son famosas las tertulias anteriores y posteriores al espectáculo en el patio de arrastre, aunque para otros aficionados deseosos de saludar o ver de cerca a los toreros el favorito es el patio de caballos.

La enfermería

Otra de las puertas que descubrirán los nuevos espectadores en el callejón, a poco que se fijen, suele estar identificada por su nombre y es la que conduce a la enfermería, lugar para atender a los toreros que resulten heridos. Su categoría depende de la importancia de las plazas. Las hay que albergan quirófanos sofisticados y hasta unidades de cuidados intensivos ultramodernas (en las plazas de Bilbao, Madrid, Sevilla, Zaragoza, Valencia, Barcelona, Pamplona..., y las que sólo disponen de simples cuartos provistos de los utensilios quirúrgicos más rudimentarios.

Como es lógico, las enfermerías de las plazas de toros son obligatorias en todas las plazas para atender cualquier accidente (cornadas, golpes, traumatismos, desmayos, etc.) que puedan ocurrir en la lidia e, incluso, para atender posibles accidentes o repentinas enfermedades de los espectadores.

Las enfermerías de las plazas de toros han sido y son objeto de grandes discusiones, desatadas cuando se producen desgracias irreparables. Siempre que muere un torero víctima de una cornada en una plaza de poca importancia y en una enfermería mal dotada, surge la polémica sobre si podría o no haberse salvado de ocurrir la desgracia en otro lugar con mejores instalaciones y médicos más expertos. Desgraciadamente, estas polémicas terminan con el paso del tiempo y todo sigue igual que estaba.

Para remediar mínimamente estas deficiencias, en las plazas que no disponen de enfermerías adecuadas se exige desde hace años que una ambulancia con quirófano bien equipado, permanezca junto a la plaza durante la celebración de cada corrida.

En cualquier caso, todos los médicos que se dedican especialmente a estos menesteres en las plazas de toros, sean importantes o no, gozan de gran prestigio por las muchas vidas que han salvado, independientemente de los medios con que cuenten en cada momento. Todos los cirujanos taurinos son, además, magníficos aficionados, por lo que añaden a su especialidad profesional la más específica que se refiere a la práctica del toreo y sus riesgos.

Otras dependencias y servicios notables

Volvemos al ruedo porque en los graderíos hay algunos lugares que se van a hacer notar durante la corrida: el palco de la presidencia, donde se acomodan los que cuidan el mejor orden y funcionamiento del espectáculo (un presidente y dos asesores). El palco de honor o «regio», donde se sitúa el Rey y los miembros de la Familia Real; lugar destacadísimo en determinadas plazas por su especial arquitectura y ornamento, como en las plazas de Madrid y de Sevilla. Un reloj bien visible, exigido en todas las plazas de primera y segunda categorías. La banda de música, regularmente acomodada en uno de los palcos de la plaza. La llamada meseta de toriles, situada sobre la puerta de igual nombre, donde se sienta el mayoral de la ganadería a la que pertenecen los toros anunciados y, en algunas plazas, los encargados de hacer sonar clarines y timbales, según lo ordene la presidencia. Los clarineros y timbaleros pueden estar en otros lugares de la plaza porque su sitio no está determinado legalmente. En algunas plazas se sitúan junto a la presidencia. En otras son miembros de la banda de música los que se encargan de ello. También pueden situarse en medio del público, como ocurre en la Monumental de Madrid.

En la meseta de toriles o en una dependencia posterior a la misma hay una trampilla sobre el cubículo donde finalmente aguardan los toros antes de que se abra la puerta de chiqueros, desde donde un empleado de la plaza procede a colocar a cada res, con una pértiga, la «divisa» que distingue la ganadería a la que pertenecen. Esta divisa (una, dos o tres cintas de colores distintos) va sujeta a un arponcillo que siempre se clava en lo alto del toro antes de salir al ruedo.

Casi todo lo que hemos descrito no casa con las plazas mayores de los pueblos donde todavía se celebran festejos taurinos (Chinchón, Colmenar de Oreja, entre otros muchos), ni en las más frecuentes y numerosas plazas portátiles, así llamadas porque pueden ser montadas y desmontadas en cualquier lugar. Estas plazas se utilizan para celebrar corridas donde no hay plazas permanentes. Hay algunas plazas portátiles cómodas –las menos– y muy sólidas como la instalada permanentemente en Floirac (Burdeos), que es la mejor de las conocidas. Pero la mayoría sólo cuenta con un ruedo de mal piso, un estrecho callejón, si lo tienen, burladeros poco firmes y un graderío de madera montado sobre una estructura metálica. Lo estrictamente necesario para que un toro pueda saltar a la arena desde el cajón o la jaula del camión donde ha sido transportado y unos pocos miles de personas –entre tres o cinco mil, como mucho– puedan contemplar su lidia, por supuesto devaluada con respecto a la que se contempla en las plazas de fábrica.

2. ¿QUIÉN TOREA ESTA TARDE?

Antes de asistir a cualquier festejo taurino, los aficionados se suelen hacer dos preguntas: ¿quién torea esta tarde?, ¿a quien pertenecen los toros que se van a lidiar? Ambas constituyen la expectativa potencial del espectáculo, que probablemente será mejor cuanta mayor sea la categoría de los toreros y toros anunciados. Cualquier espectador que entre en una plaza para ver una corrida debería conocer antes la identidad y la clase de los que van a actuar, porque el precio de la entrada es mayor cuanto más importancia tienen los que figuran en el cartel anunciador.

A menudo solemos ver delante de las plazas de toros a muchos curiosos dispuestos a entrar con cara de creer que todas las corridas tienen la misma categoría. Los carteles que hay junto a las taquillas despejan las primeras incógnitas. Pero es la información que proporciona la prensa local en la sección que dedican a los toros y, sobre todo, la exhaustiva que siempre incluyen las revistas especializadas, las que se deben consultar siempre que se quiera asistir a una corrida con un mínimo de garantía para no exponerse a desagradables sorpresas. En estas revistas se publica el *ranking* de matadores y ganaderías, y al igual que ocurre en otros espectáculos, los mejores son los primeros de la lista. Desconfiar de aquellos carteles en los que los anunciados no figuran entre los quince o veinte puestos de arranque es lo más prudente.

Y, desde luego, cuanto más arriba figuren los anunciados en la lista, mayor seguridad tendrá el nuevo espectador de haber acertado. Baremo que recomiendo aplicar a toda clase de espectáculos taurinos, aunque, por supuesto, siempre hay excepciones para confirmar la regla. Sobre todo en el escalafón de matadores de toros, donde puede figurar rezagado algún veterano que ha renunciado a la batalla diaria, pero sigue en la brecha de la calidad.

Aparte la importancia de los anunciados, las corridas tienen variantes: «corridas de toros»; «corridas de novillos» o «novilladas»; «corridas de rejones», en las que únicamente actúan toreros a caballo («rejoneadores»); y «corridas mixtas», en las que se mezclan dos o más modalidades de entre las mencionadas, aunque estas últimas son muy poco corrientes.

Las corridas de toros y de novillos son las más habituales. En los dos casos se anuncia casi siempre la lidia de seis reses y suelen actuar tres diestros. También pueden programarse a base de dos espadas –comúnmente conocidas como mano a mano– y corridas en las que un solo matador se enfrenta a los seis toros, lo que suele representar un acontecimiento excepcional cuando el que se anuncia es una figura del toreo.

Matadores de alternativa

En las corridas de toros actúan diestros que ya han tomado la «alternativa», requisito indispensable para poder lidiar toros en público, reses con más de cuatro años de edad cumplida. Ambas cuestiones, por consustanciales a esta clase de festejos, vienen determinadas por la tradición y son de obligado cumplimiento.

Ceremonia de una alternativa: la del torero Paco Ojeda.

La alternativa es la ceremonia por la que un aspirante a matador de toros («novillero» o «matador de novillos») alcanza el grado superior de su profesión. El término puede comprenderse mejor si lo comparamos a la obtención del doctorado universitario.

El acto de recibir la alternativa se celebra en algunas corridas de toros debidamente anunciada la circunstancia como tal, en las que el matador más antiguo de los actuantes cede el primer toro del festejo al aspirante. En la práctica, esta cesión tiene lugar desde el principio de la lidia, aunque teóricamente lo que el veterano cede al neófito es solamente la muerte del toro que, por turno, le correspondería matar a él. Razón por la que la ceremonia de la alternativa se celebra una vez picada y banderilleada la res.

El matador más veterano –o «padrino»– requiere la espada y la muleta para ofrecerlas al ahijado o «toricantano», conforme a un ritual establecido en el que también participa con su presencia el segundo matador de la terna, que en la ceremonia actúa exclusivamente en calidad de «testigo». Una vez terminada la ceremonia, el nuevo matador se puede considerar «doctorado» y, de ahí en adelante, actuar como tal en los festejos donde participe, ocupando en los sucesivos carteles el puesto que por su antigüedad le corresponde. La fecha de la alternativa es la que cuenta como dato oficial de dicha antigüedad.

De resultar herido el nuevo matador antes de celebrada la ceremonia de su alternativa, no se dará por tomada. Pero tendrá validez si le ocurriera cualquier accidente después, aunque fuera durante la faena de muleta y no pudiera matar al toro de su doctorado.

En la ceremonia de la alternativa, el primer espada se sitúa a un paso frente al ahijado, quien destocado y al tiempo de recibir la muleta plegada sobre la espada en la mano izquierda de su padrino, deposita su capote de brega sobre el brazo izquierdo del primero, mientras éste le dedica unas palabras de bienvenida y suerte para su nuevo estado, fundiéndose ambos en un postrero abrazo. El matador testigo, que ha permanecido a dos pasos de sus compañeros, felicitará en último lugar al nuevo espada y al padrino.

En las corridas donde se den alternativas, el nuevo doctor está obligado a devolver los trastos de matar a su padrino, invirtiéndose el rito anterior antes de que éste inicie su faena de muleta al segundo toro. El matador testigo actuará en tercer lugar, ocupando el toricantano el puesto que le corresponde como más moderno de la terna, por lo que lidiará el sexto y último toro de la corrida tras sus compañeros que actuarán en cuarto y quinto lugares, una vez restablecido el orden de lidia normal. Este doble rito pertenece a la tradición y a la cortesía. Costumbre que se observa hasta nuestros días, como igualmente se mantiene la costumbre de «confirmar» la alternativa en la plaza de toros de Madrid la primera vez que se actúa allí como matador de toros, siempre que el nuevo matador no se haya doctorado en ella. Idéntica tradición es preceptiva en las plazas Monumental de México y en la de Bogotá (Colombia), por lo que la ceremonia de confirmación también es obligatoria para los espadas que debutan como matadores de toros en aquellas plazas.

A la alternativa se llega después de la etapa novilleril que, en la mayoría de los casos, dura entre dos y tres temporadas actuando en festejos con caballos, después del periodo inicial de la carrera que suele durar bastante menos. En la práctica, un año con becerros y erales en festejos difíciles de rentabilizar porque el público no acude en masa a verlos, salvo excepciones localistas cuando en una plaza actúan torerillos del lugar o se presenta alguno con bien probada habilidad en el campo.

Pero no todos los que toman la alternativa son capaces de instalarse con fuerza en la categoría superior. Solamente los verdaderamente dotados y dispuestos a mantener su vocación a costa de cualquier renuncia y sacrificio llegan a mantenerse como matadores de toros durante varias temporadas. No digamos, la dificultad casi milagrosa que supone ser figura del toreo. Esta situación es un privilegio muy costoso de alcanzar y casi imposible de sostener. Si en cualquier otro arte o profesión son escasísimas las figuras, en el toreo escasean más por las especiales circunstancias y coincidentes virtudes que deben confluir en una sola persona para llegar a serlo y, más aún, para mantenerse en lo alto durante años.

Novilladas y novilleros

Por lo que respecta a las «novilladas» o corridas de novillos, pueden ser de dos categorías, según la edad de las reses lidiadas. Si los novillos tienen entre tres y cuatro años («utreros»), la corrida se celebra con picadores. Estos festejos, tan comunes como las corridas de toros aunque menos numerosos, también se les conoce como «novilladas con caballos» o «novilladas con picadores».

Si los novillos tienen entre dos y tres años («erales»), la corrida se denomina «novillada sin caballos», pues no se pica a las reses. Y si se lidian animales de menor edad, la corrida se denomina «becerrada» por llamarse «becerros» a los animales entre uno y dos años. «Añojos» son los que han cumplido el primero. En las becerradas con añojos adelantados y erales se prueban los torerillos principiantes. Y, sucesivamente, en las novilladas con erales adelantados y utreros actúan los que van demostrando mayores aptitudes.

También se organizan con relativa frecuencia los llamados «festivales», en los que los toreros visten prendas camperas –el traje corto tradicional que utilizan en las dehesas de reses bravas los ganaderos y sus empleados– en vez del famoso y vistosísimo traje de luces. En esta clase de espectáculos, casi siempre organizados con carácter benéfico, los espadas deben actuar gratuitamente y las reses que se lidian pueden tener las puntas de los cuernos cortadas para evitar, en lo posible, un percance grave. En las demás corridas no está permitido el corte de los pitones de los toros, salvo para arreglar cuernos astillados por accidentes naturales en el campo (golpes, rozaduras en las piedras y árboles, etc.) y siempre que este arreglo cuente con el permiso de la autoridad competente, quien enviará un delegado para vigilar que tal operación se realice correctamente, con limpieza y sin excesos.

El corte fraudulento de pitones, vulgarmente conocido con el término «afeitado», tan rigurosamente prohibido como deficientemente perseguido y penado, siempre fue y será causa de grandes polémicas y motivo de acusaciones recíprocas entre los estamentos de la Fiesta, porque ha habido muchos casos de percances y hasta de heridos graves pese a la disminución artificial de las defensas de los toros que los propiciaron. Este fraude se comete con bastante más frecuencia en corridas celebradas en las plazas de toros de pueblos pequeños y medianos que en las de las ciudades. El fraude resulta escandaloso cuando la manipulación de las astas es apreciable a simple vista –su aspecto más repudiado– y cuando se descubre con certeza que un toro o varios han sido manipulados fraudulentamente, por lo que el ganadero es sancionado. La reiteración demostrada en esta falta puede ser castigada con mayor dureza y hasta penada con la inhabilitación para lidiar durante un periodo de tiempo.

No obstante y además de en los ya mencionados festivales, el arreglo de los pitones de los toros está permitido formalmente en las «corridas de rejones», donde los toreros actúan siempre a caballo, para que los jinetes puedan realizar las suertes con justeza y sin riesgos gratuitos para sus monturas. Esta clase de toreo está considerado como arte menor por los aficionados a la lidia y al toreo de a pie, mucho más arriesgado, ya que el torero se enfrenta a un toro íntegro y su quehacer es más apreciado por la quietud que por la movilidad.

El toro y la bravura

Cualquier espectador taurino verdaderamente interesado por la corrida que va a presenciar debe interrogarse por la identidad de la ganadería anunciada en el cartel e intentar conocer la procedencia, características y momento que atraviesa el ganado que se va a lidiar. Aunque estos datos sólo preocupan a los toreros actuantes, a los implicados en la organización del festejo y a los aficionados más entendidos, conviene que nos adentremos en algunas consideraciones generales sobre las reses de lidia, imprescindibles para comprender mínimamente

Aspecto de una faena campera en plena «tienta» de una becerra.

cualquier corrida, ya que el toro es la base del espectáculo, la materia prima del toreo. Sin toros no puede haber fiesta ni corridas. Del toro, de sus cualidades, de su mayor o menor calidad y pujanza depende el desarrollo y la brillantez del toreo.

Tanto la estampa física como la especial acometividad de las reses que se lidian en las plazas no se alcanzan por generación espontánea. Detrás de cada toro hay una larguísima historia, mucho esfuerzo intelectual y físico, enormes trabajos y una importante inversión de dinero. Recomendamos a los nuevos espectadores, por ello, que respeten al toro bravo. Porque ha sido el hombre quien ha logrado perfeccionar una de las especies más exclusivas y maravillosas de la naturaleza hasta convertirla en lo que conocemos por el toro de lidia. La bravura no fue consustancial al toro en sus orígenes, sino un invento cultural del ser humano digno de toda admiración.

Desde el «bos taurus celticus» o el «bos primigenius» representados en las pinturas rupestres y que, tras importantes desplazamientos y no pocas mutaciones, se instaló en la Península Ibérica, hasta el toro bravo actual, hay un larguísimo recorrido que pasa por la primitiva caza silvestre, los juegos ancestrales de carácter religioso, las antiguas fiestas taurinas populares que aún perviven en algunos pueblos, los encierros y carreras urbanas, el alanceamiento de reses bravas en recintos cerrados, las corridas de toros aristocráticas o caballerescas y, finalmente, por la lidia ordenada y profesional que actualmente contemplamos en las plazas, aunque siempre en continua como imperceptible evolución, impuesta por los cambiantes gustos del público.

El toro siempre fue un animal excitable e irritable que, poco a poco, fue seleccionado mediante cruzamientos para que su asilvestrada fiereza fuera transformándose en lo que llamamos bravura. Transformaciones que no sólo fueron lográndose en cuanto al comportamiento, sino al aspecto físico, más proporcionado y fino a medida que transcurrió el tiempo.

Una becerra arrancándose desde lejos al caballo.

Otro instante de la prueba de varas en un «tentadero».

Cuando estas evoluciones empezaron a ser controladas por el hombre (siglo XVII), surgieron las ganaderías bravas. Espacios camperos suficientemente amplios y climatológicamente propicios, donde los toros viven y se reproducen a la vez libre y controladamente, de modo que sin perder su hábitat natural se puedan seleccionar, numerar, alimentar y cuidar convenientemente hasta que les llega el momento para el que han sido criados: la «lidia».

Precisamente por ello, y desde que las corridas de toros se convirtieron en un espectáculo ordenado, el principal método que han utilizado y utilizan los ganaderos para buscar y seleccionar la bravura es lidiar experimentalmente a posibles progenitores mediante una serie de pruebas similares a las de una corrida normal, aunque más específicas y extensas: observando minuciosamente las reacciones de los animales ante el castigo desde el caballo (en la suerte de varas) y en el toreo de capa y de muleta, con una serie de condiciones extremas para que el ganadero pueda valorar mejor. Una vez superadas, se eligen los mejores ejemplares (hembras o machos) destinados a procrear futuros toros de lidia con un mínimo de garantías. Al conjunto de estas pruebas se llama «tentadero» o «tienta». Tiene lugar en las placitas cerradas que hay en todas las ganaderías («plaza de tientas»); o «a campo abierto» cuando se trata de probar las reacciones iniciales de bravura de los machos jóvenes, tras ser derribados desde el caballo con una pértiga en plena carrera persecutoria de la res por el campo. A esta clase de tienta se la conoce como «acoso y derribo» y, aunque no es frecuente, se lleva a cabo en bastantes dehesas andaluzas. También se ha convertido en una competición, por lo que no faltan cada año los «concursos de acoso y derribo» en los que participan los mejores jinetes especializados. Pero es la tienta en plaza cerrada la más frecuente y la más fiable.

Como es lógico, no todos los animales tentados se aprueban. Buena parte se desechan y destinan para carne o a otros menesteres. Cuanto más exigente sea el ganadero, mejor y más selecta ganadería tendrá, porque la prue-

Belleza e intimidad del toreo en la plaza de tientas.

ba es difícil de cumplir y únicamente los animales que la superan con creces son –deben ser– elegidos para procrear. Se trata en definitiva de encontrar y criar toros bravos que cumplan los requisitos imprescindibles para ser lidiados con un mínimo de brillantez. Las condiciones que a la postre demuestran están relacionadas con el mayor o menor escrúpulo y con la autoexigencia del ganadero. Pero no siempre se acierta definitivamente. La sucesiva elección de «vacas» y de «sementales» –un buen ganadero debe contar con varios en su finca– puede dar buenos resultados o malos, debido a lo cual casi todas las ganaderías, incluso las más prestigiosas, sufren baches cíclicos en los que el juego de sus toros no se corresponde con la fama adquirida durante años. Son baches casi siempre superables en las ganaderías que cuentan con una reserva sólida de su casta original, aunque también se remedian mediante cruzamientos con sementales ya probados de otros hierros. Téngase en cuenta que los resultados de tantos cruzamientos también dependen de la suerte y de que hay que esperar a que pasen cuatro años para comprobar lo acertado o no de cada elección de un semental. Por ello se suele decir que en la formación y consolidación de una buena ganadería intervienen dos y hasta tres generaciones.

Pero no basta el requisito de la bravura potencial. La selección también incumbe a la presencia ideal del toro de lidia. A lo largo del tiempo, el aspecto físico del toro fue variando al compás de su evolución en pos de la mejor bravura. En tal medida que el tipo zootécnico de un toro bravo no puede desligarse de su comportamiento idóneo. A esta teoría se han opuesto y se oponen los que creen que el toro de lidia ha de ser siempre enorme, alto de agujas, anchísimo de sienes, tener mucho peso, desarrolladas y terroríficas defensas. «Cuanto más, mejor», proclaman utópicamente muchos espectadores que se tienen por buenos aficionados y a los que frecuentemente se les oye protestar en algunas plazas cuando sale al ruedo un toro que no les parece suficientemente grande.

La realidad es muy otra. Porque si vario es el toro en su comportamiento, más lo es por su tamaño. Dentro del

Derribo de un becerro en una faena a campo abierto.

tipo zootécnico común al ganado bravo, hay muchas estirpes o procedencias que se distinguen entre sí no sólo por su distinto «pelaje» sino, principalmente, por sus distintas alzadas, mayores o menores encornaduras y estructuras óseas, diferentes pesos que siempre deben mostrar en función del esqueleto como soporte de las carnes precisas. A cada raza le corresponde una tipología específica. Alterar este equilibrio es contrariar la espontaneidad que depara la naturaleza. (En el capítulo 11, págs. 229-246, abordamos más detenidamente el tema.)

El nuevo espectador no sólo debe saber que los toros de las distintas ganaderías pueden distinguirse por su respectivo aspecto externo, sino que de cada grupo de becerros nacidos cada año en una misma ganadería los habrá de distintas hechuras cuando lleguen a toros. A este grupo de toros se le llama «camada», y de cada camada el ganadero elige las corridas por subgrupos de seis a ocho toros, que irán a las plazas donde sean contratados. Esta elección se hará según la categoría de cada plaza o de cada feria, de tal manera que los toros mejor presentados, más lustrosos y mejor formados, los lotes más «emparejados» –una corrida de verdadero lujo debe estar compuesta por seis toros muy igualados en peso, cornamenta y hechuras– se destinarán a los ruedos más importantes, y los lotes más desiguales y defectuosos a las plazas de menor rango.

Siempre que se ha tratado de uniformizar el tamaño o el tipo del toro, o de alterar sus características, se ha desvirtuado su comportamiento, aunque haya excepciones para cada raza y en cada ganadería. En cualquier caso, y por lo que respecta al cuatreño, dan mejor juego los toros armónicos que los destartalados; los de peso medio –entre 460 y 500 kilos– que los pesadísimos; los bajos de agujas que los altos; los de manos más bajas que las patas y construidos hacia abajo, que los que parecen hechos cuesta arriba; los de cuello descolgado y flexible que los cuellicortos. Siempre es mejor que el hocico esté más bajo que la penca del rabo.

Esto no quiere decir que el toro bravo tenga que ser ínfimo o que no deba imponer respeto. Todo lo contrario. Precisamente la armonía de sus hechuras y la flexibilidad de movimientos que proviene de ella es la que debe primar sobre cualquier otra cuestión física. Porque el toro de lidia se cría como base de un espectáculo en el que su fortaleza, su movilidad y su capacidad de resistencia van a ser claves para que resulte brillante. Hay algunas ganaderías cuyos toros admiten muchos kilos (Miura, por ejemplo, cría reses con más de 700 y no los aparentan) porque tienen esqueletos muy sólidos y grandes. Pero la mayor parte de las razas bravas no toleran con normalidad más de los 500. Es un error, por tanto, aumentar artificialmente el peso de los toros a base de engordes precipitados de última hora y, no digamos, seleccionar el ganado para lograr tipos distintos a los originarios de sus respectivas estirpes. Por poner otros ejemplos, a nadie se le ocurriría que los toros del Conde de la Corte, famosos por bajos y muy cornalones, se convirtieran en altos y pobres de cabeza. Tampoco que los toros de la raza Buendía («Santacoloma»), finos, recortados y muy bajos, se transformaran en altos, bastos y descarados de pitones. Sería cambiar de tipo y de trapío.

Los toros de cada ganadería deben parecerse entre sí, como ocurre en cualquier familia y en todas las estirpes animales y vegetales. Cuando una misma ganadería da toros de distintos tipos, es señal de que el ganadero no es riguroso.

El trapío

Una palabra muy utilizada que se refiere a la presencia del toro de lidia, y que también conviene precisar equilibradamente porque el término es asimismo tan vario como tantas razas hay en la ganadería brava. Conviene, por delante, insistir en que el «trapío» no es una condición exacta ni medible. Cada ganadería tiene su trapío, de modo que un toro alto, grande y muy pesado puede no tener trapío, y otro recortado, bajo y con pocos kilos puede tenerlo al máximo.

Un ejemplar de toro grandullón y feamente aparatoso.

Se dice que un toro tiene trapío cuando su presencia causa respeto independientemente de su tamaño. La buena planta no se corresponde exactamente con la alzada; se tiene o no se tiene. Lo mismo que una mujer puede tener planta –«muy bien plantá» en términos castizos– independientemente de su estatura. El toro con trapío debe tener, en este sentido, buena planta: romana o peso acorde con su alzada, carnes justas y musculadas, las propias de un ser atlético; pelo brillante y limpio, fino y bien sentado; morrillo grueso, patas finas, pezuñas redondeadas y pequeñas, cornamenta bien conformada y limpia; cola larga y espesa, y ojos negros, vivaces, sin defectos. Y como la cara es el espejo del alma, al mejor trapío suele corresponder la mejor bravura. Pero ¿qué es, en definitiva, la bravura?

La bravura

Como acción de acometer resuelta y constantemente, definen algunos diccionarios la bravura. En general, un ser capaz de luchar. Pero es mucho más. Porque el concepto de bravura ha cambiado con el tiempo en función de los gustos que el público ha ido imponiendo a medida que el toreo evolucionaba y se iba practicando con mayor perfección.

En principio, la bravura se consideró como un instinto de defensa provocada por la cólera del toro en el instante de ser molestado. Hay quienes lo explican como miedo o cobardía del toro ante lo desconocido y, sucesivamente, como una huida hacia adelante tratando de acabar con quien le molesta, aunque en su empeño sea castigado. Otros dicen que la bravura es una misteriosa y natural «valentía» del toro que ataca impulsivo a cuanto se mueve y le excita. Desde luego, una de las características de la bravura es crecerse al castigo en vez de sucumbir o huir acobardado como cualquier otro animal. De ahí que a los toros que rehúyen el castigo se les llame «mansos».

El toro bravo, tal y como se concibe actualmente en

Un toro con trapío y en tipo pese a su pequeñez.

su mejor versión, además de acometer con fuerza, resuelta y constantemente, ha de hacerlo con otra de las cualidades propias de su raza: la franquía. El toro verdaderamente bravo, antes de acometer a su presa, avisa. Jamás ataca a traición. Se cuadra y coloca en rectitud ante quien pretende ahuyentar, le mira fijamente, adelanta las orejas, levanta la cabeza y, a veces, retrocede o avanza leves pasos antes de arrancarse. Idealmente, debe embestir con prontitud, con nobleza, sin cabecear, siguiendo con fijeza el objeto que persigue para cornearlo, si puede. Y sin cansarse, aunque nunca logre alcanzar a su enemigo.

Pero estos comportamientos idóneos de la bravura no se muestran con regularidad. Muy al contrario. Resulta todavía indescifrable cómo un toro con buena y antigua ascendencia, bien criado y con perfectas formas, dé a la postre juego de manso; o que se comporte con dificultades insalvables; o que tenga reacciones excesivamente peligrosas para ser toreado. Las señales de fiereza y agresividad defensiva o violenta en distintos grados (lo que algunos llaman «genio») no deben ser confundidas con la «casta», que es el soporte de la verdadera bravura y cuyos signos externos acabamos de definir. Los ganaderos y aficionados que prefieren los aspectos más salvajes del toro a los de bravura positiva y noble son los que más confusión padecen al respecto. Los toros con genio, por tanto, no son los idóneos para el toreo actual, sino para una simple lucha, sin contrapartida artística.

Lo que la mayoría de los ganaderos intentan en el laboratorio del tentadero es fijar en lo posible las características que buscan para sus reses dentro de sus diferentes gustos personales, que pueden ir desde un concepto más cercano a la fiereza originaria del toro (son los menos) hasta el comportamiento de máxima colaboración para el toreo, sin apartarse de una común fidelidad a los términos generales que definen la bravura en el sentido actual. Pasarse en el primer sentido conduce a ese genio al que acabamos de referirnos. Exagerar en la búsqueda de la nobleza lleva inexorablemente al descastamiento y a la debilidad.

La genética, aplicada al principio por simple instinto o por sentido común y más adelante con rigor científico, ha logrado el milagro del máximo rendimiento cárnico o lácteo, por ejemplo, en las reses vacunas destinadas a engorde o a dar leche, e incluso para modificar a capricho determinados aspectos físicos del toro bravo, como su alzada, peso o encornadura. Lo que resulta más difícil de conseguir es fijar un comportamiento absolutamente perfecto para la lidia. Dificultad que quizás convenga sostener para no restar del todo la incertidumbre que caracteriza de por sí el comportamiento de los toros de lidia.

En cualquier caso, los ganaderos de reses bravas luchan por mejorar sus productos, aunque, a veces, también desisten lamentablemente de sus mejores intenciones por necesidad económica o para satisfacer los caprichos de los toreros instalados en la cima, ya acomodados, que intentan no enfrentarse con toros excesivamente pujantes.

Para resumir todo esto, nada mejor que repetir las emocionadas palabras de un gran conocedor del toro, Joaquín López del Ramo, en el inicio de su magnífico libro *Por las rutas del toro*:

> Entre todas las criaturas del reino animal no hay ninguna que reúna caracteres tan bellos y a la par misteriosos como el toro bravo. Algunos son agresivos y fieros, otros tienen el encanto de la nobleza y la fidelidad, unos atraen por su fuerza, por la armonía de su estampa o su pelaje, y también los hay majestuosos y altivos. Sólo el toro de lidia es al mismo tiempo poderoso, arrogante y armónico, bondadoso y agresivo; algo así como un guerrero que lleva escrito en sus genes el mensaje de la bravura y tiene una crianza lujosa hasta su madurez, justo el momento en que debe morir. El epílogo violento que cierra su vida, posiblemente no tenga sentido para algunos, los que dicen amar a los animales. Sí lo tiene para los que intentamos conocerlo de cerca y consideramos que la suya es la muerte del héroe, del que tiene la oportunidad que no se da en ningún otro animal sostenido por el hombre de perecer matando, y de salvarse, en última instancia, por su bravura... La palabra mágica, el enigma más profundo del toro. ¿Por qué uno embistió codicioso y otro, hermano suyo de padre y madre, fue manso y reservón? ¿Cómo hubiera embestido un mismo astado de haberse lidiado por torero, plaza, día y hora diferentes a los que el destino le asignó? Las preguntas de este tipo se encadenan sin respuesta fija ni posible. De ahí, de lo desconocido, arranca la seducción, la admiración por este animal y por el hombre que es capaz de ponerse delante de él para destapar el misterio, apostando su vida en el envite.

A la mayoría de los espectadores nuevos les puede parecer a primera vista que todos los toros son iguales, salvo que su pelaje les diferencie de su habitual capa negra (la raza brava da gran variedad cromática de pelos y de combinaciones entre ellos). Ya hemos intentado explicar por qué no son iguales en su comportamiento. Insistimos en que estas diferencias, por sí solas, comportan uno de los aspectos más atractivos de las corridas de toros, en cuyo transcurso tiene lugar un verdadero ejercicio intelectual entre profesionales y expertos. Para los primeros, porque es el meollo, la razón de su oficio. Para los segundos, porque de ese juego depende el sentido de su afición. De tal manera es así que a los profesionales y hasta a los simples aficionados se les considera más competentes cuanto más capaces son de conocer al toro en su inagotable variedad y mayor rapidez en descubrir sus intenciones más ocultas antes de que se decanten al final de la lidia.

La lógica y la responsabilidad demandan la máxima calidad posible del toro cuando actúan los mejores toreros. En teoría, la bondad del toro elegido debe estar en relación directa con la categoría del lidiador. Sin embargo, conviene que sepan los que asisten a sus primeras corridas que muchos aficionados estiman como más meritoria la confrontación con un toro difícil que con uno fácil. Todo lo contrario que en otros espectáculos. A nadie se le ocurriría aplaudir, por ejemplo, que en un concierto los músicos tuvieran que actuar con instrumentos desafinados o de poca calidad.

Pero la realidad variable del toro se encarga siempre de dar a cada torero el sitio y la categoría que le corresponde. No importa la elección. A cada paso, en cada corrida, pueden surgir el peligro o las dificultades más imprevistas. En muchas hay sobrada ocasión de mostrarse inspirado y tranquilo con un buen toro o hábil sorteador de tarascadas con otro peor.

A menudo se recela de las grandes figuras del toreo porque procuran actuar frente a reses supuestamente fáciles y hasta hay aficionados que siempre piden que se enfrenten a reses de imposible lucimiento. Son los menos. La mayoría exige a las estrellas una regularidad en el éxito que les obliga profesionalmente a elegir el mejor ganado para intentar que el triunfo esperado no se escape en ninguna corrida, en cada feria, cada temporada. Pero la mejor afición sabe que en cualquier corrida tenida por buena y elegida como tal pueden saltar uno o varios toros con problemas difíciles de superar. Lo que distingue a las figuras es que también con éstos pueden triunfar porque conocen los resortes de la lidia y son capaces de extremar las dotes

Un toro de Miura, naturalmente grande y muy alto.

que les adornan para lograr que un toro aparentemente imposible en el primer tercio se convierta en sumiso colaborador al final. Conviene que los nuevos espectadores conozcan al respecto que los toros no sólo cambian para mal, también para bien. Toros excepcionalmente buenos, de principio a fin, salen pocos. Lo mismo podemos decir de los rematadamente malos, que no tienen un pase sea quien fuere el torero que tengan enfrente. Lo que abunda son reses con problemas más o menos solubles en función del valor y de la habilidad de los lidiadores.

La consideración de la bravura, por ello, es más apreciada cuando el comportamiento de un toro es creciente en sentido positivo –de menos a más– que en sentido negativo –de más a menos–, aunque el toro se haya comportado magníficamente en los primeros momentos de la lidia. En el capítulo dedicado a la misma escribiremos más detenidamente sobre todo esto.

Otro de los aspectos más excitantes del taurinismo es, precisamente, la permanente apuesta sobre el acierto o desacierto en la elección del ganado a lidiar en todas las corridas, y más si son figuras los que se anuncian. Porque cualquier cautela puede contrariar la mejor intención y descomponer las previsiones. La incertidumbre, definitivamente, representa uno de los mayores alicientes de este espectáculo: que nadie sepa lo que vaya a ocurrir y que los resultados de cualquier corrida siempre sean imprevisibles, aunque los organizadores hagan lo posible para que siempre se alcance el éxito y para que los aficionados apuesten continuamente por sus favoritos.

Para que ningún espectador ocasional se llame a engaño, ha de quedar claro que no todas las corridas son triunfales, ni siquiera exitosas. Son, casi siempre, interesantes. Interés que, en gran parte, depende de la necesaria capacidad de atención de los espectadores hacia el toro y sus reacciones para mejor comprender la lidia y sus posibilidades.

Estamos en los albores del siglo XXI. El toreo ha evolucionado a lo largo del tiempo. De la lucha inicial frente a toros asilvestrados y feroces hemos llegado a otra clase de enfrentamiento, que sin dejar de ser arriesgado, busca y muchas veces logra creaciones estéticas que pueden alcanzar lo sublime, transportarnos al infinito, emocionarnos tanto o más que la mejor muestra de las bellas artes, aunque con los acentos diferenciales que distinguen al toreo por incierto, fugaz, irrepetible y peligroso. Imaginaos un compositor musical que lograra escribir y a la vez hacer sonar una melodía que jamás se pudiera volver a escuchar y que, al mismo tiempo, expusiera su propia vida en el empeño. Esto es el toreo.

Y ahora, si queréis, entremos juntos a la plaza porque la corrida va a comenzar.

El toro en su hábitat más hermoso y natural.

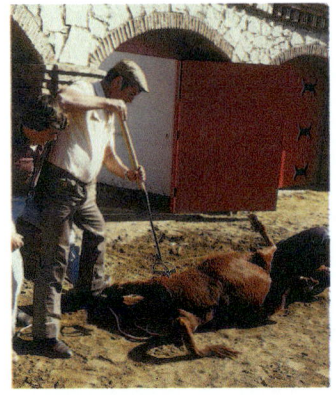
Herradero.

Acoso y derribo.

Tienta de becerras.

Encierro.

Apartado de un toro para embarcarlo.

Un lote de reses en los corrales de la finca.

Variedad de tipos, pelos y encastes.

Aledaños de la plaza de Sevilla antes de una corrida.

Puerta del Príncipe de la Maestranza.

Dos toreros en capilla.

Los alguaciles de la Maestranza regresan tras saludar al presidente para encabezar el paseo de las cuadrillas.

Un manojo de puyas.

Mozo de espadas.

Capotes, muletas y estoques.

Un par de «castoreños».

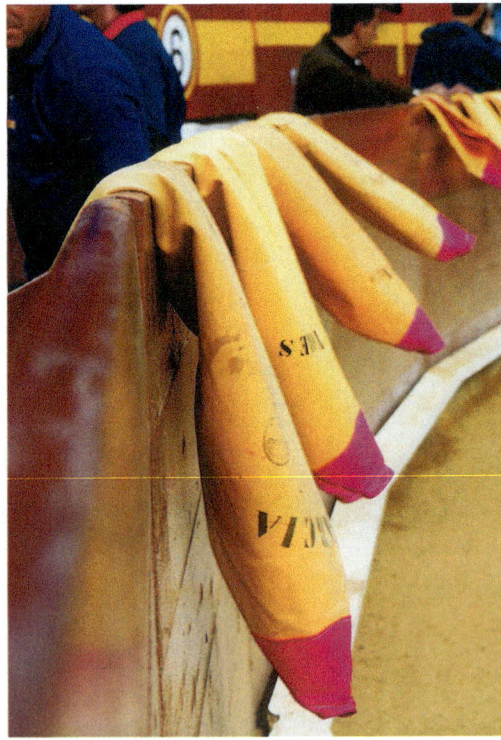
Varios capotes de brega sobre la barrera.

Bordado de dos casaquillas y un par de toros tras salir del chiquero.

Un peón observa atento la lidia.  Revolera.

Lance a pies juntos.

Dos picadores preparados para la suerte de varas.

Un toro arrancándose.

Toro romaneando.

Empujando con fijeza.

Tras descabalgar al piquero.

EL TORO Y LA CORRIDA • IX

Un par de banderillas «asomándose al balcón».

Toreo de muleta por bajo y de rodillas.

Un estatuario.

Trincherazo con alma.

Derechazo.

EL TORO Y LA CORRIDA • XIII

Toreo con la derecha en redondo.

Estatuario.

Perfilándose para entrar a matar.

Toro a punto de doblar.

A la espera de que doble el toro.

Un peón en el trance de apuntillar al animal.

EL TORO Y LA CORRIDA • XV

Arrastre de un toro.

Dos salidas a hombros por la puerta grande.

3. PÓRTICO E INICIO DE LA CORRIDA

Ver en directo una corrida de toros no es lo mismo que contemplar otro espectáculo cualquiera. Aunque empiezan exactamente a la hora que están anunciadas, no hay que perderse los prolegómenos de la fiesta porque a todas las corridas les precede un ambiente de euforia inusitada. Pareciera que va a ocurrir un acontecimiento verdaderamente insólito, aunque luego, a la salida, tanta euforia suele trocarse en frustración. En los pueblos y en las pequeñas ciudades, el ambiente taurino invade el centro urbano, los alrededores de la plaza y los de los hoteles, bares o cafés que frecuentan los taurinos y los toreros que van actuar. En las grandes capitales este ambiente está desperdigado, pero un par de horas antes de que comience el espectáculo va trasladándose poco a poco hasta los aledaños de la plaza. Tertulias improvisadas entre desconocidos que parecen amigos de toda la vida, saludos entre asiduos, cábalas de todos, discusiones apasionadas, el ir y venir de aficionados y curiosos. La voz baja de los «reventas» ofreciendo las últimas localidades que les quedan sin vender cuando en la taquilla oficial no queda un papel. O el acoso y vocerío de los que rebajan el precio de los boletos cuando la corrida no ha despertado ninguna expectación. En los alrededores de las plazas de toros siempre hay ambiente antes de las corridas. Porque los cabales, los aficionados y entusiastas de cada lugar no se pierden una, siempre están allí, como ya dijimos. Conviene, además, que ocupemos nuestra localidad o asiento con tiempo suficiente para evitar posibles aglomeraciones y tener la precaución de satisfacer la sed u otras necesidades fisiológicas en cualquiera de los bares y servicios que hay en los pasillos interiores de la plaza. Y que no se olvide nadie alquilar una «almohadilla» para sentarse más cómodamente en los siempre duros escaños de una plaza de toros. Cerca de los vomitorios pueden adquirirlas. Van a ser dos horas de gran concentración en las que no podremos –ni debemos– distraernos y menos abandonar nuestro sitio hasta que el espectáculo haya terminado por completo.

Si nos ofrecen un programa, lo tomaremos. Contiene los nombres de los matadores. Quizás, hasta una pequeña biografía de cada uno. El nombre de la ganadería a la que pertenecen los toros que se van a lidiar, que no siempre coinciden con la anunciada porque es relativamente frecuente que algunos toros se estropeen, se lesionen en los traslados o hayan sido rechazados por las autoridades por no tener la presencia que se exige en cada plaza. En la mayoría de los programas se incluyen, además, los nombres de cada uno de los toros, el dibujo del hierro que llevan marcados en el lomo y que distingue la ganadería a la que pertenecen. Se les marca a fuego cuando son becerros en una faena de campo que se llama «herradero», en la que también se les graban más números: el que corresponde a la última cifra del guarismo correspondiente al año de su nacimiento y otros que le identifican y que figuran fielmente en un certificado o documento oficial que acompaña obligatoriamente a cada res en sus traslados. También aparecen en los programas los colores de la divisa, sus respectivos pelajes y pesos, el orden en que serán lidiados, y los nombres de los «picadores» y «banderilleros» que actuarán a las órdenes de cada matador. E igualmente, la identidad de los toros llamados «sobreros».

Los «sobreros» son reses de reserva que pueden sustituir a las anunciadas, si aparecen en el ruedo con algún defecto físico y son rechazadas. En este caso se interrumpirá la lidia y saldrá al ruedo una manada de «bueyes» –o «cabestros»– provistos de un collar de cuero del que pende una campana –o «cencerro»– para llamar la atención del toro rechazado, rodearlo y devolverlo a los corrales. Debemos advertir que si un toro se estropea o inutiliza en el transcurso de la lidia a causa de cualquier accidente –golpes contra la barrera, vueltas de campana, rotura de huesos o de un cuerno–, los espectadores no tienen derecho a pedir la sustitución por un toro «sobrero», aunque también sea frecuente que parte del público lo reclame con gestos y gritos. No lo exige el Reglamento que regula las corridas, ni tampoco obliga a las empresas tener más de dos sobreros. Sin embargo, hay plazas muy puntillosas y exigentes, como la de Madrid, en donde han llegado a sustituirse hasta cinco y seis toros. Una vulneración de la letra del Reglamento que se comete con relativa frecuencia en la plaza tenida por la más rigurosa e intransigente del mundo.

Precisamente para interpretar este Reglamento y aplicarlo en cada caso con equidad y justicia, en todas las plazas hay un palco donde se sitúa el «presidente», autoridad máxima de la corrida, quien junto a dos «asesores» –un veterinario y un torero retirado– moderan el espectáculo y lo conducen de acuerdo a las normas establecidas. Las órdenes presidenciales se transmiten de dos maneras: por medio de «clarines» y «timbales» y por delegación a través de una persona subordinada –«delegado de la autoridad»– que se sitúa en el callejón provisto de un teléfono directo con la presidencia, mediante el cual también el presidente recibe sugerencias de los lidiadores. Pero los encargados más llamativos para hacer cumplir las órdenes presidenciales son los llamados «alguacilillos», generalmente uniformados de negro a la antigua usanza y tocados con sombreros vistosamente emplumados. Un breve toque de clarines y timbales de diferente duración, particular composición en cada plaza y siempre ordenados por el presidente mediante la exhibición desde su palco de un pañuelo blanco anuncia el comienzo de la corrida, la salida de cada uno de los toros al ruedo, los cambios de tercio (inicio de las tres partes en que se divide la lidia) y los llamados «avisos» (pueden ser hasta tres) con los que se hace saber al lidiador y al público los minutos que faltan para que acabe el tiempo que debe durar una faena de muleta. El primer aviso suena transcurridos diez minutos desde el instante en que el torero inicia la faena. Dos minutos más tarde suena el segundo. Y otros tres han de transcurrir para que se escuche el tercero y último. Consumados los quince minutos que ha de durar una faena como máximo, el matador está obligado a desistir y a retirarse al callejón, mientras el toro vuelve a los corrales o es «apuntillado». Este último aviso es infamante para quien lo escucha, porque constata el fracaso del torero. El segundo supone una seria advertencia y suele escucharse mientras el espada intenta matar al toro sin lograrlo. Pero el primero, aunque también pueda ser tenido como demérito, a veces se escucha en medio de un hermoso y largo trasteo y no hay que darle más importancia que la de una señal para que el torero sepa que su tiempo pasa y decida terminar su obra. En algunas plazas de América, concretamente en las de México, el tiempo de los avisos es de cinco minutos –el primero se recibe cuando el matador utiliza la espada por primera vez– independientemente de la duración de la faena de muleta, lo que es más razonable dada la duración más larga de los trasteos muleteriles en la actualidad.

El presidente también utiliza el pañuelo blanco para otorgar trofeos si el público los demanda tras el triunfo del matador. Los trofeos pueden ser una oreja del toro, los dos apéndices auriculares y las dos orejas además del rabo del cornúpeta para premiar una labor completa y realmente excepcional con el capote, con la muleta y con la espada, que el «alguacil» entrega al diestro premiado en los tres casos. La primera oreja la concede el presidente atendiendo a la petición mayoritaria del público presente en la plaza que, a su vez, la demandará agitando pañuelos. Los otros trofeos, dos orejas o estas dos y el rabo, los concede la presidencia según su propio criterio y conforme a la condición del toro y al grado de perfección con que el torero lo haya lidiado, toreado y matado.

La presidencia dispone, además, de otros cuatro pañuelos que utilizará en los casos siguientes: uno de color verde para ordenar la devolución de un toro a los corrales; otro de color rojo que exhibirá para indicar se le pongan al toro «banderillas negras» (provistas de un arponcillo de mayor dimensión que el de las banderillas normales y que teóricamente le avivan, le molestan más que las normales y supuestamente le hacen reaccionar) que solamente se ordenan cuando resulta absolutamente manso en el tercio de varas y no hay manera de picarlo; otro de color azul para ordenar que den la vuelta al ruedo a un toro que haya sido muy bravo y noble, tras su muerte, y un pañuelo de color naranja que decide el perdón de la vida de un toro excepcionalmente bueno por todos los conceptos. Esta circunstancia se produce a petición del ganadero, del público con sus pañuelos y del propio matador mientras transcurre la faena de muleta. En caso de que la presidencia acepte el perdón –autorizado solamente en corridas concurso de ganaderías y en plazas de primera y segunda categoría–, la faena de muleta puede continuar hasta que el diestro simule la suerte de matar con una banderilla o con la mano, pasando luego el toro indultado a los corrales. Curado de las heridas recibidas durante su lidia y, si es posible, trasladado posteriormente a la ganadería, el ganadero podrá utilizarlo como semental si lo estima conveniente.

Inicio del festejo

Vamos a situarnos idealmente como espectadores de una corrida normal, en la que se anuncia la actuación de tres matadores acompañados de sus correspondientes cuadrillas, para lidiar seis toros. Cuando el reloj de la plaza marca la hora exacta del comienzo, el presidente que acaba de llegar a su palco flamea un pañuelo blanco y suenan clarines y timbales. Inmediatamente aparecen en el ruedo los dos alguaciles montados a caballo, al tiempo que la banda de música arranca los primeros compases de un pasodoble. Hay plazas, como las de Sevilla, Bilbao, Pamplona, Valencia, Málaga..., en las que este primer pasodoble sólo se interpreta en los prolegómenos de la corrida y siempre es el mismo, sea cual sea la corrida, distinguiéndose también cada una por esta particularidad musical. Los alguaciles –popularmente también se les llama «alguacilillos»– cruzan el ruedo desde la puerta por donde salen hasta el lugar del anillo sobre el que se encuentra el palco presidencial. Tras saludar destocados al presidente y corresponderles éste en pie, cada uno de ellos recorre junto a las tablas el semicírculo que separa el lugar donde saludaron de la puerta de cuadrillas. Una vez allí, vuelven a emparejarse para encabezar el desfile de los actuantes. Estas evoluciones preliminares de los alguaciles son un recuerdo puramente formal de cuanto acontecía años atrás, cuando era necesario despejar el ruedo de espectadores antes de que comenzara la corrida. Cuestión actualmente innecesaria, ya que es imposible el acceso al ruedo de cuantos no actúan de un modo u otro en el espectáculo. La tradición, sin embargo, siguió fiel a la ceremonia y a las formas de lo que continúa llamándose «despejo de plaza». La irrupción en el ruedo de persona o personas ajenas al espectáculo está prohibida. Y mucho más si alguien salta al ruedo durante la lidia de algún toro con intenciones de torearlo. A estos espectadores se les llama «espontáneos».

Este desfile inicial de los toreros, realmente vistoso, sorprendente para los que ven una corrida por primera vez

Deslumbrante «paseíllo» en la Maestranza de Sevilla.

y muy celebrado por el público en la mayoría de las plazas, es tan breve como solemne y se le conoce por el nombre de «paseíllo».

Tras los alguacilillos a caballo, marchan los tres matadores colocados según la antigüedad de su alternativa. Vistos de espaldas, en el lado izquierdo de la primera fila se sitúa el espada más antiguo, en el centro el más moderno y a su derecha el que recibió el doctorado en tiempo intermedio a sus compañeros. Esta colocación, por tanto, no se corresponde con la edad de los matadores, ya que un torero joven puede ser profesionalmente más viejo que otro con más años. Para los espectadores nuevos que desconocen totalmente la identidad de la terna, lo más fácil para distinguirlos una vez iniciado el paseíllo será fijarse bien en los diferentes colores de sus vestidos. A veces son iguales, pero lo normal es que cada matador vista de distinto color. Una pregunta al vecino de asiento aclarará equívocos.

Detrás de la fila de matadores marchan los tres banderilleros del primer espada y, sucesivamente, en la tercera fila los banderilleros del segundo matador y en la cuarta los banderilleros del tercero, respetándose también de izquierda a derecha la veteranía o categoría de cada uno. A continuación y, en fila de a dos, según la antigüedad de sus jefes y la propia, marchan los picadores montados a caballo sin pica.

Al grupo que forma cada matador con sus banderilleros y picadores se le conoce con el nombre de «cuadrilla». También forman parte de la misma el «mozo de espadas» y el «ayuda» de éste, cuya misión es la de atender a cuanto demande el matador, desde ayudarle a vestirse y quitarse las ropas de torear hasta servirle en lo que pida, pero ninguno de ellos desfila en el paseíllo. Cuando llegan a la plaza, se ocupan de sus respectivas misiones en el callejón.

Cierran el desfile a pie «mozos de caballos» y «areneros» seguidos de las «mulillas» y «mulilleros». Los mozos de caballos son los encargados de auxiliar a los picadores en su misión. Las mulillas son una pareja o trío de mulas debidamente enjaezadas que se emplean para arrastrar las reses desde el lugar del ruedo donde han caído muertas hasta el patio donde se encuentra el «desolladero». Los mulilleros son los encargados de conducir las mulillas. Los areneros, mozos provistos de rastrillos para alisar y limpiar el ruedo antes y después de la lidia de cada toro.

Los componentes de la comitiva desfilan cubiertos, a excepción de los matadores nuevos en la plaza, que lo harán descubiertos. Tanto los espadas como sus banderilleros lucen en el paseíllo capotes terciados de lujo, debidamente ceñidos («liados») sobre sus vestidos, de modo que el brazo derecho les quede libre, permaneciendo sujeto al tronco y bajo el capote de paseo el brazo izquierdo. La «colocación» de este capote de paseo también supone todo un rito por su tradición, exactitud y hasta íntima religiosidad.

Todos avanzan despacio y ceremoniosamente hacia el lugar sobre el que se sitúa el presidente. Llegados allí, se destocan y saludan a la autoridad que representa. Disueltas las filas del paseíllo, los toreros de a pie cambian sus capotes de paseo o de lujo por los de brega –«cambiar la seda por el percal»– y los de a caballo regresan a su patio. Quedan solos en la arena los alguacilillos, quienes vuelven a recorrer el ruedo por separado hasta la puerta de cuadrillas y, desde allí, avanzan de nuevo hasta la presidencia para recoger –simbólicamente– la llave de los toriles, que entregan al «torilero» (el encargado de abrir y cerrar la puerta del toril) y regresar finalmente bajo la presidencia, repitiendo respetuoso saludo antes de abandonar el ruedo, pero no la plaza. Porque los alguaciles, una vez guardados en las cuadras sus respectivos caballos, pasan al callejón desde donde cuidarán del orden de la lidia y serán los encargados de transmitir a los lidiadores las órdenes del presidente y las sugerencias de aquéllos a la presidencia.

El paseíllo no tiene más variantes que las que imponen las distintas modalidades de corridas y según el número de espadas que actúen. Si son sólo dos matadores en un «mano a mano», deberá actuar un espada sustituto («sobresaliente»), que prevé la posibilidad de que los dos anunciados caigan heridos en plena lidia y haya que continuarla. El sobresaliente hará el paseíllo inmediatamente detrás en medio de los matadores. Si la corrida fuera de un solo matador, harán el paseíllo tras él dos sobresalientes. En ambos casos, el número de banderilleros y de picadores será igual al de una corrida normal, actuando igualmente por cuadrillas en la lidia de cada toro. Se puede dar el caso de una corrida con ocho toros y cuatro cuadrillas en la que el paseíllo será tal y como hemos descrito, con la sola diferencia de que en la primera fila figurarán cuatro matadores y en vez de tres filas de tres banderilleros y otras tres de dos picadores, desfilarán cuatro filas de tres banderilleros y otras tantas de dos picadores. Un cortejo poco frecuente.

Si en una corrida actuaran uno o dos rejoneadores además de los matadores de a pie, los caballeros harán el paseíllo montados en sus respectivos corceles, inmediatamente detrás de los alguaciles y delante de los matadores. Mientras que los banderilleros que auxilian a los rejoneadores lo harán detrás de las cuadrillas de a pie y delante de los picadores.

Salvedades aparte y una vez terminado el paseíllo, los areneros proceden a limpiar el ruedo y a restaurarlo de pisadas para evitar que los lidiadores se hundan en un falso bache, tropiecen con pequeños objetos o resbalen con algún excremento que haya quedado en el piso tras el desfile. El presidente aguardará breves instantes hasta que todo esté limpio y el ruedo completamente vacío antes de sacar de nuevo el pañuelo blanco, cese la música, se acalle el palmoteo o los rumores de la multitud y suenen por segunda vez clarines y timbales. Va a salir el primer toro.

Atención al toro

Todo, absolutamente todo lo que ocurre en el ruedo gira alrededor del toro. Ya lo hemos dicho y seguimos insistiendo: sin toro no hay lidia y sin lidia no puede haber

Parando un toro en la brega de salida. (Martín Recio.)

toreo, porque ambas tareas están estrechamente ligadas entre sí. El toreo es tanto mejor cuanto mejores son el toro y la lidia que recibe. De modo que cualquier espectador que pretenda comprender cuanto ocurre, participar a la hora de las valoraciones y, con más motivo, ser justo en el momento de callar, aplaudir o de pedir trofeos, debe tener la honestidad de no desentenderse nunca del toro. Desde que aparece por la puerta de chiqueros hasta que es arrastrado por las mulillas. Síganle siempre con la mirada, vaya donde vaya, porque donde esté el toro tendrán que ir los toreros. Es muy común entre toda clase de espectadores taurinos, incluso entre los que se creen buenos aficionados, valorar la corrida por lo que logran estéticamente los toreros sin haberse fijado nunca en las características del toro con el que lo han conseguido. Es el síntoma más evidente de una afición equivocada por no decir mala.

Es difícil, por supuesto, abstraerse del ambiente que hay en casi todas las plazas de toros mientras dura la lidia, pero hay que intentarlo. El público se distrae muy a menudo con pequeños acontecimientos que casi siempre suceden al margen de la lidia y fuera del ruedo: en el callejón, en los graderíos o en los palcos. Mal hecho. Pueden perderse cualquier reacción del toro en función de la cual no podrán ser comprendidas otras en lo que resta de lidia y, consecuentemente, no entender el intencionado fondo de cuanto hacen los toreros. Porque el toreo tiene una razón de ser. Cuándo, dónde, por qué se hace y los distintos modales de expresarlo. Quedarse únicamente con las formas, sin tener en cuenta el resto, supone perderse más de la mitad de cuanto interesante tiene una corrida. Por precioso que sea el toreo –a veces lo es hasta términos de indefinible belleza–, más hermoso resulta para los que, además, saben descubrir sus razones más ocultas y técnicas. No se contente, pues, el nuevo espectador taurino con la cáscara de la nuez. Aprenda cómo abrirla y descubra su misterio. Este consejo es más válido aún para comprender la lidia de toros con problemas, de toros dificultosos. Cuantos más escollos haya que resolver, más intrínsecamente interesante es la lidia y más meritorio resultará el toreo, aunque su resultado puramente estético no pueda alcanzar cotas sobresalientes y vistosas. Ya dijimos que no todas las corridas resultan necesariamente triunfales en su desarrollo y que casi todas son interesantes, precisamente por lo que interesa la simple observación de las distintas reacciones de los toros. Reacciones que podemos dividir en dos grandes grupos: aquellas que se producen de manera espontánea y las que surgen provocadas por los toreros. Comentemos por delante las primeras.

Las reacciones espontáneas tienen que ver mucho con la estirpe, con la crianza y las costumbres adquiridas por el toro a lo largo de su tranquila y cuidadísima existencia en el campo. También con la memoria más reciente de lo que les acaba de suceder en su traslado desde la finca donde habitan hasta la plaza, y en las operaciones de embarque, desembarque y enchiqueramiento. Ya hemos llamado la atención sobre lo conveniente que resultaba realizar estas operaciones con la máxima tranquilidad, dado el delicadísimo carácter de los animales bravos, excitables por naturaleza y tanto o más retentivos que los domésticos. Es lógico que cualquier toro se inquiete o extrañe cuando sale al ruedo después de vivir plácidamente en el campo durante cuatro años o más y tras permanecer encerrado en un reducidísimo espacio completamente a oscuras. Este encuentro con lo desconocido, inmerso repentinamente en un ambiente multicolor, lleno de ruidos extraños a su medio habitual y, en la mayoría de los casos, frente a un sol deslumbrante, le produce un estremecimiento que forzosamente hemos de considerar parecido al estrés.

Tan considerable como inevitable. Precisamente y basándonos en esta inevitabilidad, muchos ganaderos y no pocos aficionados hemos llegado a la conclusión teórica de que los toros que corren por las calles antes de las corridas en los «Sanfermines» de Pamplona, por ejemplo, padecen del estrés que comentamos durante el encierro y no lo sufren tan intensamente al salir a la plaza. Razón que podría explicar la ausencia de caídas y pérdida del equilibrio de los toros, tan frecuentes en otras corridas donde las reses salen al ruedo con la presencia de la multitud y de sus ruidos, ya descubiertos.

Respecto a las reacciones espontáneas del toro que tienen que ver con su capacidad retentiva, también hay que tener en cuenta cómo guardan memoria de lo que aprenden inmediatamente antes de ser lidiados. Por ejemplo, casi todos se acuerdan del lugar por donde han salido al ruedo, y aunque la puerta de chiqueros queda disimulada en la barrera, casi siempre tienen tendencia natural a marcharse por donde salieron. O por donde entraron a la plaza cuando lo hacen en manada al final de los encierros. Y lo mismo cuando algo les llama poderosamente la atención: suelen acordarse del lugar donde se produjo la cogida de un torero o de un caballo. A estas pequeñas o grandes tendencias se las conoce en el argot taurino como «querencias». No hay que extrañarse, por ello, de los comentarios de un vecino de localidad sobre tal o cual querencia de un toro a determinados sitios de la plaza. Por

Primera y buena señal de bravura: remate en tablas.

ejemplo, querencia a toriles, a las tablas, o a la puerta donde se colocó el camión que les trajo enjaulados y desde donde fueron soltados al ruedo. Este caso se da mucho en las plazas que organizan el «desencajonamiento» público de las corridas de una feria, días antes de que se celebren e incluso en placitas no dotadas de corrales suficientes, por lo que es forzoso desembarcar las reses en el ruedo como paso previo a su enchiqueraminto o directamente desde los cajones.

Los toros, en definitiva, se acuerdan de lo que han hecho y lo demuestran. Por eso no está permitido lidiar toros rechazados durante la lidia, y rigurosamente castigado el toreo furtivo en las fincas. Una fechoría relativamente frecuente que algunos torerillos practican aprovechando la oscuridad de la noche y de la que hablan disimuladamente diciendo que van a «hacer una luna».

De los toros también se espera un comportamiento fiel a su estirpe, conforme al de sus antecedentes y progenitores. Pero aquí entramos en la parte más misteriosa de las reacciones del toro, al entrecruzamiento de las reacciones espontáneas y de las provocadas.

Entre las reacciones espontáneas y en función de la variabilidad natural del comportamiento de las reses de lidia al salir al ruedo, se encuentran los primeros síntomas que deben tener en cuenta los toreros –antes que nadie porque les va en ello el triunfo o el fracaso y hasta su propia integridad física– y los espectadores dispuestos a entrar en el juego de la lidia desde sus asientos.

Los toros pueden salir correteando distraídos, sin fijarse en nada ni en nadie, aunque se les llame la atención –se dice entonces que son «abantos»–; o, por el contrario, acudir prestos a cualquier llamada de los toreros y perseguirles velozmente hasta las tablas, llegando a alcanzarlas más o menos violentamente, a romperlas, o a rozarlas con los pitones –lo que se conoce por «rematar en tablas», señal que constata un primer síntoma de bravura. Si no lo hacen así, si corretean sin parar ni fijarse, no acuden a los toreros cuando les provocan con sus capotes desde los burladeros o en el tercio, se ha de anotar un primer asomo de «mansedumbre», o guardar lo negativo del síntoma previendo dificultades posteriores. Como pudiera ocurrir acto seguido, cuando saltan o intentan saltar al callejón, o niegan su embestida a los capotes y en vez de acometer huyen de los toreros, con lo que declaran más su inicial mansedumbre.

En todo caso, las reacciones generales que el espectador aficionado debe tener en cuenta para descubrir las primeras intenciones de un toro en su salida al ruedo son las siguientes: buenos síntomas son que el toro salga del chiquero alegre, se muestre con la cabeza alta, haga por todos los bultos con fijeza, no se revuelva si los alcanza y continúe su viaje, no recorra los tableros a lo largo del ruedo –acción de «barbear»–, sino que remate con los pitones, se arranque en cualquier terreno sin retroceder ni escarbar, y acepte el engaño con embestidas rectas y nobles. Por el contrario, malos síntomas son que salga corretón y sin fijarse en nada, barbee tablas sin rematar nunca, se acule en ellas o se entablere, escarbe, no acepte el engaño, retroceda y, si embiste, lo haga frenándose o cambiando la trayectoria de su viaje inicial.

Sin embargo, no todos los toros mantienen los síntomas que mostraron en su salida al ruedo. Los hay que perseveran en sus defectos y acrecientan su condición de mansos hasta su muerte, y otros que se corrigen para bien a medida que avanza la lidia y terminan francos y boyantes. Pero, ¿qué es la lidia? El toro acaba de salir al ruedo, muestra incipientemente unas condiciones y ha llegado el momento de mantenerlas, si son buenas; o, si es posible, mejorarlas, y aliviarlas si son pésimas.

4. ¿QUÉ ES LA LIDIA?

El aprovechamiento inteligente de todas las reacciones espontáneas del toro, combinado con las que le provocan los toreros, es lo que se entiende por lidia. O dicho de otra manera: todo lo que se le hace a un toro o se evita hacerle para mejorar su comportamiento es lidiarlo. La extensión de este concepto supone actuar correctamente en cualquier caso, porque muchos toros con defectos, en principio insalvables, pueden mejorar y de hecho mejoran con una buena lidia, o empeorar si ésta no es la que le conviene.

Los toros, para complicar más las cosas y por simples reacciones naturales, suelen cambiar de intención o de comportamiento para bien o para mal, razón de más para que el lidiador y los espectadores estén siempre atentos a estos cambios. Un buen toro, desde luego, es el que mantiene buenas características a lo largo de su lidia. Como una buena lidia es la que procura mantenerlas siempre.

Pero la lidia debe ajustarse a unas normas establecidas que, al mismo tiempo, han de aplicarse con la flexibilidad que impone cada toro para que en la corrida se guarde un mínimo de orden y para que su duración aproximada sea la idónea. En los festejos que anuncian la lidia de seis toros y la actuación de tres matadores, que son los más corrientes, la duración del espectáculo debe alcanzar dos horas. Aproximadamente, veinte minutos para cada toro.

La lidia se divide en tres partes o «tercios»: «tercio de varas», «tercio de banderillas» y «tercio de muleta y de muerte». Los dos primeros, sucesivamente encauzados y encadenados, sirven teórica y prácticamente para que el toro llegue al último tercio en las mejores condiciones posibles para ser toreado con la muleta y se preste a la estocada con los mínimos «resabios».

«Resabio»: término que supone lo que hay que evitar. Que el toro aprenda más de lo que conviene. Impedir que el toro descubra dónde está el torero y éste acierte a herirle correcta y rápidamente en el instante de matarlo. De ahí que insistamos en que el lidiador debe evitar todo lo que conduce a viciar, a resabiar al toro.

Los buenos aficionados, los profesionales y hasta los toreros que contemplan la lidia de un toro desde el callejón por no estar en turno de actuar, suelen comentar y, en todo caso, pensar o imaginar lo que hay que hacer, qué es lo más conveniente, cómo ha de llevarse a cabo y dónde. Pero una cosa es ver los toros detrás de la barrera y otra como la ve, como la vive, el protagonista. Resulta imprescindible, por ello, que el lidiador sea capaz de discurrir, de pensar, de resolver e interpretar rápida y convenientemente cualquier gesto o reacción del toro cuando está delante de él. Poder «pensar delante de la cara del toro» se suele decir para explicar el muy especial valor del torero. Porque la valentía del torero no es igual que la del soldado en el frente y, por lo mismo, se presta a confusión.

Hagamos un inciso sobre el valor del torero, porque sin este valor nunca se podrá ejercer con éxito tan difícil y arriesgada profesión. Cualquier ser humano capaz de ponerse delante de un toro demuestra más valor que el de la mayoría de las personas incapaces de hacerlo. Pero este llamémosle rasgo de valor sólo es arrojo. En los toreros que se precien de tales debe haber algo más. El valor del torero se distingue del simple arrojo precisamente en que el del torero exige pleno y constante conocimiento de cuanto ocurre a su alrededor, independientemente de lo que le pide su instinto de conservación, mientras que el valor del arrojo sólo dura un instante, por la imposibilidad del sujeto en controlar ese instinto que le obliga a quitarse de en medio y, por supuesto, le impide pensar con tranquilidad y con lógica en tal momento.

Es esta necesaria, singular y exclusiva lógica la que mejor define el valor del torero: la cualidad de poder observar sosegada y tranquilamente cualquier intención o gesto del toro –por peligrosas que sean o parezcan– que le permite resolver, tomar decisiones y conducirle, según convenga. Y solucionarlo en décimas de segundo, aunque por dentro sienta miedo y hasta pavor.

¿Cómo, si no, podrían lidiarse toda clase de toros? ¿Cómo observar sus primeras reacciones tras la salida al ruedo para enmendarlas o aprovecharlas? Decía «Paquirri» que los toros, cuando salen del chiquero, no saben embestir; que lo que hacen es acometer; que es el torero quien les tiene que enseñar, igual que los maestros enseñan a los niños a leer.

Pues bien, desde que el toro aparece en el ruedo hay que enseñarle a embestir. Incluso antes de que suenen los clarines y timbales que anuncian el inicio del primer tercio, tanto los banderilleros como el matador deben estudiar, escudriñar la embestida del toro al tiempo que intentan pararle y fijarle.

El instrumento que se emplea para fijar y sujetar al toro es el «capote de brega» (bregar es todo lo que se le hace al toro con el capote, más o menos lúcidamente y con efectividad durante los dos primeros tercios o para auxiliar al matador en el último, si lo requiere o necesita).

Como es tradicional y lógico, cuando los banderilleros o «peones» de brega cubren estas dos misiones a las órdenes del matador, llaman al toro con sus capotes desde los burladeros para ver si acude o no hasta que uno de ellos sale a recibirlo, en los primeros «capotazos» deben hacerlo en rectitud, sin recortar el viaje del toro ni violentarlo excesivamente. El matador puede observar así la calidad y las características iniciales de sus embestidas. Con esta primera intervención de los peones o del matador –muchas veces es el propio jefe de cuadrilla quien recibe al toro– se abre la lidia. Más adelante nos extenderemos al respecto.

¿Cuáles son los signos que en este momento deben retenerse para empezar a valorar la bravura del toro y para que los toreros obren en consecuencia? Como ocurrió cuando nos fijamos en lo que hacía o no hacía el toro en su salida, al tomar el capote debemos observar si el toro embiste «pronto», que es lo mejor; o se lo piensa, tarda («tardea» en el argot taurino), que no es bueno. Lo ideal es que embista pronto y con la cabeza baja (humillando), rozando la arena con el hocico al iniciar el viaje («metiendo el morro», «metiendo la cara»), manteniéndola así o terminando con la «cara a media altura». El signo contrario, negativo en este caso, es que embistan con la cabeza alta desde el inicio del viaje hasta su término. Si un toro no levanta la cabeza al salir del capotazo del lance y embiste sin distraerse y con la mirada siempre fija en el capote, se dice que tiene «fijeza», una de las cualidades más apreciadas para el toreo porque acrecienta su confianza. Por el contrario, si acomete levantando la cara y derrota distraído, mirando de un lado a otro, habrá que corregirlo en la medida de lo posible o aceptarlo como un síntoma muy negativo. Cuando este defecto es extremo y el toro mira a todas partes sin fijarse en nada, se dice que «desparrama» la vista, una de las peores condiciones para el toreo. Buena es una embestida recta, fija, templada y larga. Defectuosa es cuando lo hace inclinado («vencido») por el lado derecho, por el izquierdo, o por ambos; y peor si embiste exageradamente rápido, con violencia, o se queda corto y se frena. Del toro que embiste con las manos en tiempo de galope («galopar») cabe esperar muy buenas cosas en los tercios siguientes, si no se estropea o lo estropean. Pero si trota, se frena o echa las manos por delante, no dará facilidades. Si derrota («puntea») mucho o poco en los engaños, habrá que evitar con habilidad que no enganche el capote, lo que acrecentaría este defecto para lo que resta de lidia. Si no puntea nada y toma el capote templado y sin cabecear, es lo mejor. Saltar, bufar, cocear, escarbar son signos negativos. No cortar el terreno a la salida del viaje es buena señal. Cortarlo, muy mala. Cuando un toro se ciñe al embestir (se «acuesta») por algún pitón o por los dos, es un demérito y causa de alerta y precaución para posteriores suertes. Si insiste continuamente en sus embestidas («repite»), hay que valorarlo positivamente, aunque a los toreros muy medrosos o sin facultades físicas esta cualidad siempre les resulta molesta, sobre todo si es excesiva, por lo que se dice de ella cuando acontece que el toro es «pegajoso» o que «repone» mucho.

Si tiende a marcharse («sale suelto»), es un signo negativo. Lo mismo que huir de las suertes, rehusarlas, es una señal de mansedumbre. Bueno es que un toro se aquerencie en el centro del ruedo y acuda a cualquier cite. Por el contrario, tener querencia a las tablas o a los chiqueros y no querer salir de allí, demuestra también su inicial mansedumbre. De los toros que se van enseguida a tablas se dice en el argot que se «rajan». Así desisten algunos de la pelea, dificultando mucho el lucimiento. De los toros que muestran desde el principio una querencia muy marcada a tablas se dice que «aprietan», por lo que el torero tendrá que procurar salirse con ellos («abrirse» o «abrirlos») hacia el centro del ruedo para bregar o lancear más fácilmente, lejos de la querencia. Claro que antes hay que ser capaz de hacerlo y no acabar «entablerado», «apretado», cerrado peligrosamente contra la barrera por la acometida del toro. Finalmente, las sucesivas pérdidas del equilibrio de un toro al embestir, genuflexiones o caídas repetidas son la señal inequívoca de su falta de fuerza. Los toros que carecen de fuerza tienden a defenderse y a quedarse cortos aunque sean nobles.

No digamos los que no lo son y su escasa fuerza la traducen en genio. En todo caso, el matador y los espectadores deberán constatar siempre si el toro tiene poca, mucha o ninguna. Porque también de la fuerza variable de cada toro dependerá la lidia que hay que darle. Sobre todo en la suerte de varas.

Cuando los toros se derrumban antes o cojean intensa y ostensiblemente antes de que los picadores salgan al ruedo, la protesta del público está plenamente justificada y la presidencia ordenará su devolución reglamentaria a los corrales. Más discutibles son las devoluciones de toros simplemente flojos, en muchos casos acalambrados o levemente cojos por lo mismo. Lo normal es que tras calentarse con las primeras carreras, desaparezcan estos defectos.

Atención a los ojos del toro

Importantísimo también es observar los ojos del toro y sus miradas. Mejor dicho, su manera de mirar. Claro que esta observación resulta prácticamente imposible para la mayoría de los espectadores, aunque conviene que sepan cuán determinante es y, al menos, intenten comprenderlo a la vista de las posibles cautelas que tome el torero.

Los defectos oculares del toro dificultan la visión y pueden ser muy peligrosos para el torero que no se haya percibido de ellos. Hay que descubrirlos cuanto antes y, de hecho, los veterinarios que reconocen el ganado un día antes de la corrida, y los toreros que asisten al sorteo en la mañana del festejo, intentan acertar al respecto y pedir que los retiren si lo descubren claramente. Uno de los defectos oculares más extraños que pueden padecer los toros es su capacidad de ver los objetos cuando los tienen lejos, pero no desde cerca. A estos toros se les llama «burriciegos» y se les descubre casi siempre durante la lidia, por lo que resultan muy complicados y peligrosos para los toreros no advertidos del defecto.

En cualquier caso, de la mirada o del modo de mirar que tenga el toro van a depender muchas cosas. Porque hay toros que prestan más atención al torero que a los engaños –al capote o a la muleta– y esa insistencia inquieta mucho a los toreros. A estos toros se les llama «mirones». Al fin y al cabo, todo el toreo depende técnicamente, en su principio, de saber aprovechar las miradas del toro. Pues si casi siempre les atrae más lo que se mueve que lo que permanece quieto, es lógico que si el torero se para frente al toro y sólo mueve el engaño, el animal embista a las telas móviles y no al sujeto que las sostiene.

De la precisión en el tiempo y la elección del lugar en el lugar conveniente, de la suavidad y de la firmeza en ejercer esta técnica tan elemental depende en gran parte la certeza con la que el torero empiece a conducir las embestidas del toro para que persiga embelesado –se podría decir engañado– su presa mientras el diestro, quietos los pies, extiende el brazo (o los brazos) y gira la muñeca de la mano que torea.

Estas llamadas tan precisas son la clave del cite en cada lance de capa o para cada pase de muleta. Los profesionales las llaman en su argot «toques». Tocar a un toro, pues, no es más que llamarlo con un breve movimiento de la mano que sujeta el engaño en el preciso instante que lo está mirando. Mala cosa entonces es «tocar» a un toro sin mirarle a los ojos y desconociendo, por tanto, dónde fijan sus ojos. Si lo hacen a destiempo, o «tocan» a la vez se mueven del sitio donde han citado, es muy probable que surja la voltereta y hasta la cogida.

A veces, estos «toques» han de acompañarse con la voz para llamar más la atención del toro. Aunque hay que prescindir de los bocinazos excesivos y de ese gritar de algunos toreros que, por falta de entereza, se refugian en un vocerío tan desproporcionado e innecesario que a veces delata el miedo del torero.

Pero ya que hemos entrado en los matices más importantes y ampliables de cuantas condiciones iniciales manifiestan los toros y en cómo resolverlas, abarquemos, antes que describir cualquier suerte, el modo de evitar con habilidad que los toros no logren enganchar nunca las telas con sus pitones, derroten o no con los cuernos al engaño. Esta habilidad no es otra cosa que el «temple».

El temple

Sobre el temple se ha escrito mucho y se ha discrepado más. Dicen unos que es acomodar la velocidad del engaño a la velocidad de la embestida del toro de modo que los pitones nunca logren alcanzar y menos enganchar la tela del capote o de la muleta, para lo que es necesario el perfecto acople de los movimientos del brazo, de la muñeca, de la mano del torero que conduce la embestida del toro hasta el final del lance o del «muletazo». No llevar el engaño demasiado deprisa, con lo que el toro perdería su señuelo y cesaría repentina y peligrosamente el toreo por quedar el torero al descubierto; ni más despacio que la embestida del toro, porque el enganchón sería inevitable.

A propósito de esto último surge la polémica y el otro concepto sobre el temple que se concibe y explica según esta otra versión: acomodar el torero la velocidad de la embestida del toro al movimiento del engaño. O sea, imponer al toro una velocidad menor, obligarle a embestir más despacio de lo que quisiera, ralentizar sus acometidas y someterlas al compás del engaño por pura voluntad del diestro.

¿Cuál de las dos versiones es la más cierta? Con ser ambas muy difíciles de aplicar a toda clase de toros –lo más sencillo es templar a un toro de embestida templada, de embestida con velocidad media–, la más corriente o la que más explica el temple de la mayoría es la primera. Es más fácil acoplarse que imponerse. Sin embargo, la segunda versión es la que explica el excepcional sentido del temple con el que algunos maestros han logrado y logran torear. Muy pocos, desde luego, razón por la que la mayoría disiente de la segunda versión por más virtuosa y exclusiva.

Lo más difícil del temple es, desde luego, torear despacio a un toro que embiste deprisa, sobre todo inmediatamente después de salir al ruedo y, en todo caso, no permitir nunca que enganche el capote o la muleta con sus cuernos a un toro que derrota sin fijeza o que puntea. Esto último es clave para corregir las embestidas descompuestas y para enseñarlos a embestir a base de ir desengañando al toro de sus irregulares acometidas, cuando así las muestra.

Si comentamos parte de la técnica del toreo en general y el de muleta en particular antes de abarcar el último tercio, lo hacemos porque se torea primero con el capote y porque para torear de capa también hay que «tocar» con precisión a los toros y, por supuesto, templarlos. Ambas cuestiones son esenciales desde que empieza la lidia. El matador y también sus peones han de estar atentos a la mirada de los toros cuando utilizan el capote. Cómo han de acoplarse a sus distintas velocidades de embestida para que los capotazos en la brega o cualquier lance no se destruyan por falta de temple. Tropiezos que siempre empeoran las condiciones del toro: si es bueno para que no deje de serlo. Y si embiste mal o con defectos, para que no los acreciente y embista peor. En todo caso, para que puedan ser toreados en función de ello y como exige el público. Al fin y al cabo, la razón de la lidia es el toreo, aunque el toreo también forme parte de la lidia. Antonio Ordóñez fue excepcional y único en la ralentización de la velocidad de los toros, sobre todo con el capote; toreó casi siempre despacio o procuró hacerlo fuera como fuese el toro. «Espartaco» y Enrique Ponce, por su parte, han sido y son consumados maestros en acoplarse a cualquier embestida, quizá los más diestros en este aspecto. Pero es el momento de hablar sobre el toreo.

¿Qué es torear?

En su acepción más general y sencilla, torear es incitar a un toro a que acometa y evitar hábilmente sus intenciones de alcanzar a quien lo hace. Pero esta definición es incompleta por la evolución del toreo a través de los siglos. En un principio, el toreo consistía en luchar con el toro tratando por cualquier medio de matarlo sin dejarse alcanzar en el empeño. Pero lo que empezó siendo un mero ejercicio defensivo sin ventajas para los contendientes fue perfeccionándose poco a poco hasta llegar a lo que se entiende por «suertes»: cada uno de los actos que los toreros ejecutan en la lidia del toro.

Impuesta la lidia y su orden, cada una de las suertes fueron transformadas desde el simple rudimento a la progresiva belleza de las formas con que se llevaron a cabo.

La lidia, así, dejó de ser tosca preparación del toro para la muerte y fue dando paso a otra clase de lidia a medida que iba impregnándose de mayor estética en cada uno de sus actos hasta convertirlos en creaciones artísticas por sí mismas, sin que ello supusiera renunciar a su más primitiva y última razón: el dominio y la muerte del toro.

La primera normativa escrita que describe la ejecución de las distintas suertes se debe al torero «Pepe Hillo» y se publicó en 1796. Como vemos, anterior a la que todavía está considerada como fundamental para el toreo, la de Francisco Montes «Paquiro» publicada cuarenta años después. Sin embargo, el torero que sin dictar por escrito ninguna norma cambió totalmente el toreo hasta revolucionarlo fue Juan Belmonte. Describió su legado en los ruedos, frente al toro. Y durante los muchos años que estuvo en activo perfeccionó su insólito hallazgo técnico. Hasta que llegó Belmonte, el toreo se hacía sobre las piernas y en continuo movimiento de pies para sortear las acometidas del toro. De ahí la sorpresa y el asombro que supuso la quietud de sus pies mientras burlaba al toro moviendo los engaños sobre los brazos y muñecas, que es como se hace actualmente y cada vez mejor. Aunque las normas dictadas por los grandes maestros y, sobre todo, las belmontinas siguen vigentes, han sido llevadas a grados de absoluta perfección superándolas en temple, armonía, suavidad, largura, intensidad y hasta con bastante más quietud de pies con que toreó Belmonte.

Todas las suertes tienen sus reglas fijas para que los toreros se conduzcan con mayor seguridad, independientemente de su resultado estético. Los espectadores instruidos deben conocer también estas reglas para calibrar el mérito o demérito de los lidiadores y para no quedarse sólo en las imágenes externas del toreo.

Esta simbiosis de exigencias y la selección del toro bravo han conducido la tauromaquia hasta grados de insospechada perfección. Cada vez se torea y se toreará mejor. De ahí que la definición del toreo se vea ampliada continuamente con nuevos factores técnicos y artísticos. Con Belmonte se empezó a «parar», a «mandar», a «templar» las embestidas de los toros. Luego se habló de «cargar» las suertes (alargarlas, prolongarlas hasta el máximo de lo posible cargando el peso del cuerpo sobre la pierna que marca la salida al viaje del toro). Y después de «ligarlas» (unirlas, juntarlas, coser unas a otras). Ahora se habla de más cosas y el toreo tiene muchísimos matices: tal la «distancia» que debe guardar el torero en el cite según convenga en cada toro; o la situación del diestro en el cite, «cruzado», «cruzarse» en el camino del toro o «fuera de cacho» (al margen de su viaje natural y por ello menos comprometido); o el lugar por donde deben sujetarse los engaños (capote y muleta) en cada caso; o de la altura idónea de presentarlos según el toro meta la cara, por arriba o por abajo; o en función de su velocidad y fuerza.

Cada toro tiene su sitio, su distancia, su altura, su velocidad, su temple... De encontrarlos y acoplarse a ellos depende la categoría y la calidad del toreo.

Torear, por todo ello, en el sentido más actual de la palabra y en primer término es dominar todas las embestidas del toro hasta agotarlas, dejándolo en la mejor tesitura para entrarlo a matar con mayor facilidad. En segunda instancia, torear es llevar a cabo lo anterior expresándolo con naturalidad, con garbo, con belleza en definitiva. Sin lo primero, sin dominar al toro y, por tanto, sin la seguridad que ello supone, es difícil por no decir imposible que el arte –última consecuencia del toreo– tenga consistencia. Desconfiad de los diestros crispados por el miedo y fíjense los nuevos espectadores en el gesto del torero, en su cara, en sus manos, en sus dedos para descubrir si torea tranquilo, relajado, como el que está bebiendo un vaso de agua. O por el contrario, lo hace asustado, atenazado, retorcido. El dicho de que la cara es el espejo del alma se traduce fielmente al toreo. La cara del torero mientras torea suele ser el espejo donde se refleja el fondo de su valor.

Naturalmente, hay toreros de todas clases y para todos los gustos. Los hay que todo lo cimentan en el dominio de los toros y los que lo basan en «el arte por el arte», razón por la que su intención esteticista solamente tiene solución con un reducidísimo número de toros, los que se acoplan a sus exquisitas maneras. Profesionalmente, debemos considerar mejores toreros a los primeros, a los que más toros logran dominar y torear. Pero el mejor de todos es el que, además de dominar toda clase de toros, lo hace transmitiendo a los espectadores su propio sentimiento, su más íntima emoción. O sea, lo hace con «arte». Y lo decimos así, con arte, porque el arte es tan vario como sus intérpretes. Otra cosa es lo que algunos llaman «estilismo», una manera muy especial y determinada del arte de torear que distingue a muy pocos toreros (Rafael «El Gallo», «Cagancho», Curro Romero, Rafael de Paula, Julito Aparicio fueron y son ejemplos paradigmáticos) no precisamente poderosos ni regulares en el éxito, aunque haya habido algunos casos excepcionales al respecto por lo que supone aunar la gran clase artística con el valor y la regularidad que caracteriza a las verdaderas figuras, como lo fueron durante años Belmonte, «Manolete» y el maestro rondeño Antonio Ordóñez.

Ya explicamos antes que no todos los toros se prestan con facilidad a la creación estética, por lo que no cabe exigirla cuando el toro presenta dificultades insalvables. Pero también hemos de decir que no todos los toreros son capaces de transmitir sentimientos artísticos sin que por ello pierdan categoría profesional.

Los espectadores, y mucho más los aficionados, por más entendidos, no deberían exigir a todos los toreros por igual, sino pedir a cada uno lo que es capaz de hacer según sus virtudes, sus limitaciones y siempre en función de la calidad del toro que tienen enfrente. El acoplamiento entre el toro y el torero, hay que repetirlo, es sustancial para el toreo. El público demanda el mayor entendimiento posible entre ambos, y los propios toreros, si se aprecian como tales, se autoexigen. Para conseguirlo con buen fin y lograrlo en cada uno de sus actos con acierto sirve la lidia y sus tres partes o tercios. Cada uno de los tres tiene su lógica y su utilidad siempre que cada uno se encadene al otro como consecuencia armónica del anterior.

5. PRIMER TERCIO: EL TOREO DE CAPA Y LA SUERTE DE VARAS

El matador puede llevar el peso de la brega desde el principio sin dejar que intervengan sus peones, y una vez cerciorado de la fijeza y de la nobleza del toro, o seguro de su habilidad para sortear algún problema, lancear lucidamente de capa (lances de recibo). Pero es más normal y lógico que para lucirse con el capote en el recibo espere la intervención de los peones antes de que salgan los picadores al ruedo. Hablemos, pues, y por delante de la brega o de los primeros capotazos puramente efectivos con los que los peones, o excepcionalmente el matador, enseñan a embestir al toro y a la vez descubran sus virtudes y defectos descritos anteriormente.

El toro sale al ruedo con su ímpetu intacto, con fuerza y rapidez de movimientos. Correr al toro para descubrir la intensidad de estas características es lo primero que hay que hacer. Una vez provocado y arrancado el toro tras citarlo frontalmente, el torero siempre debe llevar el capote adelantado, sea con una o a dos manos, y andar o correr ante el toro hacia atrás, llevando el engaño a media altura o de arriba abajo sin exagerar, por derecho y en rectitud. Con velocidad adecuada a la del toro para que no enganche el capote, y dándole salida larga en cada capotazo. Estas primeras y elementales suertes son las que mejor recuerdan la primitiva manera de torear, pues no se obliga al toro a rectificar su viaje natural para que se vean mejor sus intenciones vírgenes. Son suertes que se hacen por la cara del toro y sin que éste pase porque el torero no se para.

Cuando el toro sale con muchos pies, corre fuerte y rápidamente, se debe tomar desde largo, sin pararse y echando el capote abajo. Si tiene pocos pies y menos fuerza, ha de hacerse el cite quieto y en corto, con cuidado de guardar esta distancia hasta que el toro pare su carrera, por lo que el torero deberá ir también despacio, deteniendo la marcha si es necesario para que el toro no pierda su celo por el engaño y sin obligarle a humillar, sino dejándole que vaya a su aire. En los dos casos hay que evitar violencias, tironazos y, sobre todo, recortes y enganchones. Los toros suelen revolverse muy rápidos y los recortes que algunos toreros dan les quebrantan excesiva y perjudicialmente porque les resabia y alerta. Recortar el viaje natural del toro antes de que lo termine siempre es censurable. Hay quienes lo llaman «tocar los costados», y tanto en el inicio de la lidia, durante todo el primer tercio, como en los prolegómenos de una faena de muleta, debe evitarse, so pena de que se pretenda acortar el viaje de un toro o arruinar sus posibles embestidas. Hay recortes bellos o garbosos que gustan mucho al público fácil y que se ejecutan de cara a la galería. Nunca deberían aplaudirse. Como tampoco se debe aplaudir bajo ningún concepto llevar los toros hasta los burladeros y hacerlos derrotar deliberadamente contra las tablas. Estos choques violentos limitan la fuerza de los toros, cuando no provocan el destrozo de sus pitones o les producen conmociones irreversibles y, a veces, la muerte.

Los grandes banderilleros deben ser eficaces peones de brega al servicio de su matador. Ya en estos capotazos iniciales se distinguen los mejores en hacer las cosas bien y sin abusar nunca del toro. En la brega es tan importante interpretar bien las suertes como administrarlas lo más posible, ahorrando viajes. El mejor peón de brega es el que menos capotazos necesita para correr a un toro, para llevarlo de un sitio a otro de la plaza o para ponerlo en suerte. Cuanto menos se moleste al toro, mejor. Cuantos menos capotazos le dé, más embestidas tendrá el toro para su matador, que es el que tiene que torearlo. Pero sigamos con la lidia tras los capotazos de recibo.

Fijado el toro con más o menos prontitud por los peones o por el matador, éste suele lucirse con el capote según las características que haya observado en su oponente. Estas intervenciones iniciales de los espadas son las primeras llamaradas artísticas de la lidia, el primer resultado feliz del encuentro entre el hombre y la fiera. Lograrlas con firmeza de pies, con derechura y con temple no es fácil. El toro no ha sido castigado todavía en la inminente suerte de varas y la tremenda fuerza de su robusto cuello está intacta. De ahí la emoción del trance y su luminosa vistosidad cuando se logra.

Llegado este momento, el presidente ordena la salida al ruedo de los picadores mediante el preceptivo toque de clarines y timbales. Pero como el toreo de capa y la brega continúan mientras dura el primer tercio, bueno es que nos detengamos antes en la descripción somera de las suertes que se realizan más frecuentemente con el capote. Las suertes lucidas que los matadores realizan antes de que el toro sea picado giran en torno al lance fundamental, la «verónica». Las demás, incluida la primera, suelen ejecutarse durante la suerte de varas.

Suertes de capa

Acabamos de explicar la más elemental, la de correr a los toros de salida. Esta suerte pertenece a uno de los dos grupos en que podemos dividirlas: aquellas en las que el toro no pasa porque el torero no está quieto mientras lancea; y las que se realizan permaneciendo el diestro quieto, por lo que sí pasa el toro. Entre las primeras, además de la ya descrita, están la «larga» la «revolera», la «serpentina», los «galleos» y los «recortes». Salvo la «larga cambiada», –a una mano, o «afarolada» en la que se utilizan las dos– y que es una suerte de recibo con el torero quieto en pie o de rodillas, las restantes suelen ser de remate para series de otras suertes fundamentales. Precisamente en las que sí pasa el toro y se le torea, que son las siguientes: la «verónica», la «media verónica», el «farol», la «navarra», el toreo «de frente por detrás» y la «chicuelina». Empecemos por explicar estas últimas, las más importantes según la tauromaquia que Antonio Ordóñez inspiró a Antonio Abad y, a nosotros, la de José María Manzanares:

La verónica. Su nombre viene de la semejanza que hay entre la forma con que el torero presenta su capote al toro, al citarlo, y el modo en que Verónica enjugó en un paño el rostro de Jesucristo cuando le conducían a la crucifixión. La verónica es el lance más antiguo del toreo. «Pepe Hillo» y «Paquiro» la describen en sus respectivas tauromaquias y la llaman «suerte de frente» o «regular»: «Llámase de la verónica aquella suerte que el diestro ejecuta situándose con la capa rigurosamente enfrente del toro». La condición frontal que ambos tratadistas exigen al lance la precisa más tarde otro torero, Montes, que habla de la situación del diestro ante el toro de tal modo que sus pies estén mirando hacia los pies de éste. Pero como ocurre con todas las suertes del toreo, la verónica también evoluciona en su aspecto técnico en beneficio de la estética y es «Guerrita» quien rectifica a sus antecesores diciendo que el torero debe situarse en rectitud con el toro aunque de costado. Hoy se cita para dar la verónica según la norma guerrista: semi de frente, dando al toro medio pecho, con los pies separados –aunque también se da con los pies juntos–. El lance en su trayectoria es más largo, más bajo o más «hondo», con los pies separados porque el torero puede lograr que el toro redondee o se reboce mejor con su cuerpo. Para lo cual tendrá que jugar los brazos y, al tiempo, girar la cintura hasta rematar el lance y quedar situado igual que al principio para ejecutar el siguiente.

Lance a la verónica por el lado derecho. (Antonio Ordóñez.)

Lance a la verónica de manos muy bajas. (Julito Aparicio.)

Templadísima verónica por el lado izquierdo. (Antonio Ordóñez.)

Primer tercio: el toreo de capa y la suerte de varas • 97

En el caso más clásico, desde que se inicia el lance hasta que se consuma, el cuerpo del torero irá girando levemente, conservándose la situación de los pies en el cite hasta el final. La pierna por donde se torea –la derecha si el lance es diestro o la izquierda si el toro ha de pasar por el lado contrario– siempre adelantada, saliendo al encuentro del toro. Si el lance se da por el lado derecho, cuando el toro mete la cara en el capote, la mano izquierda bajará y se replegará hacia la cadera contraria, mientras la mano que conduce el capote –la derecha en este caso– se mueve al compás de la velocidad del toro para templar la suerte y alargarla hasta su final, instante en el que se adelantará la pierna izquierda para poder ligar otra verónica por el lado contrario según la misma técnica. Surge así el ramillete de verónicas tersas, templadas y suaves mientras el cuerpo del torero permanece siempre erguido.

Conviene alertar a los espectadores nuevos sobre la conveniencia de fijarse siempre en los pies del torero cuando lancea a la verónica: si permanecen quietos mientras dura la suerte y gana terreno al toro en cada lance, o echa un paso atrás, con lo que pierde terreno y se lo cede al toro desmereciendo así su ejecución más correcta. Muchas veces, los toreros truquean el lance echando atrás la pierna contraria a la que debe adelantarse –la que no da salida al lance–, logrando una imagen estética parecida o igual a la idónea, pero no la auténtica. Claro que la autenticidad hay que exigirla siempre que los toros meten la cara abajo, obedecen al engaño y no derrotan ni echan las manos por delante. La calidad del toreo depende de la competencia y de la capacidad de los toreros, por supuesto, pero siempre de la calidad del toro. No lo olvidemos nunca.

La verónica es la reina de las suertes de capa y, desde luego, la más común entre los lances de recibo, como hemos dicho. También la suerte más difícil de ejecutar, pues torean los dos brazos. En saber jugar ambos, muchas veces con velocidades distintas, radica uno de los secretos de su feliz ejecución. Cuando se ejecutan nada más fijado el toro, la serie de verónicas puede y debe ser larga, compuesta de varios lances ligados. Luego de picado el burel y si el torero vuelve a intervenir para lucirse, la serie o tanda de verónicas ligadas no suele abarcar más de tres o cuatro lances, casi siempre rematadas con la media verónica.

La media verónica. Es el remate más lógico de una serie de verónicas y el más frecuentemente utilizado. Se inicia exactamente igual que la verónica pero termina a la mitad de ésta, para lo cual el diestro replegará el capote sobre su costado y a la cadera sin dar salida al toro para dejarlo parado, clavado en la arena. La media verónica supone técnicamente el primer acto de verdadero sometimiento del toro. Le obliga a seguir un engaño disminuido y a recorrer un espacio más cerrado en círculo y mucho más corto. Por supuesto más duro para la estructura ósea del toro, por lo que su entrega al poder del torero resulta más efectiva.

Tanto la verónica como la media verónica se pueden ejecutar de rodillas. En el primer caso suelen ejecutarse con sólo una rodilla en tierra, la contraria del lado por donde se da salida al toro. La verónica rodilla en tierra sirve para

La media verónica de un artista genial. (Curro Romero.)

Verónica rodilla en tierra para la historia. (Antonio Ordóñez.)

Media verónica con las dos rodillas en tierra. (Enrique Ponce.)

recoger a los toros que huyen tras su salida al ruedo. Es un lance a la par efectivo y hermoso. Una suerte lucida que algunos diestros ejecutan con verdadero virtuosismo.

Su técnica es similar a la de la verónica, sólo que la pierna por donde se torea forma un ángulo recto de manera que la otra, genuflexa, retrasada y estirada en toda su longitud, no se juega en este caso salvo en el momento de recobrar el torero su postura inicial, en pie, para cambiar el lance por el lado contrario. La forma de desplegar el capote en esta suerte es tanto o más esencial que en la verónica normal, porque no se ha de echar éste al suelo, como mal hacen algunos, sino mantenerlo siempre visible y frontal a la cara del toro. Única manera de conseguir recogerle de su huida y de centrar su fijeza. Cuando se tira el capote a la arena, el toro no lo ve bien y sigue en su huida.

La media verónica de rodillas suele ejecutarse con las dos en tierra y es un lance más sorpresivo y valiente que eficaz. Más bien lo podemos considerar recorte por su necesaria inmediatez, dado que el diestro, cuando se decide a darlo, se arrodilla al tiempo que el toro se le viene y en tal circunstancia mandan la oportunidad y la rapidez de reflejos.

La larga cambiada. Pertenece este lance al toreo de capa que se realiza con una sola mano –indistintamente, derecha o izquierda– y resulta de citar al toro de frente, sostenido el capote por uno de sus extremos y adelantado, para llevar al toro toreado hasta darle salida por el lado contrario al que se le cita. De ahí su apelativo de «cambiada».

Cuando la salida se marca por el mismo sitio que se cita, el lance se denomina larga, sin más adjetivos. Se puede dar por alto –echándose el capote al hombro al

Emocionante larga cambiada a «porta gayola». (Espartaco.)

Larga cambiada en el tercio de un especialista. (Paquirri.)

rematarla (larga cordobesa)– o por bajo. En su primera versión, la cambiada o la afarolada, por pasarse el diestro su capote sobre la cabeza, se puede dar de pie o de rodillas. Esta última es frecuente en el recibo de los toros y también tiene dos versiones según el terreno donde se ejecuten. Las que se dan a la salida del toro frente a toriles se llaman a «porta gayola». Las otras suelen darse en el tercio, paralelamente a las tablas de la barrera en los terrenos donde se pintan las rayas que limitan la suerte de varas. Las largas también se utilizan para correr a los toros y para ponerlos en el lugar que requieren otras suertes.

Por lo demás, a esta suerte se le llama «larga» por la largura del capote empleado en toda su extensión y lo largo del camino en su recorrido desde el cite al remate. Cuando se ejecuta de rodillas, resulta forzosamente más corta pero más emocionante, porque al clavarse el torero de hinojos en la arena es más difícil moverse y el riesgo mucho mayor. Algunos creen que esta manera de torear de rodillas es un subterfugio para disimular el miedo. Es posible que algunos toreros se refugien en lo que el lance supone de alarde. Sin embargo, hubo y hay diestros que torean de rodillas sin tal pretensión. «Paquirri» fue un maestro dando largas cambiadas de rodillas en cualquier terreno –recibió a porta gayola a infinidad de toros– y ello no restó valía a su indiscutible categoría profesional.

El farol. Aunque parezca un lance de adorno o simplemente oportunista, bien dado es una variante de la verónica, pues en su inicio se ejecuta como ésta. Sólo que en el momento de retirar el capote de la cara del toro, el diestro gira los brazos tal como si fuera a echarse la capa sobre sus hombros, haciéndolo pasar sobre su cabeza mientras el toro sigue los vuelos del engaño. Recuperada la posición inicial, el torero puede seguir lanceando por faroles o enlazarlos con otras suertes.

Manuel Domínguez lo ejecutó por primera vez en Madrid el año 1855, por lo que está considerado como su inventor. A partir de entonces, todas las suertes de capa y de

Templado farol con el capote.
(Manuel Caballero.)

muleta en las que el torero se pasa el engaño por la cabeza, les añadieron el término de «afaroladas» para distinguirlas.

La navarra. Otra variante de la verónica. También para esta suerte se ha de colocar el torero frente al toro en el cite, como en el fundamental, y cuando la res mete la cara en el capote, el diestro gira en el mismo sentido a la dirección que trae el toro, quedando otra vez de frente en el remate para repetir el lance siguiente.

La navarra fue una suerte muy repetida desde los orígenes de la lidia. La definen en sus tauromaquias «Pepe Hillo» y Montes como la más utilizada tras la verónica.

Instante central de un lance a la navarra. (J. L. Galloso.)

Lance de frente por detrás. Es similar a la verónica, sólo que llevando el diestro su capote por detrás de la espalda. La forzada situación y el poner el torero su cuerpo por delante del engaño en el cite dan a esta suerte mucha emoción y no poca belleza. Su invención se debe a «Pepe Hillo» y, aunque es muy común en el actual repertorio, tiene variantes como la que resulta de soltar el capote de una de las manos y pasárselo a la otra, también por la espalda, en sucesivo intercambio de brazos para darlas seguidas.

Un lance de «frente por detrás». (José M. Arroyo «Joselito».)

Otra versión de la misma suerte. (Diego Puerta.)

Primer tercio: el toreo de capa y la suerte de varas • *105*

Inicio de una chicuelina ejemplar. (Paco Camino.)

La chicuelina. Es una variante o interpretación de la navarra incorporada a su repertorio por «Chicuelo» en los años veinte del siglo pasado que, a su vez, la copió del torero cómico «Llapisera». «Chicuelo» la llevó a la perfección y posteriormente otros diestros la interpretaron con acento y gracia especiales, según sus distintos estilos y personalidades. En su esencia, se inicia citando frontalmente con el capote sostenido por ambas manos a media altura, delante del pecho. Al entrar el toro en jurisdicción y meter la cara en el capote, se le marca la salida por uno de los dos lados imprimiendo al engaño una leve sacudida hacia abajo con la mano, mientras la otra sigue sosteniendo el extremo opuesto a la misma altura que tenía inicialmente. Una vez pasa el toro, el torero debe girar en sentido contrario al viaje del toro –al revés que en la «navarra»– y quedar colocado de nuevo para poder repetir el lance por el otro lado.

La chicuelina es uno de los lances más frecuentemente utilizados y puede interpretarse con rapidez o pausadamente; con las manos bajas o muy bajas; o por alto, lo que es menos lúcido. También suelen encadenarse unas a otras sin parar los pies el torero en su andar con el toro. Pero esta manera de darlas entra dentro de lo que conocemos por «galleo».

Galleos y recortes. Gallear es realizar las suertes de capa andando o corriendo delante del toro sin que éste pase, pues el que pasa es el torero. Son suertes vistosas, variadas y efectivas para llevar el toro al caballo o para sacarlo de un terreno y conducirlo a otro sin destroncarlo ni molestarlo.

Todo lo contrario que los recortes, asimismo vistosos para finalizar una ronda de lances, y que consisten en quebrar el viaje del toro cuando llega a jurisdicción para dejarlo parado. A esta especie pertenecen también los llamados «remates». Los recortes son esencialmente defensivos y sirven para calmar el ímpetu de un toro picante. Los remates, suaves pinceladas o epílogos sutiles cuando no es

Galleando de «frente por detrás». (Victoriano Valencia.)

Galleando por chicuelinas andadas. (Rafael de Paula.)

necesario quebrantar al toro por su declarada nobleza o boyantía, y la serie se termina con garbo y estética.

Los remates pueden surgir con el torero quieto y acabar en «desplante», o yéndose andando del toro, con donaire en los andares. Una especie de «mutis» de la inmediata escena del toreo, según el término tan utilizado en los escenarios teatrales. Entre estos remates, los más vistosos y frecuentes son la «revolera» y la «serpentina».

La revolera y la serpentina. La revolera es una larga natural y por bajo en la que el capote, completamente desplegado, pasa de una a otra mano haciéndole dar una vuelta completa alrededor del torero, que también gira y es eje de la suerte, mientras el toro sigue los vuelos del engaño y a su vez gira en torno al diestro.

La serpentina es una doble revolera, iniciada como la anterior y seguida inmediatamente de otra, ejecutada en sentido vertical como simple remate. Un lance de adorno vistosísimo.

La fantasía de una revolera perfecta. (Finito de Córdoba.)

Otra revolera, apretada y corta. («Chamaco hijo».)

Una inimitable y bajísima revolera. (Paco Ojeda.)

Primer tercio: el toreo de capa y la suerte de varas • *109*

Todas estas suertes de capa tienen infinidad de variantes según la personalidad, el valor y el estilo de cada torero. A veces se intercalan unas con otras y las tandas resultan entonces muy varias. Por ejemplo, una verónica se puede ligar a una chicuelina y ésta a una navarra seguida de un farol. Todo ello en función del grado de bravura del toro, de la calidad de sus embestidas y del valor o de la capacidad creativa del torero. Al respecto del valor, hay diestros capaces de ligar varios lances de capa sin rectificar nunca la situación de los pies, a base de jugar únicamente los brazos en su ejecución. El torero que alcanzó mayor justeza e intensidad en esta manera de lancear fue Paco Ojeda cuando decidió incorporar a las suertes de capa su capacidad de quietud al torear con la muleta.

En muy contadas ocasiones las suertes de capa se pueden ejecutar por dos toreros al mismo tiempo, si son capaces de actuar sincronizados. A esta clase de toreo con el capote se le llama «al alimón». Los hermanos «Bienvenida» y actualmente los Esplá fueron y son sus intérpretes más inspirados y mejor compenetrados.

La fantasía de muchos toreros y su capacidad inventiva e improvisadora fue y es otra fuente creativa de suertes entrelazadas u originales que, sobre todo en México y últimamente en España, añadieron más variedad al toreo de capa. José Miguel Arroyo «Joselito» y, sobre todo, Julián López «El Juli» las incorporan frecuentemente a sus respectivos repertorios.

Toda la gama de suertes con el capote también se pone de manifiesto, incluso con mayor brillantez, durante la suerte de varas, a la que nos vamos a referir inmediatamente.

Tercio de varas

Durante el primer tercio de la lidia tiene lugar una de las suertes más importantes y, desde luego, más determinantes para mejorar el comportamiento del toro: la suerte de varas.

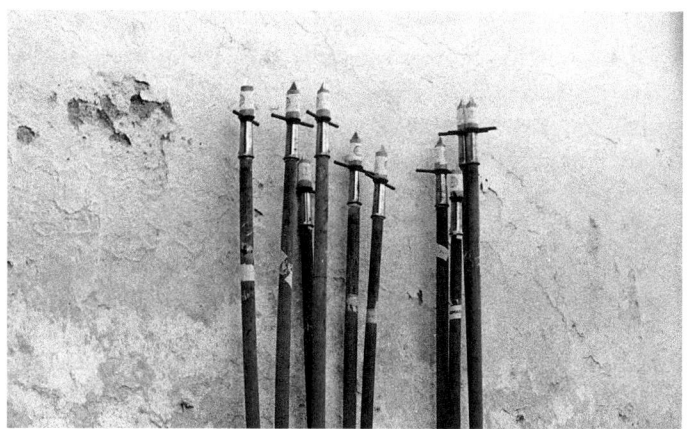

Un ramillete de «puyas» dispuestas antes de la corrida.

Su primera finalidad es quebrantar la pujanza violenta del toro para que sus acometidas o embestidas se presten al toreo según convenga y siempre en relación a la fuerza de la res, que puede ser mucha, justa, escasa o ninguna. La suerte de varas sirve también para corregir algunos defectos del toro, principalmente por lo que se refiere a su manera de mover la cabeza al embestir. De su exceso o de sus defectos al ejecutarla dependerá en gran medida el comportamiento posterior del animal en los tercios siguientes. Por eso fue, es y será una suerte polémica. Para muchos, la más desagradable, sobre todo para los que ven una corrida de toros por primera vez. Para algunos, la más importante. Para nosotros, necesaria. Y para casi todos, hermosa cuando se ejecuta bien y se ajusta a las condiciones de cada toro.

Los instrumentos para realizar la suerte de varas son el caballo y la «puya». El lidiador, en este caso llamado «picador» o «piquero», debe saber montar perfectamente. Lo mismo que el caballo debe estar convenientemente domado para el caso. No siempre lo está y en casi todas las plazas se utilizan caballos demasiado grandes y pesados para esta misión. El exceso de kilos en los caballos de picar y su tamaño exagerado han terminado en gran parte con la brillantez de la suerte, convirtiéndola en un acto meramente efectivo y, demasiadas veces, excesivamente traumática para el toro. Cuando se picaba sin el peto protector, los caballos debían tener dureza de remos y mucha resistencia en los cuartos traseros. Así y todo, los derribos y las tremendas cornadas que sufrían los equinos hasta acabar muchas veces despanzurrados se producían continuamente porque el desprotegido caballo era, además, bastante más ligero de peso que el actual. Tomaban entonces los toros muchas varas –o entraban más veces a los caballos– de los que casi siempre salían huyendo tras herir a las cabalgaduras.

Los toros actuales, por más bravos, se quedan en el caballo mucho más tiempo mientras el picador les castiga a placer desde su amurallado equino. En definitiva, un puyazo actual vale por varios de antaño. De tal modo, que si una corrida de toros de ahora fuera picada con los caballos antiguos, casi todos los caballos terminarían gravemente heridos o muertos y no habría cuadras suficientes para abastecer el mercado.

La «puya», instrumento con el que se pica a los toros y que ha sufrido constantes modificaciones a lo largo de la historia –la actual va provista de una cruceta al final para impedir que los picadores introduzcan el palo–, se debe utilizar para sangrarlos, no para destrozarlos. Los músculos superiores del cuello del toro –el «morrillo»– le proporcionan una fortaleza altiva que hay que achicar –«ahormar»– para que humille con facilidad, pueda inclinar su cuello hacia abajo y así poder seguir los engaños con más docilidad. Por eso se debe picar siempre arriba, inmediatamente detrás del morrillo y nunca en los bajos ni en los cuartos traseros del toro, porque resulta muy perjudicial.

Se picará procurando dosificar el castigo en lo posible. Una vez, dos, tres, o las que haga falta. Los toros tienen que sangrar en cualquier caso, para descongestionarse; pero jamás se debe permitir que se desangren, porque les precipita la muerte y se limita excesiva o totalmente la lidia.

Y he aquí la cuestión más polémica, porque esta suerte también sirve para medir el grado de bravura del toro en el sentido de que el torero pueda valerse de tal apreciación para aumentar o disminuir el castigo, buscando al mismo tiempo que el toro luzca sus cualidades y luego se preste lo más idealmente al toreo. Ya dijimos que la suerte de varas es utilizada por los ganaderos en la tienta para seleccionar a los animales más bravos. Pero como la corrida no es un tentadero, sino un espectáculo en el que es primordial el lucimiento del torero, la suerte de varas no puede estar nunca supeditada en exclusiva al lucimiento de la res, que es lo que pretenden una minoría de aficionados y algunos ganaderos, sino al toreo, al mejor toreo.

En las primitivas corridas de toros, la suerte de varas era la fundamental y prácticamente el único momento álgido de la lidia junto con la suerte de matar: la «estocada». Casi «todo» lo demás era accesorio: lances que únicamente servían para colocar en el sitio donde debían ser picados los toros, o para sacarlos de su presa equina, para evitar accidentes y para entrarlos a matar conforme a las reglas establecidas.

En la corrida actual las suertes entonces consideradas accesorias alcanzan tanta o más importancia que la de varas, por lo que ésta debe supeditarse a las otras. El sentido de la lidia ha cambiado tanto que lo que antes era fundamento ahora es rito necesario –a veces inconveniente por la flojera de algunos toros– para que el toreo sea posible y bello. Quienes niegan esta situación, niegan la realidad. El público, en su inmensa mayoría, paga para ver torear a los toros, no para que el torero no pueda torear. El abuso de la suerte de varas, por tanto, es un fraude. Tanto si parte del público lo exige a ultranza, como cuando los toreros lo utilizan para acabar con el toro antes de lo debido, lo que frustra el interés de la mayor parte de los espectadores.

Si la suerte de varas está sujeta, más que ninguna otra, a una normativa reglamentaria, es para que se realice con equilibrio. Un equilibrio entre una versión y otra, por lo que siempre debe aplicarse con flexibilidad. Para comprobar la bravura del toro, por supuesto, pero no tanto como para que imposibilite el toreo. Porque el toreo también mide la bravura de las reses de lidia por cuanto un toro es más bravo si mantiene la condición de tal crecientemente hasta que muere en la última suerte. Es más bravo el toro que va de menos a más en su brío (y de peor a mejor en la calidad

Distancia en la suerte de varas para una corrida concurso.

de sus embestidas) que el que muestra mucho celo al principio de la lidia en varas y luego se viene abajo o se para en el último tercio. La suerte de varas, pues, debe ser el pórtico de la bravura, nunca su final en sí misma.

Solamente en las corridas llamadas «concurso de ganaderías» se realiza la suerte de varas con las condicionantes de prueba que se exigen en los tentaderos, aun a costa de que el toro arruine sus últimas embestidas, porque lo que en tan particulares festejos se busca y se premia es un toro excepcional y bravísimo en los tres tercios. Cosa que casi nunca sucede y, si ocurre, propicia el posible perdón de la vida del toro. Perdón que también se autoriza a conceder en las corridas normales, siempre que se celebren en plazas de primera y de segunda categoría. Aunque en éstas, insistimos, la suerte de varas debe estar subordinada al mayor lucimiento del torero. No es éste un argumento nuestro ni reciente. El famosísimo maestro de la crítica, Gregorio Corrochano, en su obra cumbre *Qué es torear*, lo expuso en parecidos términos cuando acababa de morir víctima de una cornada el torero cumbre de la llamada «edad de oro» del toreo, «Joselito».

La moda de convertir la corrida de toros en un tentadero, por lo que se refiere a la interpretación exhaustiva de la suerte de varas, llegó en los años setenta del pasado siglo de la mano de otro influyente crítico, pero ya está superada por los nefastos resultados que deparó al espectáculo. La exigencia de un número predeterminado de puyazos, tuviera el toro la fuerza que tuviese, condujo a la ruina del tercio de muleta en una gran proporción de corridas con respecto a las que resultaban felices y propició infinidad de espectáculos aburridos. No hay más que consultar las estadísticas anteriores y posteriores a esos años para comprobarlo.

¿Cuántas varas o puyazos deben darse a cada toro, entonces? Repetimos: las que necesite en función de su fuerza. Ni una más, ni una menos. ¿Cómo debe hacerse la suerte? Como mandan las reglas, siempre que sea posible.

Antes de la salida de cada toro al ruedo, los dos picadores de tanda –los que actúan a las órdenes de cada matador– estarán montados en sus respectivas cabalgaduras detrás de la puerta de caballos para salir a la arena tan pronto lo indique la presidencia. Uno de ellos quedará delante de esta puerta y el otro se situará donde le indique el matador de «turno» o el «director de lidia», que es el espada más antiguo de los actuantes. Generalmente, esta situación se halla en los terrenos del ruedo diametralmente opuestos a la puerta de toriles, de modo que, en principio, el toro no acuse su querencia natural a chiqueros. El espectador podrá observar que en el ruedo hay dos círculos concéntricos marcados de color blanco sobre la arena. Para realizar la suerte, el caballo que monta el picador debe situarse tras el círculo más cercano a la barrera, dando grupa a ésta. Y el toro, colocado siempre frente al caballo tras el círculo más alejado. Lo ideal es que el picador salga al encuentro del toro de frente, hasta pararse justamente en la raya interior, instante en que citará al toro y lo recibirá, procurando que el equino esté parado. El picador señalará el puyazo en lo alto aguantando la acometida de la res y, una vez comprobado que la puya ha hecho sangre, despedirá al toro por delante, abriendo el caballo por el lado izquierdo, momento en que el lidiador de a pie —el matador de turno o uno de sus banderilleros— tratará de llamar la atención del toro con su capote para sacarlo de la suerte. Esta última acción se denomina «quitar». Pero este «quite», o la acción de quitar, también alude a los lances lucidos que el matador puede ejecutar según el repertorio de lances que prefiera, una vez el toro haya sido picado y convenientemente alejado del caballo para lancear sin que se distraiga o vuelva al equino. Después de realizado el quite, lo llevará otra vez ante el caballo para sucesivos puyazos, si lo cree conveniente, pudiendo intervenir entonces los otros matadores en los respectivos quites siguientes y lucirse también, si lo desean.

Los caballos de picar salen al ruedo con el ojo derecho tapado con un pañuelo para que no puedan ver al toro mientras se pica y puedan salir de la suerte por el lado izquierdo sin resabios. Los lidiadores de a pie, una vez hayan colocado al toro para la suerte, se situarán al lado izquierdo del caballo, y mientras se pica al toro no podrán ocupar el lado derecho del equino ni adelantarse hasta el momento de hacer el quite.

Cuando un toro no acuda al caballo después de haber sido colocado por tercera vez ante el círculo señalado, se le colocará sin tener en cuenta esta señal. Los picadores, por su parte, no podrán sobrepasar la raya más cercana a la barrera, salvo en los casos que el toro niegue por completo su arrancada. Los picadores no deberán buscar deliberadamente el sitio de un puyazo anterior que hayan colocado en los bajos del toro, sino procurar siempre herirlo en lo alto. Tampoco deberán tapar la salida natural de la res, girando el caballo a su alrededor, salvo que sea estrictamente necesario cuando un toro rehúya la pelea y no se le pueda picar en rectitud. A esta manera de picar se le llama «carioca». Fue ideada en su día por el picador Miguel Atienza para picar a los toros mansos que al sentir el hierro de la puya salían sueltos y sin castigo. Al respecto de esta última cuestión, comentar que actualmente

La hermosa arrancada hacia el caballo de un toro bravo.

Un picador «tirando el palo» en plena suerte de varas.

Un toro «empujando con fijeza» y «metiendo los riñones».

Primer tercio: el toreo de capa y la suerte de varas • 117

se pica a casi todos los toros como si fueran mansos y que casi nunca se cumple la norma, por lo que es muy raro ver la ejecución de la suerte de varas según los cánones más clásicos. Se busca ante todo la eficacia y que los toros sangren. De ahí que los picadores más solicitados por los mejores toreros sean los que hieren más pronto y más certeramente con la puya.

Sucede con frecuencia que puyazos aparentemente bien puestos no hacen sangrar al toro, lo que obliga a barrenar con la puya o a repetir la suerte. Los espectadores deberán fijarse bien si la puya se mancha de sangre o no, lo que se nota perfectamente en el cilindro encordelado y limitado por la crucetа que sirve de base a la pirámide afilada del extremo. Por eso se suele escuchar entre profesionales si el picador «metió o no metió las cuerdas» tras ser picado el toro. Aunque si se ha picado bien, la sangre que mana del puyazo o puyazos cae por ambos costados del toro y les llega hasta las pezuñas.

No se extrañen los nuevos espectadores de que en el transcurso de la suerte de varas surjan protestas del público en los tendidos. Destrozar a un toro con la puya como si fuera una carnicería siempre es deleznable, pero no todas las protestas son razonables ni coincidentes porque, a veces, unos censuran el castigo de los toros sin darse cuenta de que la res no ha sangrado aún, mientras otros exigen que se pique bien y más. Como en todas las polémicas, lo ideal se encuentra en el término medio.

Se ha de considerar el mayor esmero posible en la ejecución de la suerte, aunque el peto que protege a los caballos –como ya dijimos se impuso para evitar el desagrado y la repugnancia que producían los caballos muertos o despanzurrados cuando se picaba con caballos sin proteger– limita en gran parte la emoción y la belleza que antaño tuvo la suerte de varas, por tener que luchar el toro frente a un objeto prácticamente infranqueable.

No obstante, si el toro acude galopando al caballo y acepta el puyazo con fijeza y creciéndose al castigo, empujando con los riñones y con los pitones clavados en el peto sin moverlos, el conjunto de la acción resulta hermosísimo.

Sobre todo en casos de toros muy bravos, a los que se les sitúa para la suerte bastante más allá de la raya exterior e incluso desde el centro del ruedo. Y mucho más, si tras el primer puyazo, surge o resurge el toreo de capa más brillante a cargo del matador de turno y, caso de que el toro necesite más castigo, se repite la suerte e intervienen los otros matadores compitiendo con el capote en sus quites.

El orden de actuación de los toreros en este primer tercio también se produce según la norma reglamentada. El primer banderillero de cada matador recibirá al toro que le corresponde y bregará durante la suerte de varas si se lo ordena su jefe, ya que éste, como hemos dicho antes, puede hacerse cargo de la brega si lo cree oportuno. En cualquier caso, el matador de turno deberá hacer el quite –lucido o no– tras el primer puyazo, teniendo derecho los otros dos matadores a intervenir sucesivamente tras el segundo y tercer puyazos, si el toro los toma. También pueden renunciar a ello cuando el toro no se presta y resulta perjudicial para el compañero a quien corresponda matarlo.

La rivalidad en los quites entre los espadas, cuando sucede, propicia uno de los momentos artísticos más intensos o gozosos de la corrida. Pero no todos los toros se prestan ni todos los toreros se muestran dispuestos a tolerarlo. El declive del toreo de capa se debe a ello y es de lamentar. De todas formas y como la competencia en quites no ha desaparecido por completo, bueno es que los nuevos espectadores conozcan también que tras el segundo y el tercer puyazos, en el primero y cuarto toro los quites corresponden al segundo y al tercer matadores, respectivamente. Que en el segundo toro y en el quinto interviene en primer lugar el segundo espada, actuando a continuación el primero y el tercero. Lo mismo que en los toros tercero y sexto es el último matador quien intervendrá por delante de sus colegas, quienes siempre guardarán su respectivo orden de antigüedad para intervenir en los quites. Teniendo siempre derecho el matador de turno a replicarlos con el capote sin necesidad que el toro sea picado.

La suerte de varas proporciona, además, información bastante precisa sobre las reacciones inmediatamente

«Romaneando» con fuerza, poderío y notable bravura.

La mansedumbre en el caballo: Defenderse y quitarse el palo.

Un manso saliendo claramente suelto en la suerte de varas.

siguientes del toro y supone un verdadero catalizador, pues casi todo lo que hace el animal ante el caballo suele repetirlo en la muleta. Conviene que los espectadores sigan muy atentos al toro y a todos sus gestos. No sólo para valorar su bravura ante el caballo, sino para que el juego de la adivinanza de sus intenciones posteriores continúe vivo. Veamos ahora en qué detalles tendrá que fijar su atención el espectador durante esta suerte.

Los signos positivos con los que el toro demuestra su bravura en el primer tercio son los siguientes: mantener la fijeza y la prontitud en las embestidas. Arrancarse hacia el caballo sin necesidad de que le llamen la atención con los capotes, aunque le coloquen de lejos e incluso desde el centro del anillo; caso que se procura cuando un toro ha demostrado bravura excepcional en el primer puyazo y se le abre (se le aleja) en los siguientes para ver si responde igual a mayor distancia. En el embroque o choque con el caballo, el toro deberá bajar la cabeza, sin moverla ni golpear con los pitones en el estribo, ni intentando quitarse la vara. Durante la pelea, mientras siente que la puya le hiere, no cesará en su acometividad ni en su pujanza; ni volverá la cara; ni rehusará el castigo; ni se saldrá suelto o huido del encuentro. Por el contrario, recargará metiendo los riñones, levantando el caballo con la sola fuerza de su cuello, si tiene poder –acción de «romanear»–, e intentará derribarlo.

El puyazo o puyazos los tomará en contra de la querencia natural de los chiqueros, diametralmente enfrente de los mismos. Mantendrá la boca cerrada mientras dura la suerte. No «mugirá» –no «berreará»– ni escarbará antes de arrancarse al caballo, ni coceará ante el castigo.

Por el contrario, son signos negativos o de mansedumbre los opuestos a los señalados, entre los que cabe señalar los siguientes: pararse, distraerse. Tardar en embestir y necesitar la ayuda del capote para hacerlo. Levantar la cabeza al llegar al caballo y golpear a los estribos con el ruido consiguiente. Quitarse el palo. Huir, marcharse, «salirse suelto». Aquerenciarse en otros terrenos al debido y, sobre todo, en la puerta de chiqueros, por lo que habrá que picarlo allí y no perder tiempo ni embestidas en llevarlo de nuevo al sitio donde se intentó el primer puyazo. Escarbar, mugir, cocear y descomponerse.

Cuando un toro huye del primer encuentro con el caballo, atraviesa la plaza hasta encontrarse con el picador que hace puerta, vuelve a huir y así sucesivamente, es conveniente dejar que se pique solo –semejando una bola de billar haciendo carambolas– y no empeñarse en traerlo y llevarlo con los capotes por todo el ruedo. Esto le ahorrará embestidas y podrá dar mejor juego en los tercios finales.

Hay que advertir también a los espectadores nuevos de algunas reacciones engañosas de los toros en esta suerte. Que un toro se arranque desde lejos al caballo no siempre es señal de bravura. Puede ser que lo haga por tener una querencia muy fuerte a las tablas y habrá que observar qué hace después, si acepta el castigo o se duele del puyazo y huye, para ver si la espectacular arrancada era de bravo o de manso. Porque hay mansos que arrollan todo lo que se les pone por delante y hacen creer al público que son bravos. Esta advertencia se ha de ampliar a los derribos del caballo que propician algunos toros. Siempre espectaculares y muchas veces dramáticos, derriban tanto los toros bravos como los mansos con poder. Cuídense, por tanto, los espectadores de precipitarse en los juicios y esperen a que el tercio termine para opinar. Y nunca definitivamente, porque si es lógico que un toro que se haya prestado al toreo de capa y que haya peleado en varas con fuerza, con bravura, con fijeza, dé buen juego en los tercios siguientes, hay excepciones que confirman la regla y que deben ser tenidas en cuenta: hay reses que tras pelear aparentemente bien en varas cambian para mal en banderillas y terminan difíciles en la muleta; como las hay que mansean en los primeros tercios y acaban rompiendo a buenos e incluso a bravos en el último tercio. Razones todas ellas que explican mejor nuestro aserto: el buen comportamiento en la suerte de varas es condición necesaria pero en absoluto suficiente para medir la bravura de los toros de lidia. Habrá que ver qué ocurre, cómo se comportan después en banderillas y, sobre todo, en la muleta para dar un veredicto definitivo e inapelable.

6. SEGUNDO TERCIO: LA SUERTE DE BANDERILLAS

Ya está el toro picado. El presidente vuelve a sacar el pañuelo y los clarines suenan de nuevo para anunciar el cambio de tercio. Los picadores pueden abandonar el ruedo. El más próximo a la puerta que conduce al patio de caballos lo hará inmediatamente. El que acaba de picar al toro se va tras recorrer el espacio que va del sitio donde ha puesto el último puyazo a dicha puerta, siguiendo en el regreso el sentido inverso de las agujas del reloj. En algunas plazas, el picador de tanda vuelve a su patio por otra puerta más cercana, si la hay, y no se cumple la costumbre de hacerlo por la de caballos.

En todo caso lo debe hacer sin distraer al toro de lo que le estén haciendo en ese momento. Por ejemplo: si un matador está luciéndose con el capote en un postrero quite, detendrá el caballo y esperará hasta que lo termine. El tercio de banderillas se iniciará, pues, sin los picadores en el ruedo, porque el matador de turno –mientras aguarda junto a la barrera hasta tomar la muleta y la espada una vez haya sido banderilleado el toro– tiene que observar las reacciones de su oponente. No es bueno que lo dificulten posibles distracciones con los caballos.

La banderilla es un palo cilíndrico de unos setenta centímetros de largo, adornado por lo general con papeles rizados de diversos colores y armado en uno de sus extremos con un arponcillo para que queden clavados en lo alto del toro. Su origen es tan antiguo como el toreo. En la última década del 1700, esto es en tiempos de Pedro Romero, ya se usaban para castigar a los toros, pero se clavaban uno a uno. Los banderilleros llevaban la banderilla en una mano y el capote en otra para hacerse ellos mismos el quite. Entonces no se guardaba ningún orden y se clavaba donde buenamente se podía. Tan sólo se consideraba demérito pasar en falso sin clavar o la caída al suelo del arponcillo. Fue, precisamente, durante la época de los Romero, cuando se impuso el orden de las cuadrillas y los turnos para banderillear. Pero antes de abarcar esto último y como estamos en plena lidia, primero vamos a considerar en qué gestos del toro deben fijarse los espectadores para valorar su bravura o su mansedumbre en este segundo tercio.

Durante la suerte de banderillas, el espectador deberá atender a cómo acude el toro a los banderilleros: si lo hace al galope, que es lo ideal. Si mantiene la prontitud al embestir o se torna distraído y tardo al cite («espera»). Mal asunto. Si sigue con fijeza, no se distrae y va al embite con celeridad (buena señal). Si corta el terreno (mal síntoma) o no lo corta. Si se arranca bien desde largo o prefiere hacerlo en corto, lo que no es bueno. Si muestra una embestida recta o se cierne (se vence). Si se queda, lo que no deberá hacer un toro si es bravo. Si a la salida de la suerte persigue al banderillero o se para y emplaza, resistiéndose a salir de posibles querencias. Y lo mismo que en el tercio de varas, deberemos anotar: si berrea, cocea; o si «se duele» de los arponcillos cabeceando continuamente (las tres son pequeñas señales de mansedumbre).

También, y muy fundamentalmente, debemos observar cómo toma el toro el capote del peón que auxilia a sus compañeros banderilleros, porque en estas embestidas podremos descubrir mejor los cambios que el toro haya experimentado de cara al mejor planteamiento técnico de la inminente faena de muleta. Durante el tercio de banderillas es cuando más suelen cambiar los toros de comportamiento, por lo que es primordial se le haya lidiado bien –insistimos en ello y nunca se insistirá bastante– para que el toro no adquiera resabios, siempre achacables a una mala lidia.

Atención a la brega

Mientras se banderillea, los buenos aficionados deben atender tanto a la ejecución correcta de la suerte como a cuanto hace el toro de cara al toreo. No sólo hay que banderillear bien; quien coloca al toro en los sitios idóneos para que se preste mejor a la suerte debe ahorrar capotazos a toda costa. El mejor peón de brega durante esta suerte es el que menos molesta al toro y el que menos capotazos utiliza para llevar a cabo su misión.

Los que para colocar un toro dan más de dos o tres

Bregando durante el tercio de banderillas. (Curro Puya.)

capotazos no son buenos lidiadores. Los hay que necesitan varios, incluso muchos capotazos. Hay que saber bregar andándole a los toros hacia atrás y procurar colocarlos con un solo capotazo para cada par de banderillas. Son pocos los que así lo hacen, pero en todas las facetas de la lidia hubo y hay figuras de excepción.

El matador también puede banderillear personalmente. Si lo hace, estará solo en el ruedo frente al toro. No contará con la ayuda de los peones salvo para ponérselo en suerte, a no ser que comparta el tercio con otro o los otros dos compañeros de cartel. Hay corridas en las que los tres espadas son especialistas en la suerte de banderillas y los tres compiten, alternan a petición del matador de turno. Pero lo normal es que banderilleen los subalternos.

Cuando un matador parea en solitario, tiene derecho a interrumpir el tercio cuando le convenga. Sucede, por ejemplo, que tras el primer par de banderillas el toro se avisa, se va excesivamente arriba, o se viene demasiado abajo y es mejor cambiar el tercio, siempre en beneficio de su juego posterior. Cuando intervienen los banderilleros, es la presidencia la que tiene la última potestad para interrumpir el tercio, aunque cuando así ocurre suele ser a petición del matador de turno.

Orden y turnos para banderillear

Ya hemos dicho que en cada cuadrilla hay tres banderilleros. El primero clavará dos pares; y el que vaya de «tercero» un solo par, el intermedio que es el segundo. El banderillero que va de «segundo» en la cuadrilla actuará como peón de brega y de auxilio para sus compañeros. Al respecto y para repartirse equitativamente el trabajo, los dos primeros banderilleros de cada cuadrilla suelen intercambiar casi siempre su misión en cada toro. El que banderillea en un toro brega en el otro, y viceversa. El tercer banderillero siempre pondrá el segundo par.

Los dos matadores a los que no corresponde la muerte del toro en lid también pueden intervenir en la brega, si es necesario, y siempre para auxiliar, nunca para lucirse. Para lo cual el más antiguo de los dos se situará en los medios del ruedo y el más moderno en el tercio, junto a tablas. Así, mientras se banderillea el primer y cuarto toros de una corrida de seis reses, el segundo espada estará en los medios y el tercero en tablas. En los toros segundo y quinto será el primer matador quien irá a los medios y el tercero a tablas. Y en los toros tercero y último, el primer espada ocupará los medios y el segundo matador el tercio.

Práctica de la suerte

Las banderillas deben colocarse por ambos lados del toro (dos pares por un pitón y un par por el contrario, según convenga), evitando las salidas de la suerte en falso, sin clavar, lo que provoca que el toro puede taparse o defenderse. Algo que podría acusar perjudicialmente en el último tercio.

La certeza en clavar arrancando desde cualquier terreno y ser capaces de banderillear por los dos lados (a estos subalternos se les llama «ambidextros») son condiciones comunes y exigibles en los buenos rehileteros.

Aparte lo dicho en cuanto a los efectos de esta suerte, las banderillas suelen excitar y avivar al toro, generalmente aplomado tras el castigo en varas. No faltan quienes niegan razón efectiva al segundo tercio, al que muchos también consideran como simple adorno. Desde luego, si se hacen las cosas mal, hay que reconocer que puede perjudicar al toro. Sobre todo si para banderillear se tienen que dar infinidad de capotazos y los banderilleros no aciertan a clavar en los primeros embroques, o lo hacen pasando repetidamente en falso. Desde este punto de vista no es extraño que la mayoría de los matadores intenten abreviar el tercio en cuanto pueden. Si fuera por algunos, lo limitarían a un solo par de banderillas, porque les exaspera que los peones resten con el capote posibles embestidas para la muleta. Los buenos aficionados piensan, sin embargo, que el tercio de banderillas, además de ser vistoso, sirve para desahogar al toro de la dura pelea en varas y como nuevo catalizador de sus condiciones. No pocos toreros descubren aspectos inéditos del toro hasta entonces. Nunca es tarde para estudiar o cerciorarse de sus defectos o virtudes. Somos, por tanto, partidarios de mantenerlo completo con las excepciones que sean menester. Como cuando un toro presenta grandes dificultades para banderillear, pongamos por caso relativamente frecuente, es lógico que se cambie el tercio lo antes posible para que no acreciente sus problemas y llegue aún más difícil a la muleta. Estamos por ello en contra de las presidencias que se empeñan en que sean colocados los tres pares reglamentarios cuando no hay manera de ponerlos pronto. Porque el tercio de banderillas debe ser, además, breve. Lo justo para que el espada de turno descanse un poco del ajetreo de la lidia, aunque sin perder nunca de vista al toro.

La suerte de banderillas debe practicarse en el tercio del ruedo. Esto es, entre las rayas de los picadores y los medios. La velocidad del toro y el torero en sus respectivos recorridos exige espacio suficiente para llevarla a cabo. La conveniencia de hacerlo en estos terrenos no es caprichosa. Casi todos los toros suelen tener querencia marcada a las tablas de la barrera (aprietan a tablas) y la cercanía a ellas para banderillear es peligrosa. Tampoco es lógico practicarla en los medios porque el torero puede quedar desamparado si un toro le persigue estando lejos del burladero (haciendo «hilo» con él). Estas precauciones son normas de práctica general. Pero los grandes intérpretes de la suerte saben hacerlo en cualquier terreno, según las condiciones de cada toro y acomodándose a sus querencias.

A muchos espectadores y sobre todo a los nuevos les puede parecer que esta suerte es muy difícil y arriesgada porque se hace a cuerpo limpio, sin ayuda de ningún engaño, sólo con los palos (las banderillas) en las manos. No lo es tanto debido a que se realiza en movimiento. Al contrario que otras suertes de capa o de muleta que han de hacerse desde la mayor quietud posible.

Aunque el mecanismo técnico de banderillear es prácticamente igual en cualquier modalidad, se puede ejecutar de varias maneras según la fuerza, la velocidad y las querencias de los toros. Del mayor o menor virtuosismo en su ejecución y de las dificultades que haya que salvar depende su belleza y su emoción.

Distintas maneras de banderillear

Al cuarteo. Al tratarse de suertes que se ejecutan en movimiento, están vigentes las normas que en su día dictaron «Pepe Hillo» y «Paquiro» para la forma más común de banderillear a los toros al «cuarteo». Según «Paquiro», más preciso y abierto a mayores posibilidades, la suerte se hace del modo siguiente: puesto el diestro de cara al toro, bien sea a corta o a larga distancia y esté parado o se venga levantado, lo citará y luego que haga por el bulto

Yendo hacia el toro para un «cuarteo». (Luis F. Esplá.)

Un peón clavando un par al «cuarteo». (José Castilla.)

saldrá formando un medio círculo igual al de los recortes, cuyo remate será el centro mismo del cuarteo, en donde «cuadrándose» con el toro le meterá los brazos para clavarle las banderillas, ejecutado lo cual saldrá con pies, si preciso fuere, buscando su terreno. Añadimos nosotros a esta antigua norma que el torero para citar se colocará en los terrenos de afuera, hacia los medios, procurando que el toro se fije en él por medio de la voz o con movimientos de su cuerpo y de los brazos. Cuando arranca el toro, el banderillero saldrá describiendo una curva hasta clavar «cuadrado» con el toro (parado al llegar ante su cara) metiendo los brazos en el momento que humilla y saliendo con presteza y prestancia. El público más entendido prefiere que todo ello se haga despacio y detesta que los toreros «tiren» las banderillas lanzándolas hacia la cruz del toro, precisamente por no haber sido capaces de cuadrar en la cara o por hacer la reunión fuera de cacho, «a toro pasado», que es clavar después de que la cabeza del toro haya traspasado la posición del torero.

Lo más celebrado por el público en el cuarteo es llegar pausadamente con los palos hasta el sitio más propicio para provocar la arrancada del toro, cuartear mínimamente, reunirse frontalmente, sacarse los palos de abajo arriba hasta la altura de la frente, asomarse a los pitones del toro para clavar («asomarse al balcón» en el argot) y salir de la suerte como quien se va de la barra de un bar sin prisa ninguna, como si quien quedara detrás fuera un amigo.

El buen banderillero tiene que citar dejándose ver por el toro, abrir los brazos en el cite, clavar las banderillas lo más cerca posible la una de la otra, para lo cual tendrá que hacerlo con las manos muy juntas y los codos altos (haciendo bien la «reunión»), culminando la suerte con los dos pies emparejados y en contacto con el suelo, sin dar la espalda a la barrera. En el momento de citar, estará el toro en el tercio y el torero llegará hasta él desde el centro del ruedo, como hemos dicho. De esta forma, al producirse el cuarteo, la posición del toro será paralela a las tablas, por lo que el

Cite en tablas para un par de «dentro a fuera».
(Víctor Mendes.)

torero tendrá libre salida de la suerte por el lado natural, o sea, hacia la barrera, y el toro hacia los medios.

La posición contraria, cuando el toro está por fuera y el torero por dentro, depara una suerte al cuarteo opuesta a la descrita. Se suele ejecutar con toros aquerenciados a tablas y se la conoce tal y como transcurre: de «dentro a fuera».

Cuando el toro está situado en corto, la suerte es menos lucida y se la llama «de frente». Pero si el toro está largo, el torero le llega despacio hasta provocarle y no inicia el cuarteo hasta que éste se lanza a la carrera, la suerte se realiza dando todas las ventajas al toro, lo que depara más riesgo y mucha emoción. En este último caso, si toro y torero arrancan al tiempo desde el principio de sus respectivos viajes y cuando parece que van a chocar se produce el cuarteo, a la suerte se la llama de «poder a poder».

De sobaquillo. En esta forma de banderillear el torero cuartea una vez haya pasado la cabeza del toro (por tanto, sin cuadrar), y clavará los palos por debajo de la axila, hacia atrás, después de la reunión. Se utiliza con toros muy quedados o con los que cortan el viaje.

A la media vuelta. Quizá sea ésta la manera más antigua de banderillear y sea ahora una suerte de recurso, tan sólo admisible con toros casi imposibles. El torero debe citar en este caso detrás del toro y clavará en el momento que éste se revuelve en clara ventaja para el diestro.

Al sesgo. También ésta es una suerte de recurso que se practica con toros muy aquerenciados a tablas y agotados, por lo que para practicarla es de rigor que el toro esté y permanezca parado. El banderillero llega así hasta el toro con la idea de que éste no se moverá salvo en el instante meramente instintivo de derrotar el animal hacia arriba. La entrada, por eso, deberá ser rapidísima y sesgada a la posición del toro –de ahí su nombre– al que habrá de colocar más o menos abierto con respecto a las tablas de la barrera.

Al relance. Si el toro viene rebrincado de la salida de otro par ya colocado, o cuando sigue a un capote, se practica esta suerte en la que el torero aprovecha la carrera del toro. Para lo cual saldrá a su encuentro y clavará las banderillas, continuando toro y torero sus respectivas carreras.

Al quiebro. Quebrar en tauromaquia es la suerte de burlar al toro con un movimiento rápido de cintura, esperándolo parado y a cuerpo limpio. Se diferencia de lo que llamamos regate en que éste se hace corriendo y no pasa el toro; en el quiebro sí pasa. El quiebro, en la suerte de banderillas, se realiza colocado el diestro a media distancia frente

Marcando la salida en un par al «quiebro».

Clavando banderillas en el mismo par. (Morenito de Maracay.)

Segundo tercio: la suerte de banderillas • 133

al toro con los pies juntos. Cuando el toro arranca tras llamarle la atención, el torero le aguanta sin moverse y le deja llegar hasta marcarle salida por uno u otro pitón según se incline hacia un lado u otro, para lo que sacará la pierna correspondiente hacia el lado que pretenda darle salida. Al humillar el astado, el torero recobrará la posición inicial y al mismo tiempo clavará las banderillas, librándose del derrote que el toro da al aire gracias al quiebro que el diestro acaba de provocar. Generalmente, el toro continúa su viaje y el torero permanece en el suyo hasta salir andando airosamente de la suerte.

El mayor o menor lucimiento y mérito del par al quiebro depende de la distancia en el cite y de lo ceñido que resulte el embroque. En plena mitad del siglo XIX, Antonio Carmona «Gordito» inventó el quiebro con las banderillas. Una suerte que también ha deparado polémicas en el sentido de los movimientos que se precisan para llevarla a cabo. Hay quien la llama «cambio» cuando el toro cambia su viaje provocado por el simple movimiento de la cintura del torero, a un lado u otro, sin rectificar la posición de los pies. Esta última manera de quebrar (o de cambiar) es muy comprometida e inusual por difícil.

Tal y como sucede con todas las suertes, hay infinidad de variables y la mayoría en desuso. Aunque los pares a la carrera y a la media vuelta han llegado a combinarse con acierto gracias al sentido coreográfico de algunos especialistas de entre los matadores de toros que banderillean habitualmente. Los grandes de la suerte de banderillear fueron los matadores «Guerrita», Antonio Fuentes, Rodolfo Gaona, «Magritas», Pepe «Dominguín», José Mejías «Bienvenida», Carlos Arruza... Y entre los modernos, «Miguelín», «Paquirri», Víctor Mendes, Luis Francisco Esplá y «El Soro». Estos dos últimos, verdaderos innovadores puesto que a ellos se deben preparaciones y salidas muy espectaculares de las suertes.

7. ÚLTIMO TERCIO: EL TOREO DE MULETA Y LA ESTOCADA

Hubo un tiempo en que la única suerte que se consideraba como tal en el último tercio era la estocada mediante la cual moría el toro. La «muleta» (muletilla entonces) no era más que un lienzo blanco que pendía de un palillo y que sólo servía de ayuda para estoquear a los toros. A medida que los toreros se fueron ajustando y perfeccionando en la forma de entrar a matar, el uso de la muleta también fue evolucionando. De mero utensilio para defensa del torero en el momento de la estocada, pasó a tener la importancia efectiva de un engaño fundamental para modificar los resabios del toro y, posteriormente, como doble instrumento (efectivo y artístico) convertido, una vez ampliado su tamaño y sus vuelos, en el utensilio de lo que ahora conocemos por «faena de muleta»: conjunto de suertes, a la par eficaces y de adorno, que forman la pieza más importante de la lidia, tal y como la conocemos.

En las corridas de toros actuales, la faena de muleta es la faceta de la lidia que prefiere la inmensa mayoría de los espectadores, por encima de la estocada que, a pesar de ello, sigue considerándose como «suerte suprema». Se ha llegado a tal grado de perfección en el toreo de muleta que el público ha preterido las suertes de los otros dos tercios de la lidia en beneficio de la bondad de la faena y de su consecución regular. Toda la lidia gira alrededor de la faena de muleta, y cuanto se hace al toro hasta llegar el último tercio, se encamina en beneficio de ésta. En relación a ello, al torero actual se le considera más capaz cuanto más virtuoso es en el manejo de la muleta. Lo de «hacer faena» a casi todos los toros –hasta no hace mucho tiempo privativo de buenos toreros ante toros propicios– es ahora condición «sine-qua-non» para triunfar y para ser considerado «figura del toreo».

De la habilidad en lograr que cualquier toro se someta a la muleta, dependen el reconocimiento de la importancia y capacidad del torero. Claro que, para triunfar rotundamente, es necesario que la faena se clausure con una buena y única estocada. Sin embargo, muchas faenas son premiadas a pesar de estocadas defectuosas. Y aún más: si un torero no logra lucirse con el toro en los tercios anteriores y consigue una muy buena faena de muleta, la mayoría del público la premia ignorando todo lo demás. Incluso perdona algún pinchazo previo a la estocada definitiva.

Los mejores aficionados no están de acuerdo con esta apreciación, aunque la comprendan por conocer la evolución de la lidia y de los gustos del público. Una gran faena de muleta siempre es importante, pero más lo será si la precede una buena lidia en toda su amplitud –suerte de varas y toreo de capa incluidos– y se remata con una estocada superior. Pero no nos adelantemos y veamos cómo acontece la primera parte del último capítulo de la lidia.

Cuando suena el clarín que anuncia su inicio, el matador toma la espada (o estoque) y la «muleta» (también se la suele llamar «flámula», «pañosa» o «franela», por ser de este tejido) y, si es su primer toro, se dirigirá preceptivamente bajo la presidencia para saludar y pedir permiso. Inmediatamente la faena. El diestro ha ordenado a sus peones que le coloquen el toro en el sitio que previamente ha elegido para iniciarla. Este lugar depende de las querencias que el toro haya mostrado hasta entonces. Si

Enrique Ponce.

sopla el viento, circunstancia harto frecuente, el terreno más propicio para hacer la faena será donde menos moleste. Porque la muleta, al ser instrumento de corrección para los resabios del toro y, a la vez, utensilio artístico, es difícil de manejar con precisión cuando hay viento. Infinidad de faenas se han malogrado por el viento y no pocos accidentes y cornadas han padecido los toreros por la misma razón. De ahí la obsesionante preocupación que los toreros muestran por el viento antes de torear. Si complicado resulta manejar la muleta en cuanto supone útil para la lidia (levantar la cabeza a los toros que la llevan baja, obligar a que humillen los que la llevan alta, sujetar a los que huyen, reducir su ímpetu cuando son demasiado violentos, etc.), más complicado resulta templarlos cuando surge el viento y, por lo mismo, dificilísimo es llevarlos, conducirlos con suavidad. Cualquier suerte, por bien que se ejecute, puede quedar distorsionada, rota por una ráfaga de viento.

La despaciosidad, la quietud de los pies, la precisión que necesita un torero para muletear como ahora se exige, se logra mediante una serie de movimientos casi imperceptibles de la mano, de la muñeca, de los dedos que sostienen el engaño. Con viento sobran tales sutilezas y el toreo templado resulta prácticamente imposible.

De otra parte y por seguir con los terrenos más propicios para plantear la faena de muleta, los más lógicos son el tercio y los medios del ruedo por ser los lugares más alejados de la natural querencia a tablas de casi todos los toros. En tanto esta querencia la tengan más o menos acusada, el mejor terreno será el más distante a ella. Como en las tardes de viento los toreros se refugian del mismo en tablas –aunque allí apenas sople–, los toros no responden como lo harían más abiertos hacia los medios del ruedo. Pero olvidemos el viento y supongamos que asistimos a una corrida en tarde serena y luminosa.

A las suertes de muleta se las llama comúnmente «pases». Una faena de muleta se compone, por ello, de grupos de pases. Se llaman pases porque el toro «pasa» mientras el torero permanece quieto. Pero torear con la muleta no sólo es dar pases, es saber relacionar unos con otros, elegir los que cada toro requiere y, si es posible, darlos seguidos, «ligados», colocado el diestro en el sitio más conveniente y, si el toro se presta, en el más comprometido para que el toreo sea además de bello, auténtico.

¿Qué entendemos nosotros por autenticidad? Para definirlo habrá que dejar bien sentado que el mejor toreo, el más puro, sólo se puede hacer con los toros que embisten con nobleza más o menos escondida o evidente, pero con nobleza. A un toro peligroso no hay quien le pueda torear tal y como entendemos el término de autenticidad. Se le podrán dar pases con defectos, pero casi nunca ligar una faena limpia y redonda. Aunque debamos reconocer que en la actualidad gran parte de los toros que se lidian en las principales ferias y plazas resultan toreables o al menos «manejables» para la muleta si se acierta a descubrir el sitio y la distancia donde hay que colocarse para torear y la velocidad precisa para mover el engaño al compás de la velocidad del toro. Ya hablamos de ello cuando nos referimos al temple. Con los toros buenos o muy buenos, casi todos los toreros se confían y torean con mayor o menor arte. A los toros pésimos muy pocos son capaces de sacarles partido estético.

Con los restantes, los toros que embisten con tal o cual defecto, es con los que los toreros deben mostrar su profesión más frecuentemente. Un torero que torea cien corridas al año, pongamos por caso de una primera figura, puede tropezarse con diez o quince toros excelentes y con otros tantos imposibles. Con los primeros seguro que triunfará por todo lo alto. Con los últimos deberá mostrarse simplemente habilidoso hasta el momento de matarlos. Pero lo que determinará siempre su primacía será lograr el éxito frente a los toros de calidad media; reses con las que casi nunca triunfan los malos profesionales –por muy artistas e inspirados que se muestren con los toros más fáciles– y que dan la medida del verdadero lidiador: saber resolver los problemas de cada toro; acomodarse a sus defectos y, si puede, subsanarlos o hacerlos desaparecer; elegir los terrenos más adecuados para conseguirlo más fácilmente; acertar la distancia ideal entre el toro y el torero en los cites iniciales; tener el sentido de la medida y del tiempo muy agudazo para no quedarse corto, ni alargar en demasía la faena y averiguar cuando el toro se muestra en la disposición más conveniente para entrarlo a matar.

La autenticidad del toreo, pues, se debe exigir con los toros muy nobles y siempre que el torero la descubra. Nobleza que pueden tener los toros por los dos pitones o sólo por uno, el derecho o el izquierdo. Las faenas, por ello, pueden basarse sobre el lado más fácil del toro y, si es completo, sobre ambas manos. Hay toros que se muestran claros por un lado y acaban siéndolo por el otro. Lo que depende muchas veces de la confianza y de la habilidad del torero capaz de aguantar y de corregir las primeras arrancadas y, sobre todo, de templarlas sin dejar que el toro enganche la muleta con los pitones.

¿Qué signos o reacciones definen la bravura y la nobleza de un toro ideal en el último tercio? Como en los tercios anteriores, el espectador deberá observar si continúa con fijeza y, por supuesto, si mantiene la tan comentada nobleza. Para ello, deberá obedecer siempre a los toques (a los movimientos de llamada con la muleta) que el diestro le haga; arrancarse sin necesidad de excesiva porfía; repetir las embestidas sin salirse suelto de las suertes; no puntear ni cabecear y, por lo mismo, no tirar «gañafones» con los cuernos. Al iniciar la embestida, debe tomar la muleta con la cara baja, manteniéndola así o a media altura desde el «embroque» hasta el final del pase; no se quedará corto, ni interrumpirá el viaje de cada muletazo en el transcurso de la faena; no se parará ni se frenará; no se ceñirá vencido hacia el torero por ningún pitón; mantendrá el mismo ritmo de acometida. Y tal como observábamos antes, no coceará, ni escarbará, ni berreará. No debe andar al paso continuamente (a esto se le llama «gazapear»); ni echar la cara arriba en los cites ni al final de cada pase; y peleará allí donde se le plantee la faena sin marcharse a otros terrenos. Llegado el momento de la estocada, debe cuadrar «pronto» y bien las manos y patas (juntarlas guardando esta postura de modo que las pezuñas puedan alinearse en rectitud). Y finalmente, morir («doblar») en los medios del ruedo. Marchar hacia las tablas de la barrera y doblar allí tras la estocada mortal, es una última señal de mansedumbre.

Una vez cerciorados de la franquía del toro, se puede exigir la autenticidad del toreo. Primera condición: que en el primer cite de cada serie, el torero se coloque «cruzado» frente al toro (no al lado del toro) y a media distancia. Algunos toreros prefieren la distancia larga y otros la corta o muy corta, pero esto dependerá del brío que tenga el toro en el momento de empezar la faena y de lo más a gusto que el torero esté de cerca o de lejos.

Los toros nobles tienen un recorrido natural en línea recta cuando embisten. El matador, situado dentro de esta trayectoria recta, debe convertirla en curva, obligando al toro a rectificar su embestida, e insistiendo en los pases sucesivos sin abandonar el sitio donde se colocó para dar el primer pase, hasta completar una serie de muletazos seguidos. Esta serie o «tanda» será más importante e intensa cuantos más pases consiga ligar el diestro sin ceder terreno al toro ni rectificar el que eligió desde el primer pase. Para lo cual girará el torero sobre sus pies, semejando un eje vertical y el toro girando a su alrededor, describiendo un círculo horizontal.

Si apuramos más el grado de autenticidad, el diestro deberá citar ofreciendo la muleta por delante de su cuerpo y a la altura de la cara del toro. Desde el inicio frontal del pase su curvo recorrido terminará detrás de la cadera del torero, quien llevará el engaño de arriba abajo, hacia dentro y sin enganchones, hasta rematar el pase por debajo de la «pala» de los pitones del toro, que se revolverá naturalmente para embestir otra vez encontrando de nuevo la muleta a la altura de sus ojos, ofrecida nuevamente por delante y frontal. El diestro, por ello, no debe ceder su sitio ni quitar nunca la muleta de la cara al toro, sino que al rematar cada pase, dejarla siempre «puesta» para que el toro la vuelva a tomar y no se desentienda ni interrumpa la serie de pases.

En resumen, que el toreo más puro es aquel en el que el torero, permaneciendo quieto de pies, consigue que el toro le rodee varias veces, y cuanto más despacio, mejor. Lo mismo que lo definimos cuando hablamos del temple en el toreo de capa y, sobre todo, de la verónica. Pero insistimos también en que esta intensidad es difícil de imponer a toros que no obedecen con claridad al engaño y que no mantienen su embestida con suficiente fuerza y codicia. Claridad que incluye fundamentalmente la tantas veces aludida «fijeza», una de las cualidades más apreciadas para el buen toreo. Que el toro se fije en la muleta antes que en cualquier otra cosa y mantenga la mirada en el engaño. La fijeza –ya lo dijimos en el capítulo dedicado al toro y a su bravura– es obsesivamente buscada por los ganaderos que se precian, porque es imprescindible para que el torero se confíe totalmente y pueda torear olvidado de su propio cuerpo.

Pero como no todos los toros se prestan con facilidad absoluta al toreo, los matadores han de acoplarse a las condiciones de cada uno. De ahí que las faenas de muleta sean tan varias como toros salen al ruedo y cada torero, a su vez, las plantee según su particular entender. El toreo de muleta, por tanto, es tan variado o más que el de capote desde el punto de vista de la técnica, y no digamos si lo contemplamos desde el sentimiento artístico de cada torero.

Un mismo muletazo puede ser interpretado con exactitud técnica por varios matadores y, sin embargo, resultar artísticamente diferente en cada caso. Diversidad que nos lleva al «estilo», al sentido del gusto, al de la elegancia particular de cada intérprete, respecto a lo cual hay que respetar las preferencias de todo el mundo. Pongamos un ejemplo: una chaqueta del mejor tejido perfectamente cortada, puede caer bien o mal a varias personas de idéntica estatura y medidas porque unas tienen «porte» o son naturalmente elegantes y las otras no. Con el toreo sucede algo parecido. Decimos esto porque hay quienes sólo consideran buenos toreros a los que hacen el toreo con un determinado estilo y desprecian a los demás. Los que así piensan son aficionados muy discutibles. El mejor aficionado es aquel al que más toros y más toreros le caben en la cabeza. O al que más clases de toreo le conmueven, con la condición de que el diestro no «mienta» al toro ni al público. Porque a ambos se les puede engañar –la muleta es un engaño más– pero no mentir. José Bergamín, que escribió mucho sobre el toreo como arte, dijo algo con lo que estamos de acuerdo: «El toreo se hace y se dice». Para nosotros se debe hacer siempre bien, con técnica, con habilidad, con el temple que requiera cada toro. Y se debe decir según el sentimiento de cada intérprete sin tratar de imponer a nadie un estilo determinado, sino dejándoles libertad de expresarlo como lo sientan. Precisamente, la capacidad comunicadora del torero y la libertad en su interpretación son las que confirman su rango artístico.

Cuanto ya hemos escrito en un capítulo anterior respondiendo a la pregunta ¿qué es torear? es valedero para el toreo de muleta. No viene mal repetir, pues, que para torear se requiere valor, en primer lugar, como soporte de la inteligencia que permitirá al torero discernir dónde, cómo, cuándo, cuánto y qué hay que hacer con la muleta a cada toro para dominarlo, en primer término, tratando después que la expresión externa del toreo sea la prolongación de su sentimiento estético. Los que torean sin fundamento técnico y están más pendientes de componer su propia figura que del toro pueden llegar a «decir» bien el toreo, pero no lo «hacen» casi nunca.

Por lo mismo, hemos de repetir que quien no sea capaz de descubrir las condiciones de los toros, de atender a sus miradas, de aprovechar sus intenciones repentinas con rapidez de reflejos, ni de acomodarse con serenidad y templanza a las distintas velocidades de sus embestidas, difícilmente podrá dejar quietos los pies y mover sola y templadamente el brazo que sostiene la muleta, única pieza que en el conjunto debe conducir al toro y realizar el toreo.

Es necesario entonces abrir nuestra atención a tantas excepciones técnicas como diferentes comportamientos tiene el toro a lo largo de la lidia y, muy fundamentalmente, en este tercio final. Las hermosas imágenes que se derivan del toreo auténtico se guardan en la memoria como lo mejor con toda razón. ¿Cómo olvidar las grandes faenas de un José María Manzanares, por mencionar un diestro modélico y ejemplar cuando se acopla con un buen toro? Pero este recuerdo no debe dar lugar a esperarlas ni a exigirlas siempre y en todo caso. Por eso es tan necesario atender al juego de los toros durante los tercios anteriores. El espectador debe exigir al torero en función de la clase de toro al que tiene que enfrentarse. Es natural que los públicos que desconocen la tauromaquia en profundidad deseen siempre lo más brillante y que si no se produce echen la culpa al torero como si todos los toros fueran exactos. Generalmente, el torero hace lo que puede, no lo que quiere. Todos querrían repetir su mejor faena todas las tardes, pero no siempre sale el toro ideal ni tampoco los toreros gozan del mismo estado de ánimo en todas sus corridas, aunque a ellos sí cabe exigirles la mayor disposición y el sentido de la responsabilidad que corresponde a un profesional que cobra por actuar. Lógicamente no todos los toreros cobran lo mismo; su caché depende de su categoría profesional y, sobre todo, de la capacidad de atracción que tiene con los públicos. Y aunque muchas tardes habrá que comprender las flaquezas propias de los seres racionales que torean, por míticos o irreales que parezcan en sus días de gloria, es la irracionalidad animal del toro y sus variables las que el espectador intentará siempre descubrir por medio de su permanente atención al toro para mejor comprender y valorar con justicia el toreo.

De tal manera es variada la técnica del toreo, que todas las condiciones que poníamos para considerarlo auténtico con toros buenos deben ser diametralmente opuestas en otros muchos casos. Si en el mejor de todos (gran toro para el gran toreo) señalábamos la obligatoriedad del cite cruzado, hay toros a los que habrá que citar descruzado (por fuera) y sin obligarles, porque su falta de vigor no aconseja se les fuerce. Si manifestábamos como idóneo hacerlo con la muleta ofrecida por delante y a media distancia, hay toros de corto recorrido a los que se les debe citar desde muy cerca y con la muleta retrasada para que el medio pase resulte posible y vistoso. Si mencionábamos como norma más clásica para el toreo de muleta llevarla baja mientras dura el pase, hay toros flojos de manos a los que hay que torear con la muleta a media altura o alta para que no se caigan. Si lo más apreciado frente a un toro muy bravo es hacer el toreo obligadamente curvo e intenso, de series largas, compuestas de varios muletazos seguidos, también debe ser tenido en cuenta y no despreciarse el toreo aliviado, rectilíneo, dejando que el toro vaya a su aire y en series muy breves, cuando las reses no muestran bravura ni codicia, porque de lo contrario no sería posible la faena ya que el toro se agotaría a poco de iniciada. Si hablábamos de presentar frontalmente la muleta cuando se cita a un toro noble y pronto, no debemos exigirlo tanto con reses que se ciñen o se vencen, porque citado con la muleta en posición oblicua, al desplazarse el toro hacia fuera, podrá pasarlo el diestro sin ser arrollado. Cuando decíamos lo meritorio que resulta quedarse quieto en el sitio donde se citó en el primer muletazo para dar los siguientes, también hay que señalar las muchas excepciones de toros que requieren perder uno, dos pasos o más entre muletazo y muletazo, porque se adelantan demasiado en su acometida... En tauromaquia son compatibles a un tiempo las ideas de andar y parar, aunque la firmeza y la disposición deben ser denominadores comunes, sea el toro como fuere.

La muleta y el torero no deben moverse más que en función del toreo que realizan. Las dudas, los cambios de mano caprichosos, los pasos en falso, los paseos excesivos entre serie y serie, los movimientos inútiles, el continuo trasiego de terrenos durante la faena –un lidiador que se precie debe procurar plantearla, iniciarla y terminarla en los mismos terrenos donde la comenzó–, echarse atrás cuando el toro mete la cara, son gestos ostensibles de miedo, desconocimiento o de cansancio que detecta el toro mejor y antes, incluso, que los espectadores.

No hay en la técnica normas rígidas para el toreo, sino infinitas fórmulas. Tantas como toros y toreros. El espectador taurino y, mucho más, el buen aficionado también debe acomodar su rigor a cada caso. En esto, precisamente, radica el meollo de la mejor afición.

A un buen torero jamás se le debe consentir que toree con ventaja un buen toro. Pero antes de juzgarle hay que saber distinguir un toro bueno del que no lo es. Ese vecino de localidad que casi todas las tardes y en casi todos los toros grita desaforado contra los toreros, seguramente no sabe nada del toro que hay en el ruedo ni de sus condiciones, o ha ido a la plaza con ideas preconcebidamente hostiles. A las corridas de toros se ha de ir con la mente absolutamente limpia, abierta y sin complejos a favor o en contra de nada ni de nadie. Un torero puede estar en una misma corrida por debajo de un buen toro y por encima del siguiente, o al revés. Sin saber cómo es cada toro es imposible valorar el toreo en toda su dimensión: Distinguir al torero que aprovecha al máximo un gran toro del que lo desperdicia: «Se le ha ido el toro», se suele reprochar en el argot cuando un torero muletea con excesiva cautela a un toro con clase. Entender los porqués de una buena labor frente a un toro con dificultades y contrastarlos con la lidia errónea en otros casos. Saber disfrutar tanto con las faenas artísticamente puras como con las de sobrio dominio, y tener siempre en cuenta que, en ambos casos, se necesita valor e inteligencia para lograrlas. Con la diferencia de que en el primero este valor queda escondido tras la belleza de las suertes; y en el segundo se muestra más descarnado, más visible.

La riqueza del toreo de muleta excede, con mucho, del enunciado de los distintos pases que lo definen y conforman. El mérito de una buena labor muletera consiste en alternar las suertes de tanteo, castigo y adorno de tal modo que se obtenga una obra encadenada y bella con la máxima seguridad para el matador. Pero como toda la gama de pases y de adornos son, al fin y al cabo, suertes muleteriles, pasemos a la descripción de las mismas.

Los pases de muleta se dividen en tres grupos: «naturales», «cambiados» y «ayudados». Pases o suertes «naturales» (también se las denomina «regulares») son todos aquellos en los que el toro toma el engaño, pasa y sale por el mismo lado que le cita el torero. La generalidad de esta descripción incluye al que se da con la mano derecha, aunque el que se ejecuta con el engaño en la mano izquierda, manteniendo el diestro la espada en mano diestra, se denomina propiamente «natural», que es la suerte fundamental del toreo de muleta.

Pases «cambiados» son aquellos en los que el torero cita al toro por un lado y le da salida por el contrario. Pases ayudados son los que el diestro ejecuta sosteniendo la muleta y el estoque con las dos manos, por lo que la salida del toro no es natural ni contraria. Todas estas suertes se pueden dar por bajo o por alto y, en cada caso, la muleta puede sacarse en el remate del pase por delante, por encima o por debajo de la cara del toro.

El toreo de muleta comprende también suertes de adorno que describiremos específicamente más adelante. Todas ellas, según las ya comentadas tauromaquias de Ordóñez y Manzanares, por ser ejemplares en su ejecución y en la expresión.

Pases regulares o naturales

El pase natural. Para dar este pase con arreglo a las normas clásicas, el matador debe ir hacia el toro para citarlo de frente, dejándose ver, con la muleta en la mano izquierda, cuadrada a su caída, agarrado el palillo que la sostiene (el «estaquillador») por el centro del mismo, y dando el pecho. El cite lo hará con la muleta muy por delante de su figura, a la distancia que exija la condición de cada res y que, lógicamente, aguante cada diestro. Esta distancia no debe ser tan corta que el animal se ahogue, ni tan larga que pierda el celo por la muleta. Hay toros que en el momento de citarlos se arrancan prontos, con codicia; otros, por escasos de fuerza, sin tanta alegría. A estos últimos se les adelantará la pierna contraria –la derecha en este caso– para llamarles la atención, mientras que la mano que sostiene la espada posará levemente sobre la cadera derecha. La espada, por ello, no debe servir de ayuda para el logro del pase y, si lo hace, será para tantear

Un extraordinario y rectilíneo pase natural. (Paco Camino.)

el viaje del toro en un muletazo de prueba. La muleta, mediante un leve toque del torero con la mano que la sostiene, se moverá para atraer la mirada del animal y provocar su embestida. Momento en el que el diestro iniciará el pase y embarcará al toro adelantando la pierna de salida (la izquierda) para marcar la trayectoria más adecuada a la consecución curva de la suerte, hasta rematarla con el brazo templadamente extendido hacia detrás, hacia su espalda, por bajo o por alto, según sea la fuerza del toro, o la intención del torero de ligar el pase con otro, o para aliviarse. En el centro de la suerte, el diestro irá girando su cintura para acompañar mecidamente el viaje del toro, instante en el que el pecho del torero –inicialmente frontal– irá perfilándose paulatinamente paralelo al viaje del animal, sin perder su volcada mirada sobre los pitones del burel y los vuelos del engaño, hasta rematarla. En este último instante del pase natural todo el peso del cuerpo del torero se volcará sobre el pie izquierdo, mientras va levantando el derecho con suavidad, hasta avanzarlo en busca

El natural en redondo y en su mayor pureza. (Paco Ojeda.)

de la posición siguiente, desde la que citará para otro pase natural sin necesidad de enmendar el terreno donde dio el anterior. Así se engarza un pase a otro en redondo, se liga el toreo hasta hacerlo circular, angustioso para el toro y emocionante para el público, momento en el que habrá que rematar la serie con un cambiado pase de pecho –lo que supone la mayor aristocracia del toreo de muleta– o irse garboso de la cara del toro.

Cante y sentimiento de un natural «ayudado». (Manzanares.)

En el toreo al natural y en otras suertes parecidas, todo lo que lleve a citar de perfil va en demérito de la pureza y del clasicismo. Lo que no quiere decir que el toreo «perfilero» sea rechazable –a veces se hace necesario por la sosería de los toros,– sino que resulta menos gallardo, menos perfecto.

Ya hemos hablado de los naturales ayudados con la espada como tanteo previo a los auténticos. Pero no de los que así se dan para aliviarse del viento o para alargar el viaje. Estos naturales ayudados, cuando se ejecutan con ajuste, pueden resultar de gran belleza y armonía.

Finalmente, y dentro de la variedad al natural, señalar los que se ejecutan citando el torero frontalmente, a pies juntos. Forzosamente menos largos, pero llenos de gracia. Su interpretación impone un buen juego de cintura y de muñeca, única manera de alargar el pase en círculo. Estos pases, por su cortedad no mandan y suelen darse al final de las faenas, con el toro ya agotado. Para ligar uno a otro el torero girará sobre sus propios talones como si fuera una veleta.

La templanza en el torero al natural es condición imprescindible para que la tersura de la muleta no se descomponga ni arrugue nunca. El engaño, por su caída natural, tendrá apariencia líquida cuando el muletazo surge de un brazo torero flexible. Si su apariencia es sólida, será por la rigidez de los movimientos del torero, por inseguridad de su ánimo, por su poca destreza. La franela con que está confeccionada la muleta deberá ser prolongación del brazo, de la muñeca, de la mano, de los dedos del torero, como si fueran ellos los que torearan. Por eso es tan difícil torear relajado y, mucho más, al natural. Por esto y porque el diestro va menos protegido que toreando con la mano derecha, ampliado el vuelo de la muleta con la espada.

El pase en redondo o derechazo. Su ejecución es básicamente igual que la del pase natural, aunque la naturalidad de su ejecución no lo sea tanto como la del pase fundamental, por no ser natural que los trastos de torear y de matar se lleven en una sola mano. Hacemos este comentario al socaire de lo que viene determinado en las reglas más antiguas para el último tercio, cuando lo que primaba era la suerte suprema, la estocada. Si la muleta y la espada se llevan en una sola mano, no se puede entrar a matar, pues se mata con la derecha y es la izquierda la que porta la muleta para aliviar el viaje del toro y evitar la cogida en el momento del embroque.

Un redondo muy desmayado con la derecha. («Joselito».)

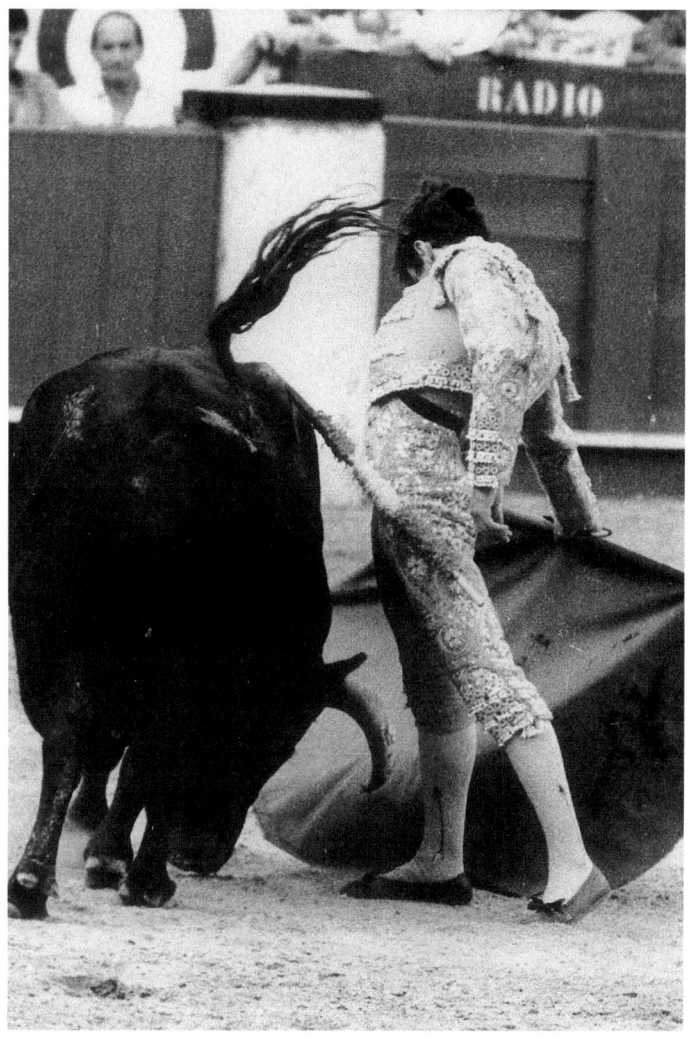

Mas dejemos el tema y sigamos con la ejecución del muletazo diestro, también llamado «derechazo» o «redondo», en el que, aparte el cambio de mano, la diferencia más notable con relación al natural radica en la manera de sujetar el engaño. Si para el natural se debe tomar el palillo por la mitad, con lo que la mano que torea se enfrenta al centro de la cara del toro, para el pase con la derecha el diestro tomará el palo más cerca del extremo opuesto al

Último tercio: el toreo de muleta y la estocada • 151

La absoluta perfección con la derecha. (Manzanares.)

Cargando la suerte en un derechazo larguísimo. (Antonio Ordóñez.)

cuerpo, por lo que la muleta toma forma de rombo, sostenido con la mano por el vértice superior. Tomar el palillo por el extremo más cercano al cuerpo afea y limita el mérito de la suerte.

En cualquier caso, y tanto en el natural como en el redondo, cuando el toro es bravo y tiene fuerza la mejor versión es la que surge de la mano baja, por lo que la muleta rozará la arena en su recorrido central. Torea arrastrando la muleta se suele decir en tono encomiable del toreo en redondo y al natural cuando es bueno.

También hay variedad en el toreo con la derecha, tanto por la colocación de los pies en el cite a pies juntos como por el sentido de la prolongación del muletazo: como el pase circular, que se inicia citando el diestro de espaldas y se alarga hasta consumar el toro un círculo completo alrededor del torero.

Pases cambiados

El pase de pecho. Según el concepto más clásico del toreo, el pase de pecho es el remate más lógico del pase natural. Su ejecución puede venir forzada por el excesivo ajuste del natural inmediatamente anterior, o ser buscada, preparada por el torero, según le convenga. Esta preparación consiste en un pase natural deliberadamente acortado por el diestro en su trayecto.

Por su esencia de suerte contraria, se ejecuta dando salida al toro por el sitio contrario al que se cita. La pierna izquierda, sobre la que se cargó todo el peso del cuerpo en la suerte natural del pase anterior, es el eje del pase de pecho. La pierna derecha debe dar un paso adelante al tiempo que la muleta vuelve a su fase inicial y con pausa obliga al toro a que gire tras el natural. El matador no debe perder terreno, sino mantenerse quieto para, al volverse el toro por completo, mecer su cuerpo hacia adelante, humillar la muleta, embarcar al toro y, cuando haya pasado

Inicio de un pase de pecho con la derecha. («Joselito».)

Primer tiempo de un pase de pecho con la izquierda. (Paco Ojeda.)

Instante de embarcar al toro en el mismo muletazo. (Paco Ojeda.)

Conclusión ligerísima del mismo pase de pecho. (Paco Ojeda.)

entero, darle salida por alto elevando la muleta por encima de su cabeza y hacerla caer pausadamente, barriendo los lomos de la res hasta salir airosa por la penca del rabo.

Antiguamente, el pase de pecho se daba para vaciar al toro cuando se revolvía celoso tras el natural. O sea, que era un pase de recurso. Actualmente es fundamental. Ligado sin ceder terreno a una serie de naturales, constituye la faceta más importante del toreo con la muleta. Ambos, natural y de pecho, bastan por sí solos para componer una faena clásica. Pero como frecuentemente los toros no se dejan torear fácilmente por el lado izquierdo, y los toreros, por más comodidad, abusan demasiado del toreo con la derecha, el pase de pecho con ésta se ha hecho común remate de series en redondo. Aunque también es frecuente y lógico que si un toro va mejor por un lado que por otro, los pases de pecho se den preferentemente por el bueno, para lo cual el diestro ha de cambiarse la muleta de mano, por la espalda, antes de ejecutarlo.

Lo explicamos más comprensiblemente con un ejemplo: si un toro va bien por el lado izquierdo y es peligroso por el derecho, es lógico que para rematar una tanda de naturales el torero se cambie de mano la muleta y dé el pase de pecho con la derecha porque el toro, en este caso, pasa y sale por el lado bueno, el izquierdo. Este ejemplo es absolutamente válido para el caso contrario.

No nos detenemos con extensión en la técnica para ejecutar el pase de pecho con la mano derecha para no repetir lo mismo que cuando explicamos el pase cambiado de pecho con la izquierda.

Pase por alto. Es un muletazo que se ejecuta con la mano derecha, a pies juntos o abiertos («despatarrados»). Se inicia prácticamente como un pase de pecho diestro, llevando al toro embarcado en la muleta hasta el lugar que derrote; momento en el que el diestro levantará el engaño por encima de la cabeza del toro, hasta sacarle por la penca del rabo.

Esta misma suerte recibe el nombre de «pase de telón», cuando no se embarca al toro con la muleta y al

Pase por alto con la derecha. (José María Manzanares.)

derrotar se le deja pasar levantándola hacia arriba sin más movimiento que alzar el brazo que la sostiene como si fuera un telón.

Pase cambiado. Entre las suertes cambiadas con la muleta, destaca por su espectacularidad el pase cambiado que algunos toreros ejecutan para empezar la faena, citando al toro en el centro de la plaza y frontalmente. Arrancado el toro desde tablas a cierta velocidad, y antes de que llegue a jurisdicción, se le marca la salida por el lado contrario al del cite, girando el torero sobre sus propios pies y sacando la muleta por alto. Cuando pasa el toro y se revuelve, el torero puede seguir toreando naturalmente, con la derecha o con la izquierda según la mano empleada para el pase cambiado, o bien ligar otro pase cambiado al anterior. El año 1942 Antonio Bienvenida sufrió una gravísima cornada en Barcelona al dar uno de estos pases cambiados. Últimamente, el torero que más los ha prodigado ha sido Fernando Cepeda.

Último tercio: el toreo de muleta y la estocada

Cite de un paso «cambiado».
(Fernando Cepeda.)

Solución del mismo pase.
(Fernando Cepeda.)

Pases de trinchera. Son pases cambiados por bajo que el diestro ejecuta con una rodilla en tierra para recoger a los toros en el inicio de la faena, cuando hay que someterlos por su poder («doblones»), o para fijar más su embestida antes de entrarlos a matar. También se ejecutan estando el torero en pie y en idénticas tesituras, recibiendo entonces dos nombres: «trincherilla», si se da livianamente a pies juntos o dándole al toro, y «trincherazo», cuando el pase se da abriendo las piernas («abriendo el compás») y por ello resulta más hondo y poderoso. Vayamos primero con el toreo por bajo.

Del «trincherazo» de «El Niño de la Capea»...

... A la «trincherilla» del mismo diestro.

Un lance de capa a la verónica.

Otro lance en su más pura expresión.

DISTINTAS SUERTES DEL TOREO • XVII

Media verónica.

Un recorte.

Revolera con el compás abierto.

Revolera de remate templada y mecida.

DISTINTAS SUERTES DEL TOREO • XIX

La media verónica en otra expresión.

Un remate con gracia.

Un cambio con el capote a la espalda.

DISTINTAS SUERTES DEL TOREO • XXI

Gaonera ceñida y a pies juntos.

Dos pares de banderillas de buena ejecución.

DISTINTAS SUERTES DEL TOREO • *XXIII*

Un redondo con perfume.

DISTINTAS SUERTES DEL TOREO • XXV

El redondo con temple, mando y hondura.

Muletazo por bajo.

Pase de trinchera.

Remate de una serie.

Ayudado por alto.

Pase de pecho por la izquierda.

Largura y hondura de un natural.

Un torero yéndose del toro con donaire.

Remate final de una tanda con la zurda.

La suerte de matar a volapié en su más pura ejecución.

El trincherazo en versión de un gran intérprete. (Antonio Ordóñez.)

El toreo por bajo, rodilla en tierra, se emplea para recoger y someter toros broncos o huidos. Se les toma de cerca con la muleta en la mano derecha y flexionando las piernas, de modo que la del lado que torea encele y recoja al toro en forma de ángulo recto. Con el engaño muy bajo para obligar al toro a que humille, pero templando y alargando mucho el viaje del animal para obligarlo a que doble y se revuelva lejos, momento en el que se sacará la muleta por debajo de la cabeza del toro y se avanzará en flexión la pierna contraria. Cuando el toro se rehace y busca de nuevo la flámula, el torero podrá erguirse e iniciar el siguiente pase por bajo por el otro lado.

La «trincherilla» y el «trincherazo» se inician como un pase de pecho, sólo que en vez de rematar el pase por alto se termina muy recogido y por bajo, por lo que el cuerpo del torero no se descubre en su ejecución, sino que, por el contrario, es la muleta la que parece una trinchera protectora entre el toro y el diestro. En la trincherilla, por ser ejecutada a pies juntos, el toro apenas puede ser man-

Sometiendo el poder de un toro muy por bajo. (Antonio Ordóñez.)

Templando por bajo y con la derecha. (Enrique Ponce.)

dado por el corto recorrido del pase. Pero en el trincherazo, la mano que torea baja más, se separan los pies, se alarga y carga más la suerte y el toro describe un cuarto de círculo alrededor de la pierna del lado por donde se torea, por lo que su efectividad es bastante mayor. Su plasticidad es realmente magnífica. Domingo Ortega (1931-1954) y Antonio Ordóñez (1951-1980) han sido los más grandes artífices de estos pases de trinchera.

Pases ayudados

Como dijimos antes, reciben el nombre de ayudados aquellos pases que se ejecutan con las dos manos, por alto o por bajo, lo que impone que el cite se haga casi siempre de perfil y los dos brazos toreen conjuntamente. Son otras de las formas clásicas de recibir a los toros en el comienzo de las faenas. Por alto, cuando los toros no tienen demasiada fuerza; o para finalizarlas con ayudados por bajo cuando les queda demasiado gas, aunque últimamente algún torero haya incorporado a su repertorio el ayudado por alto para finalizar muchas faenas.

Ayudados por alto. El cite, como hemos dicho, se hará perfilado con el toro, situado el diestro a media distancia de la res, y una vez que ésta arranca atraída por los vuelos de la muleta que ha sido algo adelantada hacia donde está para provocarla, los brazos del torero que sostienen la muleta avanzan hacia donde se la quiere llevar toreada y hacia arriba, al tiempo que el diestro acompaña la embestida y la conduce en medio círculo mediante el giro flexible de su cintura hasta cargar todo el peso del cuerpo y la gravedad de la suerte sobre el pie adelantado el que torea mientras el otro, sensiblemente retrasado, conserva su posición inicial, levemente alzado el talón, y el toro sale del muletazo bajo la muleta que barre sus lomos y lejos de donde partió. Si se revuelve, el torero mantendrá esta postura para citarlo así otra vez, y en el momento que reanuda el toro la embestida,

Un ayudado por alto cargando la suerte. (Emilio Muñoz.)

Otra versión del ayudado por alto. (Santiago Martín «El Viti».)

Ayudado por alto a pies juntos, llamado «estatuario». («El Litri».)

adelantará la pierna que antes quedó retrasada para ligar otro ayudado por el lado contrario. Ganándole al toro un solo paso a cada muletazo, la serie de ayudados por alto gozará de toda su magnificencia y belleza.

El remate más lógico de una serie de ayudados por alto será un pase de pecho con la mano izquierda si el diestro se ha ayudado con la espada en la derecha, que es lo más común, al contrario o con un ayudado por bajo.

Cuando el diestro cita al toro a pies juntos y los mantiene así en el transcurso del pase ayudado, a la suerte se la llama «estatuario». Lo más apreciado en este último caso, es conseguir ligar una tanda de estatuarios sin mover los pies de donde se haya «clavado» el diestro.

Ayudados por bajo. Se ejecuta como el ayudado por alto, sólo que bajando las manos en vez de alzarlas, con lo que ello supone para el sometimiento del toro. Es una suerte sumamente eficaz y a la vez hermosa. Tanto en su versión más natural, con el diestro en pie, como rodilla en tierra.

El ayudado por bajo, rodilla en tierra. (Enrique Ponce.)

Un magnífico ayudado por bajo. («Niño de la Capea».)

Resultando más meritoria esta última porque cuando el torero permanece arrodillado mientras torea, es más difícil escaparse de cualquier resabio o tarascada del burel.

En la gama de los ayudados por bajo hay que mencionar los naturales recetados rodilla en tierra y prolongados con la ayuda de la espada. Y los que así resultan tras cambiarse el torero la muleta de mano cuando liga un pase por bajo con la derecha a un natural ayudado por bajo. Estas últimas suertes, consideradas por muchos como livianas o de adorno para epilogar faenas, las ha convertido en fundamentales y realmente memorables el matador de toros valenciano Enrique Ponce.

Pases de adorno

Una vez abordadas las suertes o pases fundamentales del toreo de muleta, nos adentraremos en el toreo de adorno o accesorio –son la bisutería del toreo–, resultado frecuente de la inspiración de los toreros, de su sentido de la improvisación y de la oportunidad en los remates de cada serie, para enjoyar la fase central de un trasteo muleteril o para epilogarlo barrocamente. No pocos aficionados rechazan la inclusión de estos adornos en la faena de muleta por considerarlos de menor importancia. Nosotros los aceptamos de buen grado porque alegran la sobriedad del toreo fundamental siempre que se adecuen a lo que cada toro precisa. Todos los pases, incluidos los de adorno, deben ser eficaces y tener sentido.

Pase afarolado. Su ejecución es similar a la del farol con el capote, sólo que en vez de usar el diestro dos manos, utiliza una. Si se da con la mano derecha, se inicia como el

Pase «afarolado» o «farol» con la derecha.(Antonio Ordóñez.)

pase por alto, interrumpiendo el diestro el viaje de la muleta cuando el toro le llega a su jurisdicción el embroque con su cuerpo y haciéndola pasar alrededor de su cabeza mientras el toro gira alrededor del torero siguiendo los vuelos del engaño. Si se da con la mano izquierda, el cite y primera parte del muletazo se hará como en el pase de pecho. Si se da a pies juntos, el torero debe girar sobre sus talones para ligar uno a otro, aunque lo más común es ligarlo a un pase de pecho o a un molinete. El pase afarolado lo inventó Rafael «El Gallo» (1902-1936) y su mejor intérprete, el ya retirado, que fue gran maestro del toreo Santiago Martín «El Viti».

Ajustadísimo y grácil «molinete». (Paco Camino.)

El molinete. Es la ejecución con la muleta del lance de capa llamado «navarra». Se inicia como el pase natural y en el momento de llegar el toro al centro del pase, el diestro lo interrumpe girando sobre sí mismo en sentido contrario al viaje inicial hasta quedar de nuevo frente al toro para ligar el siguiente pase. Juan Belmonte empezó a darlo con la mano derecha y lo interpretó apretada y dramáticamente por hacer el giro girando delante de las astas del toro. Lo que actualmente realiza de maravilla el trianero Emilio Muñoz.

El kikirikí. Es un pase mezcla del ayudado y el cambiado por bajo, pero se ejecuta a media altura, llevando el torero los codos a la altura de los hombros. Empezó a ser un recurso para las faenas por la cara a los toros muy tardos o quedados, cuya embestida corta había que aprovechar con este adorno, invento de «Joselito» y del crítico de la época que le dio nombre, Alejandro Pérez Lugín «Don Pío» (1912-1920).

El «kikirikí» en versión sevillanísima. (Pepe Luis Vázquez.)

Dramatismo y brillantez de la «giraldilla». («Litri».)

La giraldilla. Su ejecución es frontal al toro y a pies juntos. El torero deberá llevar la muleta detrás de su cuerpo con la mano derecha y pasarla por encima de la cabeza del animal hasta barrer totalmente su lomo, de principio a fin, momento en el que girará sobre sus propios pies y quedará otra vez frente al toro para ligarle otro pase exacto.

El gran torero trágicamente desaparecido en Linares, Manuel Rodríguez «Manolete» (1940-1947), fue un vir-

El pase de la firma de un maestro del toreo. («Espartaco».)

tuoso e innovador de esta suerte, que repitió con frecuencia para finalizar sus faenas, con la particularidad de agarrar con la mano izquierda la punta más próxima de la muleta al cuerpo. Desde entonces, al pase así dado se le llama «manoletina».

Pase de la firma. Se ejecuta y se inicia igual que el natural y el derechazo. Pero en vez de rematarlos completos, a la mitad de la suerte se recogen los vuelos de la muleta hacia el cuerpo, atrayendo hacia sí al toro hasta marcharse andando de su terreno o ligarlo a un pase cambiado por bajo.

«Firma» con la izquierda de un gran torero. («Yiyo».)

Macheteo por bajo de «pitón a pitón». («Manili».)

Suertes de trasteo

Pases de tirón. Son los que se utilizan para cambiar el toro de terrenos o para cuadrarlos antes de entrar a matar. En su ejecución, la muleta siempre irá por delante del cuerpo del torero y ante la cara del toro. En realidad, no se trata de un pase, sino de un simple recurso.

Pases de pitón a pitón. Otra suerte de trasteo que se emplea para ahormar la cabeza de un toro con dificultades insalvables, para cansarlo a base de provocar que derrote pasando la muleta por la cara del toro, de un pitón a otro. A esta suerte se la conoce también por «macheteo» o acción de «machetear» cuando el diestro la acentúa «tocando» los costados del toro en su remate.

Desplantes

Los adornos con la muleta que llamamos «desplantes» se pueden hacer con el engaño en la mano o a «cuerpo limpio», prescindiendo de la flámula. Porque el desplante no es una suerte ni siquiera un pase, sino la expresión de un desafío, un rasgo de valentía con el que el diestro renuncia a las ventajas del toreo.

Los desplantes suelen poner una guinda de valor a una fase importante de la faena y, sobre todo, a la faena misma en su final, inmediatamente antes de que el matador cuadre al toro para entrarlo a matar. Son un gesto con

El desplante de un artista impar. (Curro Romero.)

Un desplante entre los pitones del toro. (Enrique Ponce.)

el que el torero muestra a la vez desprecio por el peligro y remate en grado de «no va más» a una labor que acaba de entusiasmar al público. Los desplantes, por ello, no deben epilogar jamás malas faenas, ni siquiera las mediocres, sino momentos estelares del toreo de muleta. Y como el desplante también es un modo más de estar en la plaza, su oportunidad y mayor o menor gracia dependen de la personalidad y del arte de cada torero.

Los toreros muy arrojados y valientes suelen desplantarse de rodillas, dando la espalda al toro y arrojando lejos de sí muleta y espada. O terminan tocando con la mano un pitón al toro. O apoyados sobre su cabeza y entre los cuernos con el codo (desplante que se hizo popular con el apelativo del «teléfono»). Pero otros diestros, más elegantes y no menos valientes, prefieren desplantarse en pie mediante un gesto displicente para el toro, desentendidos de su mirada y vueltos hacia el público en actitud arrogante. ¿Variantes? Todas las que los toreros sean capaces de imaginar e improvisar. Dejemos, pues, que cada lector vaya descubriéndolas a medida que su afición vaya creciendo y la asistencia a las corridas sea más frecuente. En sus primeras experiencias como espectador taurino sabrá valorar la oportunidad y el garbo de algunos desplantes en detrimento de la inoportunidad y hasta el ridículo de otros: los que pretenden encubrir un desastre torero o detener la bronca del público. En cualquier caso, la nimiedad artística de los desplantes se agranda cuando al mismo tiempo que finalizan una gran faena, son prólogo de la estocada, de la suerte suprema. Porque llega la hora de la verdad y el instante en el que todo lo que se le ha hecho al toro tiene su última y principal razón de ser.

La suerte de matar

Entregado el toro a la muleta, lógicamente cansado por las sucesivas y, muchas veces, destroncadoras embestidas,

La suerte del «volapié» en toda su pureza. (Emilio Muñoz.)

suele mostrarse dispuesto para la suerte de matar. El matador debe acertar con precisión cuando llega este momento porque si continúa toreando puede «pasarse de faena», alargarla excesivamente, lo que provoca se «descuelgue» el toro; esto es, acabe con la cabeza demasiado baja, postura que dificulta enormemente la buena ejecución de la estocada, la hace más difícil, porque al tener la cabeza baja y alzarla en el momento del embroque, el toro derrota y se tapa, propiciando el pinchazo. Mientras que si se entra a matar cuando el toro mantiene su cabeza a altura media o normal, humillará cuando el torero entre a herirlo y descubrirá mejor el «hoyo de las agujas», lugar idóneo por donde ha de penetrar el estoque, que está inmediatamente detrás del morrillo y puede apreciarse a simple vista porque un remolino de pelos lo distingue.

Tampoco se debe entrar a matar con el toro demasiado entero porque su embestida violenta será difícil de conducir. Y, por lo mismo, evitar que transcurra un tiempo excesivo entre el último pase de la faena y la preparación de la estocada cuando los matadores, por ejemplo, dejan al toro en los medios y se van a buscar la espada de verdad, porque algunos toros –los muy bravos– se refrescan en la pausa y «esperan» al matador con la cara y los pitones por arriba. Muchos toreros que tardan demasiado tiempo en volver a donde está el toro para matarlo se encuentran con un animal distinto al que dejaron cuando fueron a la barrera para cambiar de espada. La sumisión y la entrega logradas con la faena de muleta se trocan en altivez desafiante o en una entereza postrera que requeriría la continuación de la lidia del toro, ya formalmente terminada. Lo ideal, por ello, es no cambiar de espada, pero actualmente casi todos los toreros utilizan durante la faena de muleta el llamado estoque simulado, estoque de madera o de aluminio, mucho menos pesado que el de verdad, y que se usa por dos motivos: porque el común abuso del toreo con la derecha implica el manejo de los dos trastos –muleta y espada– con una sola mano y produce cansancio, y para evitar posibles accidentes o cortes que, a veces, provoca el estoque de acero cuando por alguna caída o cogida salta sin control.

Los matadores actuales, salvo los pocos que utilizan la espada auténtica, suelen cambiar el estoque simulado por el de verdad antes de dar por terminada la faena, y la continúan con brevedad precisamente para evitar que el toro se resabie con los defectos apuntados y «cuadre» bien inmediatamente de ejecutar el último pase, adorno o desplante.

Porque el toro debe mostrarse bien «cuadrado» a la hora de la verdad, como anteriormente referimos: juntas las pezuñas de las manos, sin que ninguna se adelante a la otra, y cuadradas con respecto a las patas, aunque la posición de estas últimas no exija tanto rigor. El diestro buscará siempre esta postura de la res antes de entrar a matar porque su arrancada será así la ideal. Si tuviera adelantada una de las manos, arrancaría adelantando la otra y podría ganarle la acción al matador, dificultando el acierto de la suerte.

De otra parte, y con respecto al lugar donde se deben colocar toro y torero para ejecutar la suerte de matar, se elegirá el tercio, los medios o las tablas según las condiciones del toro llegado este momento. El terreno más adecuado y más común es el tercio. En este terreno la suerte podrá ser «natural» o «contraria».

La suerte «natural» se corresponde con la posición del toro cuando su costado derecho da hacia las tablas, por lo que al ser estoqueado saldrá de la suerte hacia el centro del ruedo, y el torero hacia dentro, hacia la barrera.

La suerte «contraria» es la opuesta a la anterior. O sea, cuando se coloca al toro con el costado izquierdo hacia tablas y su salida de la suerte es hacia las mismas, hacia los adentros. Esta manera es más comprometida para el torero que la natural y se emplea con los toros que mantienen querencia a tablas llegada la hora de entrarlo a matar.

Cuando un toro presenta dificultades insalvables o tiene una querencia marcadísima a tablas y no hay manera de sacar a los toros de allí, se les puede entrar a matar de tres maneras: a «paso de banderillas», de «dentro a fuera» y al «hilo de las tablas». En el primer caso, el toro estará perpendicular a las tablas, con la cabeza hacia los medios del ruedo y el matador le entrará a matar corriendo de fuera a dentro. La posición de ambos se invertirá para el segundo caso. La estocada al «hilo de las tablas» se utiliza con toros que acaban materialmente pegados «aculados» a los tableros de la barrera. Se le colocará con el costado izquierdo junto a ésta, por lo que la salida del torero será forzosamente hacia los medios. Estas tres maneras de entrar a matar son suertes de recurso sólo tolerables con aquellos toros que presentan las dificultades aludidas.

Los matadores que entran a matar a paso de banderillas a casi todos los toros sean buenos, malos o regulares lo hacen por miedo, por imposibilidad física o anímica de entrar a matar según las reglas. La utilización de este recurso con toros buenos es deleznable y no se debe tolerar a ningún diestro.

Finalmente, cuando se entra a matar a un toro en el centro del anillo, al ser más neutral el terreno, la posición del toro con respecto al redondel que limita la barrera es indiferente y las querencias del toro apenas influyen. Pero empujará menos, por lo que el espada tendrá que emplearse más que el toro al ejecutar la suerte. Francisco Rivera «Paquirri» (1966-1984) fue ejemplar entrando a matar en el mismo centro del ruedo y logró así magníficas y espectaculares estocadas.

Formas de entrar a matar

Una vez cuadrado o «igualado» el toro y situado el matador frente a la res en corto, a un metro o metro y medio de su cabeza, se «perfilará» (primer tiempo de la suerte), empinado sobre las puntas de sus pies juntos en este preciso instante, y no sobre la pala del pitón derecho, sino en medio de ambos cuernos. Sostenido el estoque por su

Perfilándose muy corto para entrar a matar. («Joselito».)

empuñadura –con la mano derecha a la altura del corazón y la muleta en la mano izquierda «liada» o enrollada en el palo del que pende– la presentará baja, rozando la arena. Avanzará entonces la pierna izquierda hacia delante y al tiempo que el matador «arranca» para herir («arrancar» es el segundo tiempo de la suerte) al tiempo que adelantará con fuerza y determinación la mano que empuña la espada hacia la cruz y la muleta hasta las pezuñas del toro,

Último tercio: el toreo de muleta y la estocada • 181

de modo que éste humille al embestir y descubra mejor el sitio por donde penetrará la espada. Y a la vez que el acero se hunde tras el morrillo del toro, la muleta conducirá su embestida hacia fuera como en un pase cambiado de pecho, con el que el torero se librará de ser tropezado, mientras el toro sale mortalmente herido del embroque. Este ajustado cruce entre toro y torero («hacer la cruz» o «cruzar» lo llaman) es el tercer y último tiempo de la suerte de matar. Un dicho popular al respecto, «a quien no hace la cruz se le lleva el diablo», indica cuán comprometido resulta el trance, pues el torero pierde entonces de vista al toro y sólo puede fiarse del mando de su mano izquierda, la que sostiene la muleta para obligar al toro a desviarse en este instante mortal.

La forma de ejecutar la suerte de matar que acabamos de describir es actualmente la más común, pero tiene antecedentes y variantes que se diferencian según quien inicie antes la arrancada, toro o torero. Puede ocurrir que sea el toro el que acometa provocado por el matador que le esperará quieto donde le ha citado, arrastrando hacia delante su pierna izquierda y retrasándola a su posición inicial al tiempo que le hiere. Si así se hace, se llama suerte de «recibir». Cuando el torero aguanta la acometida del toro sin adelantar la pierna izquierda, a la suerte se la llama «aguantar».

Si es el torero quien acomete contra el toro, permaneciendo éste quieto, a la estocada así ejecutada se la llama «volapié». Si toro y torero arrancan a la vez y la estocada se logra en el encuentro de ambos, a la suerte se la conoce como «al encuentro» o «a un tiempo».

El inventor de la suerte de recibir fue el rondeño Francisco Romero (1790-1803). Él fue quien dejó de matar los toros mediante verduguillos con hoja de doble filo, mientras se tapaba la cara de las reses y se las hería a traición por cualquier sitio y de cualquier manera. Cuando los toros se paraban y no se prestaban a la suerte de recibir, se les echaban perros de presa o se los desjarretaba con una afilada media luna, lo que constituía un espectáculo sumamente desagradable. Precisamente para evitarlo, el diestro

Instante crucial de la suerte suprema en la misma estocada. («Joselito».)

«Costillares» inventó la suerte del «volapié», avanzada la segunda mitad del siglo XVIII, por lo que dejó de ser tan frecuente «recibir» a los toros. La suerte intermedia, «al encuentro», la empezó a practicar Jerónimo José Cándido en pleno siglo XIX. Desde entonces a nuestros días es la manera más corriente de entrar a matar a los toros, aunque a veces resurge el «volapié» o la estocada «recibiendo» en toda su pureza. Maestros consumados en la suerte suprema fueron el gaditano Rafael Ortega como intérprete más virtuoso del volapié en la última época y, actualmente, el madrileño José Miguel Arroyo «Joselito». Claro que han habido y hay estupendos y esporádicos matadores de toros como Paco Camino por perfecto; «Paquirri» por efectivo y contundente; José María Manzanares, quien, cuando se fía, es capaz de ejecutar la suerte con elegancia y gran estilo; y el gran Antonio Ordóñez, autor de estupendos volapiés e, incluso, de magníficas estocadas en la suerte de recibir sin acordarse de su famoso «rincón»: lugar descubierto por el crítico Antonio Díaz Cañabate para censurar al maestro sus habituales estocadas caídas, de rápidos efectos. Aunque retirado Ordóñez y aún en su vigencia, esa estocada parecía un estoconazo en todo lo alto comparada con los «bajonazos» que vemos con frecuencia.

Como bien podrán comprender los lectores, no siempre se prestan los toros con facilidad a la suerte suprema, ni tampoco los toreros se muestran cada tarde dispuestos a ejecutarla con la entrega que requiere hacerlo con pureza. Por eso advertimos a los novísimos espectadores que no se extrañen de los pinchazos, de los estoques apenas hundidos o medio clavados y hasta de los sablazos en el cuello o en los brazuelos de los toros.

La riqueza de los términos taurinos es muy amplia y por lo que se refiere a la colocación de la espada tras la suerte de matar, no menos prolija. Veamos qué nombre reciben las estocadas atendiendo a que el estoque quede clavado o no en el toro: a las agresiones frustradas que hieren sin quedar dentro del cuerpo del toro se las llama «pinchazos». Hay tres maneras de pinchar: «sin soltar» la espada de la mano agresora; soltándola o dejando la espada donde calló; y el que resulta de introducir el acero y sacarlo inmediatamente, que se llama «metisaca».

Si el estoque queda clavado en el toro, los nombres de las estocadas son los siguientes: «pinchazo hondo» si el estoque penetra sólo unos 20 o 25 centímetros; «estocada corta» si la espada se hunde en un tercio aproximado de su longitud; «media estocada» si el estoque penetra en su mitad; «estocada honda» o casi entera si son

El toro rueda, sin puntilla, a los pies del torero. («Joselito».)

Último tercio: el toreo de muleta y la estocada • 185

dos terceras partes del estoque las que se clavan, y «estocada entera» cuando todo el estoque queda dentro del cuerpo del toro.

Atendiendo al lugar del cuerpo del toro por donde el matador hiere y siempre en referencia al sitio donde se debe clavar idealmente el estoque, que como ya hemos dicho es la parte superior de la cerviz (hoyo de las agujas o cruz), las distintas estocadas reciben los nombres siguientes: «en todo lo alto» o en la «cruz» si el estoque está en su sitio. «Pasada» si penetra la espada un poco detrás de la cruz. «Trasera» cuando se clava aún más atrás que la anterior. «Delantera» si queda un poco más delante que la cruz. «Pescuecera» si se clava en el cuello del toro. «Caída» o «desprendida» si entra ligeramente desviada hacia el lado derecho de la cruz. «Baja» si queda aún más caída. «Bajonazo» si en esta misma dirección penetra más bajo todavía. «Golletazo» la que se clava alevosamente entre el cuello y el brazuelo del toro. Y «contraria» la caída por el lado izquierdo de la cruz.

Finalmente, si atendemos a la inclinación de la espada en relación a la ideal (aproximadamente 45 grados respecto a la horizontal del espinazo del toro y en su rectitud), cuando este ángulo es mayor se dice que la estocada resulta «perpendicular» y, si es menor, «tendida». Dentro de ambos casos y atendiendo a la no rectitud de la espada con respecto a la del toro, la estocada puede ser atravesada cuando tiene una tendencia muy marcada desde el lado derecho al izquierdo; y «contraria atravesada» si tiende del lado izquierdo al derecho.

También puede resultar envainado el estoque con salida ostensible de su punta. Si así sucede cuando la espada resulta perpendicular o muy atravesada, se dice que cala, «asoma» o «hace guardia».

Las combinaciones entre todas ellas dan lugar muchas veces a verdaderos galimatías y discusiones para distinguirlas. Por poner ejemplos, una estocada puede ser perpendicular y baja, tendida y caída, media en todo lo alto, media y atravesada, honda y caída, atravesada, baja y calada, etc.

Una estocada entera, clavada en todo lo alto, en la rectitud del toro y con la inclinación idónea, suele herirle mortal y fulminantemente por los destrozos que provoca. Y el animal rodará a los mismos pies del torero una vez consumada la suerte. Las demás pueden retrasar la muerte de la res y obligar a otras agresiones. Las estocadas bajas también suelen ser de efectos rápidos. No así las tendidas ni las muy atravesadas. Hay pinchazos hondos en lo alto que matan, y de ellos se dice que son «suficientes»; como medias perpendiculares o «lagartijeras» que Rafael Molina «Lagartijo» (1868-1893) hizo famosas y las dio nombre. Suelen acabar rápidamente con la vida del toro.

El descabello «imperial» de Roberto Domínguez.

Momento de rematar a un toro con la «puntilla».

Último tercio: el toreo de muleta y la estocada • 187

Las estocadas muy bajas que penetran por el cuello suelen provocar un vómito de sangre tan abundante como desagradable y censurable. Se dice entonces que el toro ha sido «degollado». Pero, a veces, los toros padecen vómitos sanguíneos al morir como consecuencia de buenas estocadas. Estos últimos no son censurables, por casuales, aunque resulten tan desagradables como los anteriores.

También ocurre que haya que utilizar otra clase de espada si el toro no muere como consecuencia de la estocada. Es la espada de «descabellar», que el público llama «descabello». Se trata de un estoque en el que en su parte final hay un «verduguillo» o cuchillo de cuatro aristas limitado por una cruceta para que no pueda penetrar más que para su exclusivo uso –seccionar la médula espinal del toro entre dos vértebras cervicales– y para que, si salta, no hiera gravemente a nadie. Esta espada de descabellar se utiliza cuando la estocada no ha matado al toro pese a su buena o regular ejecución. No se debe utilizar nunca el descabello si solamente se han dado pinchazos. Los repetidos intentos con el descabello suelen restar mérito a una buena estocada cuando se necesitan más de dos agresiones.

Hay toreros muy certeros y hasta lúcidos con el descabello, como el recién retirado Roberto Domínguez y Enrique Ponce, que descabellan rodilla en tierra con precisión y apostura. Otros son una verdadera calamidad y pierden infinidad de triunfos con el descabello.

Para terminar con la suerte de matar, sólo nos queda la utilidad de otro arma que se emplea para «rematar» a los toros que no resultan verdaderamente fulminados por el estoque o el descabello: la «puntilla»: una especie de machete corto con empuñadura de madera que utiliza uno de los banderilleros de cada cuadrilla o, en el mejor de los casos, un especialista en apuntillar, el «puntillero». Virtuoso que algunas plazas contratan a tal fin, con idéntica modalidad para seccionar la médula espinal del toro que el descabello y sin detrimento para el lucimiento ni para el posible triunfo del matador.

El «arrastre» del toro con las «mulillas».

Trofeos y censuras

Muerto el toro, llega el momento del veredicto público. Los espectadores tienen entonces un verdadero protagonismo en el espectáculo, pues deben manifestarse a favor, en contra o silenciosamente indiferentes, según el mérito, la brillantez o el fracaso del torero tras la lidia y muerte de cada res.

Ya nos referimos anteriormente a la petición y concesión de trofeos. También a la razón y al tiempo de los avisos. No vamos a insistir en ello. Pero sí conviene dedicar unas líneas a la exteriorización de las censuras y de las protestas del público. No sólo por lo que respecta a las manifestaciones de los aficionados una vez arrastrado el toro por las mulillas y adentrado en el patio donde se encuentra el desolladero. También debemos comentar la aspereza y la violencia que, a veces, se desata entre el público durante la lidia.

Lo normal e ideal es que el público respete la labor

La alegría de un gran triunfo.
(Roberto Domínguez.)

de los toreros mientras sucede la lidia y se torea. Los aplausos, las ovaciones, las palmas, los ¡olés! (exclamación admirativa que surge de la voz de los espectadores espontáneamente y al unísono cuando el torero logra lances de capa o muletazos buenos) son feliz y gozoso eco del mejor toreo. Pero los gritos y los silbidos con los que el público puede expresar su disgusto o censura hay que dejarlos para el final de la lidia, una vez haya muerto el toro.

Vuelta al ruedo triunfal con la oreja en la mano. (Antonio Ordóñez.)

Último tercio: el toreo de muleta y la estocada • *191*

Una de las salidas de «Espartaco» por la mítica Puerta del Príncipe.

La intromisión vociferante de los espectadores en plena lidia –no digamos el prohibido arrojo de cualquier objeto al ruedo– distorsiona la necesaria concentración que el torero necesita para torear. Sobre todo mientras dura la faena de muleta. Todos los toreros, absolutamente todos, por bien o mal que anden delante del toro, merecen respeto. No hay que precipitarse, pues, en las censuras. Ya llegará la hora de manifestarlas.

Si el veredicto es positivo, los espectadores pedirán la oreja o las dos orejas, incluso el rabo del toro; o le aplaudirán simplemente. Una vez concedidos los trofeos y entregados al matador por un alguacilillo, los exhibirá y dará junto a su cuadrilla una vuelta al ruedo para recibir las palmas y saludos del público. Si no hay trofeos pero la ovación es unánime y persistente, el diestro también podrá dar una vuelta al ruedo acompañado de la cuadrilla. Y si la ovación sigue aún después de consumada esta vuelta, podrá dar otra, aunque ya en solitario.

La cortesía y la tradición imponen saludar al presidente de la corrida una vez muerto el toro, para lo cual el diestro irá hasta debajo del palco presidencial. Recibidos los trofeos si han sido concedidos, también saludará el matador a la presidencia, desde donde se le corresponderá en pie. Y lo mismo al finalizar la última vuelta al ruedo.

Si el veredicto es negativo, los espectadores podrán silbar o abuchear al torero en la medida y tiempo que crean conveniente, mientras éste se retira al callejón, pero nunca insultarle personalmente ni arrojar nada al ruedo. En algunas plazas, como la de Sevilla, prefieren el silencio despectivo en estos casos de fracaso. Censura en nada violenta, aunque, por seria, más temida que cualquier bronca. En cualquier caso, el silencio del público indica su neutralidad respecto al desarrollo de la lidia. Ni vencedores ni vencidos. Precisamente, de la capacidad del público en expresar con justicia y unanimidad su indiferencia, agrado o repulsa en función del juego de cada toro y de lo que hace el torero depende también el aprecio de su calidad. Hay públicos y públicos. No todas las plazas se muestran igual de fáciles o rigurosas. De ahí el temor que los toreros sienten –tanto o más que al toro– cuando se ven anunciados en las plazas donde el público es sabio en su mayoría. Sabiduría que incluye, fundamentalmente, la valoración de las condiciones del toro. Por ello, para el toro y durante su arrastre, también puede haber palmas, pitos o silencio, según el juego que haya dado.

Una vez arrastrado el último toro de la corrida, si algún espada ha triunfado rotundamente –corte de dos orejas o más– podrá ser alzado en hombros y nuevamente paseado por el anillo del ruedo hasta salir por la puerta grande de la plaza. Hay corridas triunfales para todos los participantes –ganado incluido– en las que además de los matadores, salen a hombros el mayoral de la ganadería y hasta el ganadero, si están presentes y el público lo pide. En estos casos de apoteosis el público suele permanecer en sus asientos hasta que el paseo y salida triunfal terminan, mientras en la calle, delante de la puerta principal de la plaza, se arremolinan los curiosos.

8. SOBRE LOS VESTIDOS, LOS UTENSILIOS Y LA MÚSICA EN LOS TOROS

Considerada como espectáculo, también supone una representación con todos sus elementos. Claro que tal representación sucede en un escenario –el ruedo– en el que la acción es absolutamente real. No hay ficción. Los toreros, además de evitar con más o menos gracia el peligro del toro, son los actores de su propio drama. Ese término tan utilizado en el teatro de «tener tablas» también es válido para las corridas. No basta con poder al toro y matarlo. Hay que convencer al público, a veces hostil, y procurar hacerlo formalmente y con elegancia. Los toreros salen al ruedo presentables y bien vestidos. El saber estar cuenta mucho y hay que cuidar todo hasta el más mínimo detalle. Y como de una representación se trata, podemos decir lo mismo por lo que respecta a todos y cada uno de los utensilios de la lidia. Deben estar fabricados convenientemente, conforme a las normas establecidas y servir para lo que se concibieron.

La muleta, un «espartón» de capotes, el «fundón» y un «búcaro».

Las prendas del vestido de torear

El popularmente llamado «traje de luces» que visten los toreros en la plaza procede de los vestidos «goyescos» que se empezaron a utilizar en la segunda mitad del siglo XVIII, cuando la corrida empezó a consolidarse formalmente como espectáculo. Apenas transformado desde entonces y

Tres vestidos de torear y un capote de paseo.

más o menos adornado para aligerarlo de peso, este vestido constituye un ornamento insustituible en el ceremonial de la corrida.

Los matadores visten «ternos» –«taleguilla» o calzón, «chaquetilla» y «chaleco»– de seda bordada en oro, mientras que los vestidos de los subalternos de a pie van bordados en plata, azabache o en hilo negro. En cualquier caso, los matadores pueden ir vestidos con seda bordada en plata o en azabache, aunque si así lo hacen, el chaleco siempre irá adornado con el oro que corresponde a su rango y jerarquía. Precisamente para recordar su antigua preeminencia en la lidia, los picadores también llevan una chaquetilla bordada en oro que complementa los clásicos calzones de gamuza protegida en su pernera derecha con una funda metálica que les protege de los derrotes del toro en la suerte de varas y que se llama «mona». También protegen la pierna izquierda con otra funda más pequeña y también metálica que se llama «espinillera». Los picadores actúan cubiertos con un sombrero de ala ancha parecido a la teja que usan los sacerdotes, aunque su color no es negro, sino del mismo tono que la gamuza de los calzones, el «castoreño», llamado así por ir adornado con una borla hecha de cola de castor. Los toreros de a pie, incluido el matador, se cubren con un gorro negro llamado «montera» (las mejores se confeccionan con moritas de seda con aspecto de astracán). Todos actuarán cubiertos, salvo los matadores que, en el momento de la faena y si lo prefieren, podrán torear descubiertos. Aunque en caso de hacer un «brindis» (ofrecimiento o dedicatoria personal y cortés de la faena y muerte del toro al público o a alguien en particular) el matador dejará la montera en manos del brindado o, en la arena, si el brindis se dedica a todos los espectadores. Tras matar al toro, el matador la recogerá de nuevo.

Los matadores y subalternos de a pie protegen su nuca con una pieza de casquete esférico llamada «castañeta» sujeta a una «coleta» postiza que, a su vez, le prenden del pelo con un tornillo. Esta coleta la llevaban los toreros de manera natural hasta que Juan Belmonte prescindió de ella y la sustituyó por una artificial cuando se vestía para actuar. Sin embargo, la coleta sigue siendo el distintivo más íntimo del torero y cuando llega el momento de retirarse de la profesión se mantiene la tradición de hacérsela cortar ante el público como símbolo ceremonioso de la retirada.

Complementan el vestido de los toreros una camisa blanca adornada en la pechera con cintas rizadas –las «chorreras»–, un calzoncillo largo atado con cintas sobre la rótula –actualmente se utiliza un maillot completo–, las medias de seda rosa sobre otras de relleno, unas zapatillas de piel negra y suela plana, un corbatín («pañoleta») y una faja de seda del mismo color, tirantes anchos y el capote de paseo. Este último, verdadera obra de arte, suele ir bordado en oro, hilos de seda o pasamanería, y adornado con la imagen de un Cristo o de una Virgen de la especial devoción del torero o de los que lo regalan.

Los colores de la seda de estos vestidos son variadísimos y se deben combinar bien con el color del corbatín y la faja, generalmente negro, aunque lo clásico es que sean del mismo color que el de las pequeñas piedras brillantes que adornan el traje de luces, negras, verdes, azules o rojas.

Al conjunto de faja y pañoleta se le llama «cabos».

Utillaje del toreo

Pasemos ahora a los utensilios del toreo. El «capote de brega» es una gran capa confeccionada en percal de color grana forrado con guardas amarillas (algunos los llevan forrados de verde o de azul) y engomado para que tenga apresto. También se confeccionan capotes de tejido sedoso sin apresto. El tamaño del capote de brega respecto a la estatura de cada diestro debe corresponder a la altura del ombligo del torero cuando, recogido, lo posa verticalmente en la arena junto a su cuerpo.

La «muleta» es un doble paño de franela en color granate de forma semicircular que se monta sobre un palillo llamado «estaquillador». También las muletas pueden tener distintos tamaños, según las preferencias de los toreros, aunque la ideal es la que sostenida a media altura de quien la utiliza apenas roza la arena del ruedo.

Las «banderillas» son palos rectos de madera resistente y adornada con papeles rizados de distintos colores. El palo tiene una longitud de setenta centímetros, aproximadamente, y el arponcillo de hierro que las limita, seis. Cuando banderillean los matadores, suelen llevar sus propias banderillas, algunas veces de menor longitud y adornadas con papeles diferentes a las que se sirven en cada plaza. Las llamadas banderillas «negras» que se colocan cuando el presidente ordena castigar a un toro absolutamente manso van adornadas con papeles negros y su arponcillo es casi el doble de largo y más dañino. Por lo que respecta al adorno de las banderillas, en determinadas plazas –como la de Bilbao por su feria de agosto– y en algunas corridas extraordinarias, como la de la Beneficencia en Madrid, se utilizan las llamadas de «lujo», bastante más adornadas que las normales.

La «puya» es la punta metálica en que termina la vara de picar. Tiene forma de pirámide triangular con aristas o filos rectos y son de acero. Esta pirámide va montada en un casquillo provisto en su base de un tope de madera cubierto de cuerda encolada que termina en una cruceta fija de acero con brazos de forma cilíndrica. La vara o garrocha donde va montada la puya tiene aproximadamente dos metros y medio de longitud.

La «espada de matar» o «estoque» es una hoja de acero templado con dos filos cortantes en sus dos últimos tercios, ligeramente curvada hacia la punta y provista de una particular empuñadura con guarnición de gavilanes rectos y guardamano forrados con cinta de tela granate que termina en un pomo esférico para contrabalancear el peso de la hoja que acaba en punta fuerte y agudísima. Su longitud aproximada es de setenta centímetros, aunque se fabrican con la medida que cada matador prefiera. Al estoque para «descabellar» y a la «puntilla» ya nos hemos referido suficientemente.

Con respecto a las prendas y utensilios del toreo, decir para los curiosos que el coste aproximado de un equipo completo por persona excedía con mucho del medio millón de pesetas.

La música en los toros

Para finalizar todo lo que concierne al desarrollo del espectáculo taurino, nos referimos brevemente a la música que ameniza las corridas. Ya la mencionamos de pasada cuando describimos la plaza y sus dependencias, refiriéndonos al palco que suele ocupar la banda de música y a su intervención en el inicio del festejo. En el Reglamento que rige para las corridas también se contempla: «La banda que ameniza el espectáculo estará situada lo más distante posible de los chiqueros y podrá actuar además de en el paseíllo y en los intermedios de la lidia, durante ella, según la costumbre de cada plaza». Esta libertad de actuación musical atendiendo a la tradición es notable en la plaza de Las Ventas de Madrid donde, desde hace tiempo, la banda sólo toca durante el paseo de cuadrillas, en los intermedios y al finalizar el espectáculo, pero nunca en el tercio de banderillas ni durante la faena de muleta. Tradición ciertamente polémica, por reciente, pues parte de incidentes políticos cuando, terminada la Guerra Civil en 1939, se volvieron a celebrar corridas de toros y la interpretación de un pasodoble dedicado a un determinado torero produjo un alboroto tan considerable que las autoridades decidieron prohibir la música en las faenas o mientras los matadores banderillearan para que no se repitiesen los incidentes. En las demás plazas la música sí ameniza el tercio de banderillas cuando lo protagonizan matadores y durante las faenas de muleta si resultan brillantes.

En la Maestranza de Sevilla, la banda interrumpe el pasodoble en la faena de muleta cuando un matador resulta desarmado o cogido por el toro y cuando la calidad, el ritmo o el temple del trasteo muleteril decaen notoriamente. Circunstancia asimismo polémica y objeto de permanente controversia entre aficionados. Muchos no están conformes con los caprichos del director, quien incluso ordena música a su voluntad cuando algún torero le gusta con el capote, o alguna fase de la brega o de la lidia, según su propio criterio.

En la plaza de toros de Bilbao y en las francesas la banda de música ameniza las faenas cuando lo ordena el presidente de la corrida. Pero en casi todos los ruedos, incluso en el de Madrid, donde ya se empieza a pedir música cuando un torero se luce con la muleta, es el público quien la demanda. De la oportunidad y la buena afición de cada director depende que la música no altere el mejor orden de la lidia por hacerla sonar a tiempo y siempre antes de que empiecen las reclamaciones de los espectadores, aunque en las plazas de ciudades pequeñas de pueblos los gritos que piden música no son casi nunca necesarios porque la banda empieza a tocar al mismo tiempo que se inicia la faena, sea de la calidad que fuera. En la mejor teoría, la banda debe arrancar el pasodoble cuando el torero se ha centrado completamente con el toro y la faena toma altos vuelos artísticos. Nunca si carece de brillo.

La pieza musical más clásica que interpretan las bandas en las corridas es el «pasodoble». Composición breve con estructura de breve sinfonía de la que hay escritas verdaderas joyas. Muchas están dedicadas especialmente a grandes toreros y a plazas famosas. En algunas, como la de Málaga y Valencia, el paseíllo se ameniza con el preludio de una zarzuela («Pan y Toros»). En el circo romano de Nimes, los festejos arrancan siempre bajo los compases de la «Marcha del Toreador» de la ópera *Carmen*. En las francesas del sur-oeste (Dax, Bayona y Mont de Marsan), donde alternan dos y hasta tres bandas, es costumbre muy bien acogida la interpretación de valses cuando banderillean matadores. Y en las de Pamplona por San Fermín y en cuantas imitan su, por cierto inimitable ambiente, la banda oficial alterna con las «charangas» de las peñas de mozos. En las corridas, pues, hay música para todos los gustos y de todas las clases.

La mejor música taurina, las mejores bandas, son las que actúan en la plaza de Vista Alegre de Bilbao –una filarmónica excepcional; la muy juvenil y nutrida de la plaza de Málaga, llamada «Guadaljaire y Gibralfaire»; y la más taurina de todas, la del maestro Tejera, que toca en todos los festejos que se celebran en la plaza de la Real Maestranza de Sevilla.

9. NOCIONES SOBRE EL TOREO A CABALLO

Para adentrarnos en la historia y en el meollo del rejoneo, del toreo a caballo, hay que remontarse a los orígenes más lejanos de las corridas de toros y acudir a la tradición oral o a los textos de los profesionales especializados en una clase de lidia que muy pocos conocen en profundidad. Por eso vamos a reproducir lo más sustancial y aleccionador de cuanto han dicho los maestros sobre el tema, basándonos también en las teorías de los dos periodistas que con más sapiencia lo han estudiado: el prematuramente desaparecido y muy querido Carlos de Rojas y el joven crítico e historiador Francisco Aguado.

Antecedentes históricos del rejoneo

El rejoneo tiene su origen en las prácticas de alanceamiento de reses bravas –se mataban desde el caballo con una lanza– que servían de entrenamiento para la guerra a los antiguos caballeros y de entretenimiento a la aristocracia. Carlos V y el rey Sebastián de Portugal, entre otros monarcas, fueron magníficos alanceadores de toros. De ahí parte la corrida moderna y la lidia ecuestre, como ya dijimos al principio de este libro, convertidas mucho tiempo después en espectáculo cuando las Reales Maestranzas de Caballería construyeron sus plazas para que el público pudiera contemplar aquellos entrenamientos primitivos en los que, poco a poco, fueron destacando los caballeros más diestros.

El primero en alcanzar fama fue don Pedro Ponce de León, en tiempos del emperador Carlos V. Entonces, la suerte de alancear se hacía a caballo parado frente a la res. En el momento de recibir la embestida, el caballero quebraba la punta de una lanza en el morrillo del toro al tiempo que intentaba salvar la montura saliendo por su costado, siendo ayudado por algún paje a pie que procuraba distraer la atención del burel en el embroque.

Esta primitiva técnica fue cambiando a medida que las maneras de montar también evolucionaron en el ejército. El arte de alancear cobró mayor dinamismo con el uso del estribo corto, que permitía un mejor control de las cabalgaduras al poder utilizar más libremente las piernas los jinetes y conseguir mayor ajuste en la realización de la suerte. Los caballeros dejaron de esperar al toro en el cite y fueron hacia él, siempre de frente, saliendo de la suerte con un cuarteo. Los accidentes –la cogida del caballo, ser desmontado o la pérdida de alguna prenda o de la lanza– eran tomados como afrenta que el caballero resolvía a espada y a pie.

Estas primeras corridas protagonizadas por nobles caballeros decayeron a raíz de la prohibición real de esta clase de prácticas en 1875. La Corte se alejó de los toros, por lo que fueron tomando preponderancia los llamados «matatoros» de a pie, mientras la suerte de alancear cayó en manos de simples hidalgos convertidos finalmente en «varilargueros» (o primitivos picadores), quienes conservaron para sí el derecho de lucir oro en los adornos de sus casacas, costumbre que, como ya vimos, subsiste en la actualidad.

A la vez que la lidia a caballo dejó de frecuentarse en España –con las pocas excepciones de casos muy concretos y esporádicos–, en Portugal no se perdió la tradición, aunque condicionada por las grandes limitaciones que impuso otra prohibición, la promulgada por el papa Gregorio XIII, más devotamente obedecida por los portugueses que por los españoles. Cuando Pío V dictó la bula a esta prohibición, la condicionó al enfunde o al corte de las astas de los toros para prevenir riesgos mortales. Portugal la aceptó de muy buen grado, estableciéndose, desde entonces, las diferencias con la lidia a la española. Mientras en España se perfeccionaba la lidia a pie, la especialización portuguesa a caballo se prodigó y se adornó, hasta aparecer las primeras normas escritas y llenarse el espectáculo de matices artísticos y de «cortesías» muy del gusto de los lusitanos. La vestimenta a la «federica» que aún exhiben los rejoneadores portugueses procede de entonces.

A primeros del siglo XX, algunos caballeros españoles empiezan a actuar a caballo en fiestas aisladas, según la tradición portuguesa, ocasión que aprovecha Antonio Cañero –un capitán de caballería cordobés– para salir formalmente anunciado como rejoneador en los ruedos españoles, basándose en dos experiencias: la de caballista campero en las dehesas de reses bravas y la del toreo a pie que venía practicando como simple aficionado en diversos festivales.

La aparición de Cañero no supone la absoluta resurrección del arte ecuestre en España –se ejercía en los campos ganaderos de casi toda Andalucía–, sino el principio de la evolución que el toreo a caballo iba a tener a partir de entonces. Antonio Cañero, hombre valiente y atrevido, alterna con matadores de a pie en muchas corridas y sortea los toros con ellos, pues quiere rejonear reses en puntas y hasta exige las más aparatosas. Esta valentía y el consiguiente riesgo para sus monturas deparan un estilo tosco y alejado del refinamiento alcanzado en Portugal por los muy famosos jinetes Joao Nuncio y Simao da Veiga, quienes también compiten con el cordobés en muchas ocasiones, por lo que se influyen mutuamente. El español se afina y los portugueses empiezan a banderillear a dos manos y a matar los toros a estoque desde el caballo, como lo hacía

Siempre hay que ir de frente para el rejoneo. (Luis Domecq.)

Cañero. Y surgen seguidores del arte ecuestre en España, como «El Algabeño», Alfonso Reyes, o el mismísimo Juan Belmonte, refugiado en el rejoneo tras su retirada para compensar su enorme afición. Belmonte –creador del temple en el toreo a pie– es también el primer jinete que empieza a templar con las monturas. Pero la lidia española a caballo no alcanza la total perfección hasta la aparición en los ruedos de Álvaro Domecq Díez, una vez finalizada la

Par al quiebro de un maestro.
(Manuel Vidrié.)

Guerra Civil. Álvaro Domecq, que ha seguido muy de cerca a los portugueses y conoce el toreo y la ganadería brava desde su niñez, se preocupa mucho por la doma de los caballos y, como Nuncio, logra que sus monturas toreen. La evolución ya es una revolución en la que también participa el duque de Pinohermoso. Se empieza a llevar y a colocar en suerte a los toros para poner banderillas «de frente» o de «poder a poder», conforme al canon más clásico del toreo a pie, y se ejecutan las suertes con más precisión, elegancia y compás. Pero los toros destinados al rejoneo vuelven a lidiarse «disminuidos» en su cuerna para evitar accidentes y cornadas a los seleccionadísimos caballos, y lo que se gana en perfeccionismo se pierde en autenticidad, con las subsiguientes censuras de algunos críticos de la época que escriben displicentemente sobre el rejoneo y lo llaman el «número del caballito».

Mediados los años cuarenta del siglo pasado, se abre la puerta al rejoneo femenino –Conchita Cintrón fue su mejor exponente– y llena la escena el imaginativo y creador Ángel Peralta, quien aporta variedad y espectacularidad al rejoneo a través de la doma y de la creación de suertes muy vistosas o de adorno, algunas verdaderos y originalísimos alardes. Su muy larga permanencia en los ruedos –nadie ha conseguido su récord de torero en activo– le permiten compartir el primer momento álgido del rejoneo: en los años setenta se alcanzan los tiempos más dorados que protagonizan el mismo Ángel Peralta y su hermano Rafael, el portugués José Samuel Lupi, Manuel Vidrié, Fermín Bohórquez y, sobre todos, Alvarito Domecq, quizá el mejor y más completo rejoneador de todos ellos. Prueba del auge que dieron al rejoneo, fueron los 169 festejos de esta exclusiva especialidad que se celebraron en 1971. Inmediatamente después aparece un genio portugués, Joao Moura, estrella fulgurante que brilló y aún brilla en compañía de otros grandes rejoneadores: Javier Buendía y Manuel Vidrié.

Tras un cierto declive producido por la excesiva trivialización de las corridas para rejoneadores en las que se le cortan excesivamente los pitones a los toros dejándolos prácticamente romos y se les castiga con los rejones hasta dejarlos medio muertos, vivimos en nuestros días un nuevo resurgimiento del toreo a caballo con la aparición de Luis y Antonio Domecq –nietos del mítico Álvaro, sobrinos de Alvarito y educados en la mejor escuela–, Fermín Bohórquez hijo –mejorando en mucho a su padre– y Ginés Cartagena, decantado éste hacia todo lo que supone espectacularidad y aquéllos hacia la tradición más clá-

Andy Cartagena.

sica del arte ecuestre a la española. La trágica muerte en accidente de tráfico del último coincide con la sorprendente aparición de quien, superando a todos sus predecesores, se cuaja como el mejor rejoneador de la historia: el jinete navarro, natural de Estella, Pablo Hermoso de Mendoza. La excepcional doma de sus caballos, sus maneras revolucionarias aun sin abandonar el clasicismo y la singular ejecución de las suertes que lleva al extremo de una inverosímil pureza y ajuste, le convierten en amo, dueño y señor del toreo a caballo. Desde la aparición de Hermoso de Mendoza el toreo a caballo se parte en dos mitades –antes y después del navarro– y al socaire de su fama surgen otros caballeros como el matador Paco Ojeda –que intenta emular su estilo a pie desde el equino sin conseguirlo, por lo que se desentiende pronto de su aventura–; el sobrino de Ginés Cartagena, llamado Andy; el cordobés Leonardo Hernández y el madrileño Martín González Porras, entre otros de muy varia condición artística. Un arte que, a la vista de este rápido repaso por su historia, se nos muestra como la especialidad torera más joven de cuantas presenciamos actualmente en los ruedos.

El caballo torero

Los caballos que se utilizan para el rejoneo tienen que reunir una serie de condiciones entre las que cabe destacar la fortaleza, el temperamento, la rapidez, valor para enfrentarse al toro –lo que algunos llaman «corazón»– y una doma muy precisa. Por su fuerza y por su corazón, los caballos de raza española-andaluza son los más adecuados para esta clase de lidia. Pero a medida que el rejoneo se perfeccionaba, esta raza fue cruzándose con otras razas foráneas, gracias a lo cual se han logrado caballos «especialistas» en las distintas facetas de la lidia. Así, el valor del español, unido a la rapidez del inglés, han dado un caballo ideal para el primer tercio (capaces de parar a los toros a su salida y para clavar rejones de castigo).

Leonardo Hernández.

Parando al toro de salida con la «garrocha». (Javier Buendía.)

El caballo «árabe», similar al andaluz, aunque de menos alzada, es el idóneo para el segundo tercio (el de banderillas) por su gran rapidez de reflejos y por su capacidad de salir velozmente de los ajustados embroques que esta suerte impone. Para el último tercio, en el que el toro ya está aplomado y hay que llegarle más para poner «banderillas cortas» y el «rejón de muerte», los mejores caballos son los españoles. Naturalmente, no siempre se utilizan equinos absolutamente puros, sino convenientemente cruzados.

La doma

Se basa en la enorme memoria de los equinos y en su muy desarrollado instinto de defensa. Este agudo sentido de conservación es precisamente el que hace reaccionar a los caballos frente al castigo y a distinguir lo bueno de lo malo, según lo que les inculquen en el adiestramiento.

En cualquier caso, la doma ecuestre para el rejoneo debe ser la vaquera, imprescindible en las tareas camperas con los toros de lidia en las dehesas. Mediante esta doma se enseña a los caballos el galope, a revolverse con rapidez y a ponerse al galope con inmediata celeridad. El caballo para rejones debe tener, además, muy buena «boca». Esto es, sensibilidad extrema para reaccionar a la más mínima insinuación del jinete.

La doma de un caballo suele empezar cuando cumple los dos años y dura entre seis y doce meses. Una vez cumplida la primera parte, el caballo que se destina a la lidia de reses bravas debe acostumbrarse a la presencia y a la cercanía del toro. Los primeros encuentros se llevan a cabo en el picadero con un artefacto que se llama carretón (dos pitones de un toro montados en una estructura de madera y tamaño similar a la res, que se utiliza para torear de salón en los entrenamientos). Luego se les acostumbra al bulto con un toro manso. Posteriormente llega el entrenamiento con becerras. Y,

Don Álvaro Domecq y Díez en una de sus últimas actuaciones.

Nociones sobre el toreo a caballo • 211

Don Ángel Peralta colocando un toro en suerte.

finalmente, se les enfrenta al toro. Un aprendizaje similar al del toreo a pie.

Desde que Álvaro Domecq Díez introdujo la alta escuela en el toreo ecuestre a la española, es imprescindible este último eslabón de la doma que nos incumbe. Por citar algunos de los pasos más clásicos: el llamado «paso español» (el caballo eleva y extiende sus brazos o patas delanteras sin doblar las rodillas y avanzando); la «pirueta inversa sobre tres remos» (giro de la grupa teniendo como eje una pata delantera mientras la otra permanece extendida); «balanceo del tercio anterior» (el caballo pasa de apoyarse de una mano a la otra); el «pasaje» (trote llevado a la perfección de movimientos con aire cadencioso que también se puede hacer de costado o hacia atrás); el «piafé» (ejecutado sobre el terreno y sin avanzar a base de apoyarse en la mano derecha y en la pata izquierda, pasando a hacerlo sobre las extremidades contrarias con elevación de los remos que quedan en el aire); «galope de costado» (desplazamiento del caballo hacia uno de los lados

Un quiebro del gran rejoneador portugués Joao Moura.

manteniendo el galope); «piruetas de galope» (giro del caballo sobre sí mismo intercalado en un galope); «galope sobre el terreno» (sin avanzar); «arrodillar» o «sentar» al caballo, etc.

Todos estos «aires» de alta escuela se enseñan mediante las riendas y con ayuda de la voz, de las piernas y los desplazamientos del jinete en la silla.

Los arreos

Se llama así al conjunto de elementos que conforman la montura. La más habitual es la montura «vaquera», aunque a partir de los años setenta del pasado siglo se ha generalizado una montura mixta (entre la vaquera y la «portuguesa»), que se distingue de la española porque permite encajarse en la silla con mayor seguridad gracias a un «borrén» delantero.

Los arreos incluyen la «cabezada», las «riendas», la «cincha», el «mosquero», los «estribos», la «manta estribera», la «baticola». Todos ellos elementos o piezas que sujetan y enjaezan al caballo para su mejor manejo, seguridad y adorno. Para colocar banderillas a dos manos se utiliza una correa con un gancho que los jinetes llevan bajo el doblez de los zahones y que permite sujetar las riendas mientras el caballo se domina con las piernas.

El vestuario del jinete

La vestimenta del jinete, vaquero o español, está relacionada con las necesidades del trabajo campero. «Sombrero cordobés» de copa alta y anchas alas para protegerse del calor y del sol. «Chaquetilla corta» y ceñida al cuerpo para facilitar los movimientos. «Calzona» o pantalón ceñido y corto para permitir el contacto de los botos con el caballo. Y los «zahones», delantales de cuero que cubren la parte anterior de las piernas del jinete para protegerles de la lluvia y de las ramas del follaje.

Los rejoneadores portugueses visten a la «federica» por tradición ininterrumpida del toreo a caballo: «casaca» de seda bordada con riqueza en oro, camisa con chorreras de puntilla rizada, calzón corto, y «tricornio» para cubrirse. Los «cavalheiros» aspirantes (así se llaman en Portugal a los rejoneadores que no han tomado la alternativa) visten a la vaquera hasta su doctorado.

Los hierros

Se llaman «hierros» a los útiles que se clavan en el rejoneo. En la salida del toro y para hacerle sangrar se utilizan los llamados «rejones de castigo», que deben tener un largo de 160 centímetros y una cuchilla de doble filo en su final, más larga si la lidia es de toros, y corta cuando se trata de novillos. Esta cuchilla está unida al palo del rejón por un taco de madera con una muesca en su mitad para que, al clavar, ambas partes queden separadas. La «bandera» que ondea el rejoneador tras el embroque está liada al palo mediante un sistema de hilos que se desatan en el momento de clavar, dejando libre el tramo.

Una vez haya sangrado el toro –los rejones de castigo son a la lidia a caballo lo que los puyazos representan para el toro en la lidia a pie, aunque menos traumáticos–, el rejoneador pasa a clavar las banderillas o «farpas». Estas últimas se clavan a una mano y tienen la misma longitud que los rejones, con un arpón similar al de las banderillas normales que se utilizan en la lidia a pie.

Como adorno, algunos rejoneadores clavan «banderillas cortas» o las «rosas» inventadas por Ángel Peralta, flores de material plástico que llevan un pomo en el centro y tienen una prolongación de unos 15 centímetros hasta el arpón.

El «rejón de muerte» es una hoja de espada unida a un mango de madera del que se separa por el mismo procedimiento que el rejón de castigo y que, como su nombre indica, sirve para matar al toro al final de la lidia.

Técnica y suertes del rejoneo

Con la aparición en los ruedos españoles de Antonio Cañero, el rejoneador deja de ser un especialista en alardes más o menos arriesgados. Es un jinete que torea en el sentido más amplio de la palabra. El rejoneador, pues, empieza a ser torero a caballo a la vez que lidiador. Porque la lidia de un toro para rejones se divide en tres partes o tercios, como en las corridas normales; e igual por lo que suponen los ritos previos y posteriores al desarrollo de la corrida. Hay paseíllo a caballo de los actuantes seguidos de sus correspondientes cuadrillas a pie –se utilizan monturas vistosísimamente enjaezadas y convenientemente domadas para esta ocasión– con la sola diferencia respecto al paseo de los matadores, que los caballeros rejonea-

Clavando al estribo, como debe ser. (Álvaro Domecq Romero.)

dores saludan al público en una vuelta al ruedo que dan inmediatamente después de rendir la preceptiva pleitesía al presidente bajo su palco, y que termina con un juego coreográfico de los actuantes en el centro del ruedo, antes de que salga el primer toro.

Pero con el toro ya en la plaza, veamos lo que dice de la lidia a caballo Álvaro Domecq Díez: «El rejoneo es hasta tal punto toreo, que para lidiar a caballo se hace imprescindible conocer perfectamente las querencias del toro. El toro bueno en rejones, generalmente, también lo es en la lidia a pie. Se puede ver si espera o si se arranca cuando tiene cerca al caballo. Y si, además, se cruza, es evidente que también es malo para la lidia a pie. Como se ve al que corta terreno, al que cabecea cuando le clavan o al que embiste "atrasado" o a la defensiva. Por el contrario, el bueno siempre va "derecho", con "fijeza", acude cuando le llaman, embiste con la cara baja, no se va a tablas, no se duele cuando lo hieren. Este es el toro bueno en todo tipo de lidia».

Valentía y gran estilo de Fermín Bohórquez hijo.

Como vemos, también en el toreo a caballo hay que valorar primero las condiciones de cada toro, en función de las cuales ha de proceder el rejoneador. Y si el rejoneo es también toreo, las virtudes que se piden a los toreros de a pie son igualmente exigibles a los toreros de a caballo: valor, temple y arte o personalidad.

El duque de Pinohermoso, de quien ya hemos hablado, dejó escrito en un decálogo los cuatro puntos básicos que definen la pureza en la ejecución de la suertes del rejoneo y que hablan fundamentalmente de las maneras de ir al toro y de clavar:

«Amarás a los caballos y los trabajarás de tal manera que luego no protesten durante la lidia. Procura que no los toquen, pues, además de ser feo, dificultará su doma. No hagas uso habitual de los auxiliadores. Déjate ver del enemigo. No entres nunca por sorpresa. Al clavar, ve de frente y, en el momento de hacerlo, procura que el caballo, con perfecta colocación de cabeza y cuello, mire siempre a la res. Deja llegar a ésta hasta el propio encuentro

A dos manos en la feria de Castellón. (Antonio Domecq.)

del caballo (no del estribo) y clava de arriba abajo. Al torear, lleva a la res templadamente de un tercio a otro. En los rejones de muerte, de la manera de llevar éstos dependerá el resultado que obtengas. Las suertes hay que realizarlas en los medios, a ser posible, y si no, al sesgo o de dentro a fuera. Las suertes que se realizan por dentro, amparándose en las tablas, no tienen valor alguno. Será rejoneador el que en estas condiciones no pase en falso. El público también saldrá ganando. Cuando intentes algún giro de alta escuela, procura hacerlo correctamente, como si no hubiera toro en la plaza». Otro gran maestro del rejoneo, Manuel Vidrié, dictó más recientemente otro decálogo para consejo de los jinetes venideros, que reproducimos por ser igualmente interesante para los nuevos aficionados, aunque en algunos conceptos coincida con las normas de Pinohermoso: «El mérito mayor es estar a dos metros del toro, lo más cerca posible. Ajustarse a la embestida del toro sin irse del radio de su recorrido. Para quebrar hay que hacerlo en la cara del toro y hacer el

El llamado par del «violín» a cargo de Ginés Cartagena.

quiebro justamente ahí. Se ha de procurar clavar siempre en los medios sin que nadie más que el jinete ampare al caballo. Siempre hay que ir de frente para hacer la suerte, y hacerla. Hay que clavar encontrando el toro por delante y haciendo que el caballo dé los pechos al toro. Y clavar por delante del estribo, nunca por detrás. Debemos conocer los terrenos del toro e ir hacia él según lo pida. Hay que asimilar que el caballo es como una muleta con la que se torea, aunque pese casi 500 kilos. El rejoneador debe procurar poner de acuerdo su cabeza, sus manos, sus piernas y el caballo: entonces se puede torear, mandar y templar. Que caballo y caballero sean un mismo cuerpo para emular la definición del toreo de Domingo Ortega: la muleta es la prolongación natural de la palma de la mano».

Ambos tratadistas insisten en que hay que dejarse ver por el enemigo, sin entrar a traición o por sorpresa; y en el ir de frente, dejando llegar al toro en los encuentros y, a ser posible, en los medios. Dos condiciones heredadas del rejoneo a la portuguesa que, a través del matiz español, evolucionaron por el temple.

El ir y salir con sosiego de los encuentros depende del tacto del jinete, de la doma y de la confianza que el caballo tenga en quien lo monta. Todos estos requisitos se distinguen por lo que se suele llamar «buena expresión», que se traduce gestualmente cuando el caballo va al encuentro y sale de él con la mirada fija en el toro, con el cuello girado hacia sus astas, como si fuera un torero mientras torea. Sintiéndose y gustándose como se siente y se gusta el jinete.

El espectador no debe valorar positivamente a los rejoneadores que van al toro a gran velocidad, ni a los que le sorprenden en los encuentros, ni a los que abusan de largas galopadas, ni a los que clavan por detrás de la línea que marca su espalda, ni a los que llevan al caballo con la cara vuelta o cabeceante, sin querer ver al toro y con las orejas guiñadas, señal inequívoca de su poco valor.

El temple en el rejoneo también es apreciable cuando el toro se encela tras el caballo y caballero sin que sus astas lleguen a tocar nunca al equino.

En la lidia a caballo, como en la de a pie, hay distintas formas de clavar los hierros y variantes para detener al toro y colocarlo para hacer las suertes, según los tres tercios.

Primer tercio, o de salida

Antes que nada hay que «parar» al toro. Se puede hacer esperándolo a la grupa en la misma puerta de chiqueros y corriéndolo luego con la «garrocha»; fijándolo con recortes en círculos cada vez más cerrados hasta dejarlo parado en los medios, o haciendo que persiga la grupa del caballo, «encolándolo». Cuantos menos galopadas o círculos sean necesarios, mayor destreza se le reconocerá al jinete.

Para colocar al toro en suerte, sacarlo de las tablas o «cerrarlo» de fuera a dentro, se utiliza el «paso atrás», el galope paralelo encelando al toro a base de darle los pechos del caballo y lo que Ángel Peralta llama la «V»,

Entrando a matar con el rejón de muerte. (Antonio Domecq.)

que consiste en cambiar la dirección del caballo cuando el toro galopa a su cola. Todas estas variantes tienen más mérito cuantas menos pasadas se necesiten y más cortos sean los galopes.

En este primer tercio se prueba la embestida del toro por los dos pitones. Puede cortar el terreno por un lado o por los dos, ponerse por delante, pararse, aquerenciarse a tablas o mostrar son y nobleza ideal. Tras intentar suavizar la embestida del toro, se le colocan dos rejones de castigo para descongestionarlo y disminuir su poder como en la suerte de varas de la lidia a pie.

El caballo de salida tiene que ser ligero y al mismo tiempo templado; capaz de aguantar la máxima cercanía del toro a su grupa sin dejarse alcanzar nunca, por lo que debe tomar velocidad si el jinete se lo ordena.

Las distintas suertes dependen de los hierros que se utilicen. El «rejón de castigo» no permite demasiado ajuste en su colocación por la velocidad y el poder del toro en su salida. Pero en el tercio de banderillas y en el de muerte sí es preceptivo ajustarse y clavar muy reunido.

Segundo tercio o de banderillas

Es el más lucido de los tres porque además de banderillear al toro se suceden los adornos y los alardes de doma. La suerte de banderillas a caballo es tan varia como la del toreo a pie y sensiblemente similar: se puede banderillear de «frente», al «sesgo» y al «quiebro», a una o a dos manos, y colocar palos largos o cortos. Para estos últimos, una de las variantes más recientes son el «caracoleo» para clavar las banderillas cortas o las rosas. Reglamentariamente, sólo se pueden colocar tres pares de banderillas, incluidas las cortas. E insistimos: siempre que lo permita el toro, se debe ejecutar la suerte en el centro del ruedo, yendo de frente, clavar a la altura del estribo y de arriba abajo.

En la modalidad del quiebro se le marca la salida al toro desplazando el caballo hacia el lado por donde se quiere quebrar para clavar por el lado contrario. Y en la que algunos llaman par del «violín», las banderillas se clavan con la mano derecha, pero por el lado izquierdo, levantando el jinete su brazo por encima de la cabeza.

Tercer y último tercio, o de la suerte suprema

Cuando la presidencia ordene el cambio de tercio por medio del toque de los clarines, el rejoneador tomará el rejón de muerte y procederá a ejecutar la suerte de matar, yendo de frente una vez fijado el toro, y clavará levantando mucho el brazo de arriba abajo. No podrá clavar más de tres. Y sólo después de los tres intentos, si el toro no ha doblado, podrá el rejoneador echar pie a tierra para dar muerte a la res a estoque o con la espada de descabellar. Tampoco podrá intervenir el «sobresaliente» hasta después de los tres intentos con el rejón mortal.

Si el toro no ha muerto transcurridos cinco minutos desde el momento en que el tercio fue cambiado, sonará el primer aviso, y dos minutos más tarde el segundo: instante en el que necesariamente habrá que intentar matar al toro pie a tierra, para lo cual se contarán como límite otros cinco minutos.

Los caballos que se utilizan para la suerte de matar en el rejoneo deben obedecer perfectamente al jinete, saber ir de frente al toro para la mayor eficacia de la suerte y que no se salgan ni se curven demasiado en el momento de la reunión.

Y para finalizar, un comentario más sobre la suerte de matar en el rejoneo. Resulta muy difícil clavar todo el rejón arriba y en la dirección ideal, la más dañina para el toro. Se trata de acertar en un blanco casi siempre móvil desde la movilidad del caballo y, debido a ello, se suele clavar abajo o se pincha con bastante frecuencia. Hay rejoneadores muy certeros con el rejón de muerte, pero la mayoría fallan y consumen las tres agresiones. Lo que explica la presencia de un espada «sobresaliente», que interviene a pie para matar al toro a estoque, cuando el jinete no lo consigue desde el caballo y no es capaz de hacerlo a pie.

Álvaro Domecq Romero, que ha matado infinidad de reses a pie, muchas de ellas en puntas, no es partidario de la presencia de estos sobresalientes y prefiere la completa profesionalidad de los rejoneadores con todas sus consecuencias. Preferencia con la que nos identificamos por completo. También aconseja el gran rejoneador que, para la mejor imagen del toreo a caballo, no se mermen excesivamente los pitones del toro, que no se le castigue demasiado con rejones más dañinos que los reglamentarios y que se sea siempre fiel a las normas clásicas de la equitación y el rejoneo.

10. EL TOREO EN PORTUGAL

Los primeros datos históricos sobre la afición taurina de los portugueses datan del año 1258, cuando reinaba Alfonso III. Los siglos XIII y XIV se caracterizan, como en el resto de la Península Ibérica, por celebraciones de bodas y otras fiestas, casi siempre acompañadas de corridas de toros. Probablemente, desde los primeros tiempos coexistían las dos modalidades del juego: la caballeresca de alancear toros por jinetes que pertenecían a la nobleza y la más popular que ejercía el pueblo llano de correr o capear a los toros como buenamente se podía. Se sabe que varios reyes fueron expertos lidiadores a caballo: Don Duarte, hijo de Juan I; y Don Fernando, el infante famoso por su santidad y martirio, fue autor de un *Tratado de Montería* en el que se mencionan osos, jabalíes y toros salvajes.

Ya hemos dicho que en España la lidia a caballo se adentró en un prolongado letargo mientras Portugal no perdía esta tradición. Con idénticas raíces en ambos países, el rejoneo continuó vigente en Portugal, aunque con sustanciales variantes que han hecho de las dos versiones, la española y la portuguesa, dos espectáculos distintos.

Una de las razones de esta diferencia parte de la también mencionada y segunda prohibición de las fiestas taurinas promulgada por el papa Gregorio XIII. En España apenas tuvo eco esta nueva prohibición por el temor del rey Felipe II a la reacción de sus súbditos, pero en Portugal sí lo tuvo porque, a raíz de la bula que Pío V dictó en 1573 para aminorar las consecuencias políticas de la prohibición promulgada por su antecesor en el papado, los portugueses toleraron el «despunte» o el «enfundado» de las astas de los toros, condición que en dicha bula se imponía en prevención del riesgo mortal que el ejercicio del toreo deparaba. Este condicionante de la bula fue aceptado de buen grado, sobre todo por los caballeros aristócratas y de la realeza lusitana que venían actuando de forma no profesional. Sea como fuere, la imposición terminó por dar carácter a la corrida portuguesa, aunque, técnicamente, los lusitanos siguieron la misma evolución de normas para torear a caballo que los españoles: del alanceamiento al rejoneo, influidos por jinetes castellanos que dictaron normas, luego perfeccionadas en ambos países según sus costumbres.

La continuidad dinástica en el trono lusitano evitó el cambio de las costumbres taurinas sucedido en España durante el siglo XVIII. Así se instaló el lujo y el boato como algo normal en las corridas portuguesas. Gran ceremonial lleno de gestos corteses que aún subsisten en las largas y teatrales «cortesías» del paseíllo. Las fiestas debieron ser tan fastuosas que no faltaron hombres prudentes que quisieron reducir los gastos pese a que el legendario rey Don Sebastián fue uno de los que más intervino en las corridas de toros.

En la primera mitad del siglo XVIII la lidia a pie también comenzó a introducirse en Portugal, pero sucesivas prohibiciones de la muerte del toro y la impresión que en el público causaba la desagradable visión de los caballos de picar cuando resultaban corneados y despanzurrados terminaron por acentuar las diferencias entre las corridas de los dos países ibéricos, alejamiento que también impulsó la restauración de la Casa de Braganza en el trono lusitano, empeñada en distanciarse de la opresión castellana hasta en la gestualidad y en los ritos de los profesionales en sus ruedos.

La especialización portuguesa en la lidia a caballo cobró fuerza con el *Tratado Luz da liberal e noble arte da cavalhería*, del que fue autor en 1790 el jinete más notable de aquella época, el marqués de «Marialva». La gran importancia de las normas reflejadas en este trascendental libro tiene un reflejo popular que llega a la actualidad, pues en Portugal se identifica el rejoneo con el «arte de Marialva», lo mismo que en España todavía se habla de la lidia a pie como del «arte de "Cúchares"».

A lo largo del siglo XVIII, Portugal se recrea en fiestas cada vez más barrocas y recargadas de pompas y honores. El paseo de cuadrillas es en realidad un desfile de carrozas engalanadas que rivalizan en riqueza. Y en el devenir del tiempo, aunque por lógica va decayendo el barroquismo, el espectáculo sigue manteniendo caracteres históricos debido al gusto de los portugueses por todo lo que supone tradición. La vestimenta de los rejoneadores portugueses a la «federica» ha permanecido invariable desde los inicios del arte ecuestre. Incluso en España, y ya en pleno siglo XX, algunos caballeros actuaron vestidos como sus vecinos: calzón corto y ceñido de seda, casaca bordada, sombrero de tres picos y peluca plateada, montando un caballo engalanado con «gualdrapas». Así lo hizo en ciertas corridas de gala un antiguo monosabio y luego propietario de la cuadra de caballos de la plaza de toros de Madrid, Basilio Barajas, quien montando los mismos caballos dispuestos para los picadores, se limitaba a clavar rejones a un toro embolado, retirándose luego para que algún novillero estoquease al animal.

Junto a los caballeros en plaza –los hidalgos rejoneadores– actúan ayudas de a pie, llamados «capinhas» y «forçados». Y los portugueses comienzan a comparar su propio toreo con el que practicaban las cuadrillas españolas que les visitaban. La lidia española era otra cosa. Los picadores no resistían el contraste con la vistosa elegancia de los jinetes lusitanos. La sangre jugaba mucho papel en las tauromaquias españolas, la del caballo, la del toro muerto a estoque y la del torero que lidiaba toros en puntas cuando no resultaba herido. Los públicos mostraron, a veces, división de opiniones. De todos modos, a finales del siglo XIX y coincidiendo con la democratización de la Fiesta en España, también los nobles portugueses se apartan de los cosos, si bien el fervor popular por los lidiadores más intrépidos y diestros promueve el desarrollo del toreo profesional. A lo largo de la primera mitad del conflictivo siglo XIX español parte de los matadores y banderilleros españoles se exilian en Portugal. Primero las guerras napoleónicas y luego las revueltas internas obligaron a grandes figuras como el legendario «Curro Guillén» a pasar algún tiempo en el país hermano, donde aprendieron nuevas suertes y muy particularmente las del segundo tercio, el de banderillas. Y en la influencia mutua florecen excelentes toreros de a pie y magníficos banderilleros. El célebre «França» pudo ser un precursor del quiebro que luego practicó «El Gordito».

De cualquier manera, y en base a las cuestiones sociales y políticas que hemos descrito, la práctica ecuestre se asienta en Portugal hasta convertirlo en el país del toreo a caballo por excelencia. Y más a partir de que los toros de muerte fueron prohibidos. Los «cavaleiros» pasan a ocupar un lugar privilegiado en los espectáculos desde principios del siglo XX, aunque estas corridas carecieran de emoción debido a las fundas que escondían los cuernos de los toros y a no morir éstos en la plaza, corriéndose más veces en otros ruedos cuando su «colaboración» con los cavaleiros era positiva. El juego consistía, entonces, en un simple ejercicio de destreza para clavar los hierros en el morrillo del toro de cualquier manera, sin reglas establecidas de ninguna clase. Lo mismo ocurre con el juego de los «forçados» en las llamadas «pegas», suerte consistente en coger al toro en cuadrilla, después de ser lidiado a caballo hasta sujetarlo con los brazos y tratar de inmovilizarlo entre todos los «pegadores». Al principio, estas pegas se hicieron de cualquier modo y, con el tiempo, según reglas establecidas que se han perfeccionado hasta la actual modalidad. El «mozo» de forçado debe conocer las condiciones del toro y elegir el terreno más propicio para el cite, fuera de su querencia para que el embroque sea menos violento. En la «pega de cara», que es la más difícil y la más celebrada por el público cuando se realiza bien, el mozo que llama al toro por delante de sus compañeros debe cuadrarse frente al morlaco y citarlo cogidas las manos detrás del cuerpo o con los brazos cruzados en el pecho, hasta levantarlos en el mismo momento en que llega el animal a jurisdicción y humilla para abrazarse a su morrillo mientras se encuna entre los cuernos. Otras modalidades de la pega, según las distintas condiciones de los toros, son la de «costas de espaldas», «cernelha», «rabo», «sope» y «recurso».

Los palenques o anfiteatros desde los que se contemplaba la lidia antiguamente eran capaces para gran número de espectadores y se construían en plazas mayores o recintos urbanos apropiados. Incluso cuando la corrida se celebraba a la orilla del mar, los graderíos se instalaban en embarcaciones colocadas ex profeso. Es a mediados del siglo XVIII cuando se construyen las primeras plazas de toros de fábrica, tal y como ocurría en España. La actual plaza lisboeta de «Campo Pequeño», sin embargo, se inauguró más tarde, el 18 de agosto de 1892, con toros de Emilio Infante para los rejoneadores Alfre Tinoeo y Fernando de Oliveira, acompañados de una cuadrilla de rejoneadores portugueses y también de los españoles «Minuto» y «Pescadero». El caballero Oliveira, noble y representativa figura del rejoneo, murió el 12 de mayo en esa misma plaza, corneado tras una caída. Presenciaron la tragedia los matadores españoles «Bombita» y «Chicuelo». Presidían los reyes. Esta corrida, naturalmente, ya es parte de la historia del toreo en Portugal.

El rejoneo rudimentario cambia por completo con la llegada de Joao Branco Nuncio a los ruedos. Nuncio fue quien impuso el toro virgen para el caballo, y a partir de los años treinta del siglo XX, aunque los toros corridos (toreados) no desaparecieron por completo, el espectáculo ganó en seriedad. La voluntad del torero empezó a imponerse y se pudieron concretar las reglas: se escogieron terrenos y hubo mando en la ejecución de las suertes. El toreo frontal, dando todas las ventajas al toro, fue posible entonces y el espectáculo ganó en categoría y verdad.

El rival más importante del gran Joao Nuncio fue Simao da Veiga, con quien formó pareja hasta finales de la década de los cincuenta, interrumpida por la desgraciada muerte de Veiga tras una triunfal actuación en Caldas da Rainha. Junto a éstos, destacó esos años Rui Cámara, maestro de la popular Conchita Cintrón. Pero en los primeros años sesenta surge uno de los rejoneadores con más popularidad de Portugal por sus maneras irreverentes y heterodoxas, José Mestre Batista. Eran tiempos de revolución artística en el toreo español (Manuel Benítez «El Cordobés») y en la música internacional (los Beatles). Batista revolucionó el toreo a caballo por sus maneras exhuberantes. Llegó mucho al público más joven que llenó las plazas para verle competir con el hijo de Nuncio, el gran José Samuel Lupi y el grandioso rejoneador español de entonces, Álvaro Domecq Romero.

Inmediatamente después, Portugal iba a conocer el nacimiento de un verdadero prodigio en el toreo a caballo, quizá la máxima figura portuguesa en su especialidad de todos los tiempos, Joao Moura. Surge como niño privilegiado en la primera mitad de los años setenta y ya actúa como un virtuoso. Con estilo diferente al de todos por las distancias, que acorta, y el temple que imprime, desconocidos hasta llegar él. No sólo conmociona en Portugal. En España irrumpe con tal fuerza y brillo que se hace figura del toreo con tanta fuerza como las de a pie de entonces. Los triunfos de Moura en Madrid sobre la grupa de su incomparable caballo «Ferrolho» sorprendieron a los aficionados y provocaron un entusiasmo irrepetible que se extendió a toda España.

Gracias a Joao Moura, el rejoneo adquiere en Portugal más fuerza que nunca y la afición cunde entre otros jóvenes. Mencionemos a otros caballeros importantes: Antonio Luis López, Rosa Rodrigues, Murteira Correia, Francisco Mascarenhas, Manuel Conde, Pedro Louceiro,

Fernando Salgueiro, David Ribeiro Telles, José Joao Zoio... Y entre los más recientes, los dos que mejor rejonean en la actualidad: Antonio Ribeiro Telles y Joao Salgueiro. El primero destaca por su maestría y poderío dentro de su pureza; el segundo, por su juventud, su vistosa alegría y por su sentido de la improvisación. Ambos compiten con el respetado e incombustible Joao Moura, con los veteranos José Maldonado Cortés y Luis Miguel da Veiga y con los más nuevos: Joaquím Bastinhas, Joao Ribeiro Telles, Rui Salvador, Paulo Caetano, Luis Rouxinol, Pedro Franco y José Manuel Duarte. Entre los que más suenan de los llamados practicantes o noveles, Francisco Nuncio (nieto de Joao Nuncio) y José Francisco Cortés (hijo de Maldonado Cortés).

El toreo de a pie

Aunque en menor tono y cantidad con respecto a la tauromaquia española, Portugal también ha dado muchos toreros de a pie y algunos realmente importantes. Sobre todo a partir de los años cuarenta. Matadores de corte clásico, casi todos, y muy buenas maneras que actuaron en su tierra y en España, alternando con los mejores toreros hispanos. En las plazas lusitanas, sin suerte de varas ni muerte del toro, lo que priva a la lidia de sentido y en gran medida la convierte en simple exhibición del torero; y en España con todas sus consecuencias. A medida que los diestros portugueses fueron realmente importantes y, por lógica, más actuaron en los ruedos españoles, las distancias y diferencias entre una y otra modalidad fueron acortándose, aunque cabe señalar que en la suerte de banderillas, por más usual entre los lusitanos, siempre destacaron como especialistas máximos los espadas portugueses que se centraron en este segundo tercio.

Diamantino Vizeu fue la figura durante algún tiempo. Luego vino el gran Manuel Dos Santos, llamado el «lobo portugués» por su indomable valor que le costó gra-

Víctor Mendes.

Pedrito de Portugal.

vísimas cornadas. Paco Mendes, sobrado de arte y de recio temperamento. José Julio, habilísimo banderillero. Amadeo Dos Anjos, lidiador inteligente y pleno de gracia torera. José Falcón, bravo y hondo diestro muerto por una cornada en Barcelona en 1974. José Trincheira, Antonio Dos Santos, Casimiro Marqués, entre otros.

La figura más persistente que ha dado Portugal hasta el momento presente ha sido Víctor Mendes, a quien se dedica el amplio comentario que merece en el último capítulo de este libro. También hemos de mencionar a otro torero que, de haber confirmado las cualidades que atesora, podría haber sido otra gran estrella portuguesa: «Pedrito de Portugal». Desde que le vimos por primera vez en la plaza francesa de Dax, actuando como becerrista, intuimos el advenimiento de un torero singular. Desde su natural porte hasta su capacidad artística, simbiosis de cuanto de bueno entre lo clásico y lo revolucionario se había visto en el toreo hasta entonces, «Pedrito de Portugal» lleva a cabo su tarea con un estilo propio, en el que la luminosidad y la melancolía corren parejas a la facilidad. Su impacto en el Portugal taurino fue tan grande que podría haber sido la clave de una nueva época en la que todas las prohibiciones que limitan la lidia hubieran desaparecido gracias a su mando. De momento y en algunas corridas en las que ya ha actuado como máxima atracción, fue posible la realización de la suerte de varas y no sería de extrañar que pronto se le permita matar a los toros, con lo que la temporada portuguesa entraría de lleno y con todo derecho en la programación taurina formal de cada año, junto a las mejores ferias de España, Francia y América. Aunque del ánimo –muchas veces declinante– de «Pedrito» depende todo...

De otra parte, las ganaderías portuguesas de reses bravas también están en alza. Aunque la más legendaria, «Palha», lucha por el puesto legendario que otrora ocupó, cabe destacar al gran sitio que ocupa desde hace tiempo la vacada de Joaquim Murteira Grave, primera entre las mejores de la cabaña lusitana de la actualidad y perteneciente a la Unión de Criadores de Toros de Lidia con todo merecimiento. También lidian con éxito y pertenecen a la citada Unión, las ganaderías de Banco Nuncio, Conde de Cabral, Condesa de Cobral, Cunhal Patricio, Infante Da Cámara, Louro Fernández de Castro, Joao Moura, Herederos del Conde de Murúa, Oliveira Irmaos, Ortigao Costa, Passanha, Pereira Lupi, Pinto Barreiros, Ribeiro Telles, Couto de Fornilhos, Vasconcellos Souza D-Andrade, Veiga Texeira y Vinhas.

11. LAS ESTIRPES DEL TORO Y SUS CARACTERÍSTICAS MORFOLÓGICAS

MIURA

Vamos a explicar los orígenes de las ganaderías más importantes de la actualidad siguiendo un procedimiento más breve que el de la mayoría de los tratadistas cuando abarcan este tema. No vamos a partir, pues, de las seis «Castas Fundacionales», por haber desaparecido la mayor parte de las estirpes y subestirpes que derivaron de ellas. El noventa y cinco por ciento de las ganaderías actuales proceden de tan sólo estas dos castas: La «Vazqueña» y, sobre todo, la de «Vistahermosa». De la «Navarra», las referencias más recientes son las de una subestirpe también desaparecida, la llamada «Carriquiri», aunque su hierro, propiedad del ganadero riojano Antonio Briones, distingue ahora reses de procedencia Núñez (origen «Vistahermosa»). De la «Jijona» sólo hay reminiscencias en otra vacada casi extinguida, la de «Aleas». De la llamada «Raso del Portillo» solamente queda una brizna en los toros del «Conde de Gamazo», que apenas se lidian. Y de la «Cabrera», únicamente se conserva su sangre en las, por otra parte, famosísimas ganaderías de «Miura» y de «Pablo Romero», tras su venta llamada «Partido de Resina». Abordaremos primero estas

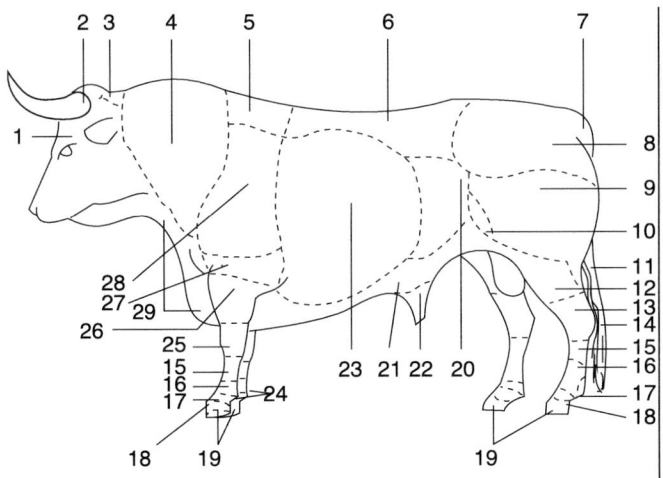

Conformación del toro de lidia.

1. cabeza; 2. cuernos; 3. nuca; 4. cuello; 5. cruz; 6. línea dorso-lumbar; 7. penca o base de la cola; 8. grupa; 9. muslo; 10. babilla; 11. cola; 12. pierna; 13. corvejón; 14. borlón de la cola; 15. caña; 16. menudillo; 17. cuartilla; 18. corona; 19. pezuña; 20. ijar; 21. vientre; 22. meano; 23. costillar; 24. espolones; 25. rodilla; 26. antebrazo; 27. brazuelo; 28. espalda; 29. papada.

dos últimas. Y antes que ninguna, la de Miura, por ser sus toros los más históricamente apreciados y a la vez temidos por su personalidad diferencial debida a su estampa y al peligro que desarrollan.

Los toros de Miura, en efecto, conservan con gran fidelidad los rasgos de las antiguas reses de «Cabrera». Ninguna ganadería la ha ganado en fama, aunque ésta haya crecido más en función de las cornadas y de las muertes de toreros famosos que propiciaron sus toros que de la bravura y la nobleza.

Es precisamente por sus dificultades y por su pavorosa morfología por lo que desde siempre se consideró una proeza matar estos toros tan queridos por los públicos.

No obstante su claro origen «Cabrera», en la ganadería de Miura también hay sangre de procedencia «Vistahermosa» (Arias Saavedra en 1854, Tamarón en 1917), «Navarra» (un toro indultado de Manuel del Val en 1879) y «Vazqueña» (un semental de Veragua, echado también en 1879).

DEL RÍO CORTÉS

DOLORES AGUIRRE YBARRA

ALCURRUCÉN

MARCA RODRIGO

TORREALTA

Los toros de Miura tienen la piel muy fina y son de pelo y capas vistosísimas y variadas; cuello largo, cuernos muy desarrollados y patas larguísimas. Características que les hace imponentes por su altura y gran osamenta, capaz de soportar 600 y aun 700 kilos sin que se noten. Su comportamiento fiero y ágil –aprenden muy pronto en la lidia– pone en serios apuros a los toreros, aunque también es de justicia decir que, a veces, salen toros magníficos, con bravura, nobleza y buena casta.

La otra ganadería con sangre «Cabrera», la de Pablo Romero –todavía en crisis, aunque con esperanza de resurgir después de venderla el último propietario de la vacada–, mezcla más castas fundacionales que ninguna otra: la mencionada «Cabrera» y las de «Jijona», «Vazqueña», «Navarra» y «Gallardo». La suma de sus sangres dio un resultado morfológico espectacular y hermosísimo. Toros largos y bajos de agujas, con mucha caja, gran morrillo, testuz rizada, hocico chato y pelaje predominantemente «cárdeno» y negro. En su comportamiento pasaron de pelear con poder y espectacularidad en el caballo y de tener mucho temperamento y genio en el último tercio, a dar juego de bravos y nobles en el mejor sentido de ambos términos, y sin renunciar nunca a sus hechuras durante los mejores tiempos de la ganadería, aunque últimamente estas características ideales se diluyeron por la falta de fuerza y signos de mansedumbre con las dificultades que ello acarrea para torear como ahora se exige a las figuras.

De ahí que una ganadería anunciada durante mucho tiempo junto a los nombres de toreros de primerísima fila se vea desde hace varios años al lado de toreros de menor categoría.

El último propietario de la familia Pablo Romero, no sin grandes sacrificios económicos y un esfuerzo considerable, luchó con ahínco por recuperar su histórica ganadería sin conseguirlo, por lo que se deshizo de ella. Los toros de Pablo Romero seguían cosechado más fracasos que éxitos, aunque se lidiaban en algunas ferias importantes gracias al gran prestigio que tuvieron. Y últi-

Las estirpes del toro y sus características morfológicas • 237

mamente, ya a nombre de «Partido de Resina», algunos toros anuncian posibilidades de volver a comportarse como fueron.

Ganaderías de origen vazqueño

DON PEDRO DOMECQ

La ganadería más famosa de esta casta fue la del Duque de Veragua, adquirida en su totalidad por Juan Pedro Domecq de Villavicencio en 1930 y de la que sólo queda el hierro, actualmente propiedad de su nieto Juan Pedro Domecq Solís, quien hierra con él sus reses de origen «Vistahermosa». De esta rama veragüeña existe y se lidian toros de Tomás Prieto de la Cal. Casi todo lo demás son reminiscencias o ligeros parentescos sanguíneos que aletean en las ganaderías de «Torrestrella», María del Carmen Camacho, «Jandilla», «Zalduendo» y todas las que de ellas proceden. Aunque hay otra vacada muy conocida en la que la sangre de Veragua tiene más presencia, la antaño famosa de «Concha y Sierra», que últimamente crió Miguel Báez Spuny «Litri» en su finca de Huelva. Y por la parte que le corresponde al ser formada en su origen con reses «Vazqueñas» y de «Vistahermosa», también la de José Benítez Cubero.

JANDILLA

La variedad de pelos y de tipos de los toros vazqueños provienen de su gran diversidad de orígenes. Fue creada por el utrerano Gregorio Vázquez con reses de procedencia desconocida, mezcladas con ganado de «Cabrera» y «Raso del Portillo» y, posteriormente, cruzada con vacas y sementales de «Vistahermosa».

Ganaderías de origen Vistahermosa

ZALDUENDO

Casi todas las ganaderías actuales proceden en su origen de la casta fundacional de mayor calidad y más prolífica. Tanto es así que del tronco «Vistahermosa» parten cinco

Un clásico «cárdeno» y muy en tipo de Pablo Romero.

PABLO ROMERO

importantes ramas, y de éstas, sucesivamente, la inmensa mayoría de la cabaña brava, aunque con características diferentes entre sí. Aun partiendo de la misma sangre, los distintos ganaderos moldearon cada una de sus vacadas mediante la selección, según sus preferencias morfológicas y de comportamiento. De las cinco ramas contemplamos sólo dos: la de Salvador Barea y la del «Barbero de Utrera», porque de las otras tres no hay descendencia precisa.

Según el árbol genealógico, la más antigua de todas las conocidas es la de «Saltillo» (única de la rama Varea), de donde provienen la mayor parte de las ganaderías mexicanas. En España, la vacada más cercana a Saltillo está en manos de la familia Moreno de la Cova, aunque en decadencia. Y mezclada en gran proporción, la muy famosa y más cotizada entre todas las actuales de Victorino Martín, que en su día formó el marqués de Albaserrada, cruzando reses de «Saltillo» y de «Santacoloma» y, no hace mucho tiempo, refrescada con gran discreción por su actual criador con reses portuguesas de origen santacolomeño. Precisamente otra de las vacadas más prolíficas y con más subespecies, también con parentesco Saltillo: la muy prestigiosa de Joaquín Buendía y las que de ella provienen.

El arquetipo morfológico de la estirpe «Saltillo» es un toro fino y de aspecto terciado; capas negras, entrepeladas y predominantemente cárdenas; hocico afilado; lomo recto; muy poca papada; patas enjutas y pezuña pequeña, y cuerna normalmente desarrollada con las pun-

VICTORINO MARTÍN

Un toro de Buendía, muy en la línea de «Santacoloma».

tas hacia arriba o vueltas («cornivueltas»). En cuanto a su comportamiento: toros temperamentales y codiciosos, con nobleza picante, que es necesario someter desde el principio de la lidia hasta el final.

De Murube a Ibarra-Parladé

La estirpe de Murube parte de «Varea» y del «Barbero de Utrera» (1863), las dos ramas fundamentales de «Vistahermosa». De Murube han salido infinidad de subestirpes: la más importante, la actual de José Murube, que durante muchos años estuvo en las manos de la familia Urquijo, posteriormente de Antonio Ordóñez, y las de Fermín Bohórquez y de «El Niño de la Capea», sumadas a sus descendientes.

MURUBE

Los toros más puros de esta estirpe son anchos, corpulentos, con mucho morrillo y de hocico chato, astas medianamente desarrolladas y recogidas hacia adentro o con las puntas apretadas hacia arriba, cara de aspecto acarnerado y, muchas veces, rizada. De pelo negro y comportamiento a la par bravo y noble, con una manera de embestir al galope muy especial y un modo de mirar inquietante.

Otra subestirpe de Murube es la de «Contreras», creada por Juan Contreras en 1907, quien tras seleccionar un tipo de menor apariencia, fijó pelajes colorados y castaños. Da reses de gran calidad, como la de los hermanos Peralta, y de gran bravura, como las que se lidian a nombre de los herederos de Baltasar Ibán.

Pero entre las subestirpes de Murube la más fecunda es la de Ibarra-Parladé. En 1884, Eduardo Ibarra adquirió la mitad de su ganadería a la viuda de Murube, logrando acrecentar con el tiempo la calidad y el prestigio de la originaria. De Ibarra, a su vez, surgen otras dos subestirpes: la de «Villamarta» (1914), que actualmente forman las vacadas de la familia Guardiola Domínguez, y la del Conde de Santacoloma, que también se divide en dos: la

Las estirpes del toro y sus características morfológicas • 241

Bajos y con mucha cara. Lo ideal en lo del Conde de la Corte.

Bellísimo y característico ejemplar de Juan Pedro Domecq.

Algo ensillado y montado. Un toro de Núñez de la rama «Rincón».

Un típico toro «parladé» de la ganadería de Samuel Flores.

de «Albaserrada» (Santacoloma y Saltillo) y la pura de Santacoloma, esto es, Joaquín Buendía. Como veremos después, la rama Parladé es la más larga y fecunda del enorme árbol ganadero de bravo.

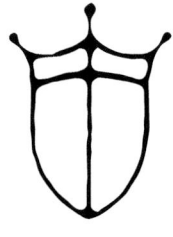

CARLOS NÚÑEZ

¿Cómo son los toros ibarreños? Muy bien armados, con astas de color blanquecino, puntas finas y negras; gran capacidad torácica, papada desarrollada y cuartos traseros algo caídos (lo que algunos llaman «aleonados»). Y de pelaje vario: negros, colorados, castaños, chorreados y salpicados, muchos de éstos con una mancha blanca en el lagrimal de uno de los ojos (en este caso se les llama «zarcos»). Por lo que respecta a su comportamiento, a menudo salen a la plaza abantos, distraídos, con poca codicia, hasta ir creciéndose poco a poco y acabar embistiendo con bravura y muchísima nobleza, humillados y con recorrido; esto es, con clase.

La derivación más antigua de Ibarra es la que con el tiempo acabaría siendo del Marqués de Villamarta (1896), quien seleccionó características morfológicas de finura en el tipo, afilados y blancos pitones y comportamiento temperamental. Esta sangre se transmitió a las ganaderías de Carlos Núñez, Guardiola Fantoni y Guardiola Domínguez.

La de Santacoloma es la derivación más joven, si nos atenemos a la fecha de su formación (1905) por el Marqués de Santa Coloma, con la mitad de la ganadería de Ibarra, entonces en manos de Manuel Fernández Peña. Poco después añadió reses de Saltillo, configurándose la vacada resultante en tres líneas: Ibarra, Saltillo y cruce entre ambas. Los toros logrados mediante este último cruce reúnen características de los dos: pelo negro, cárdeno o entrepelado; ausencia de castaños, colorados y de los chorreados típicos de Ibarra –seguramente eliminados en la selección–, aunque se pueden encontrar algunos «salpicados». Se trata de toros cortos de cuerpo, esqueleto pequeño y poco aparatosos de cuerna; bajos de agujas, poca papada y lomo recto o ligeramente ensillado; mirada vivaz y avispada, con cara de listos. Embisten con nobleza vibrante.

El conde de Santacoloma vendió la totalidad de su ganadería en 1932 a Joaquín Buendía Peña y actualmente

La gallardía y la belleza de un «burraco» de «Torrestrella».

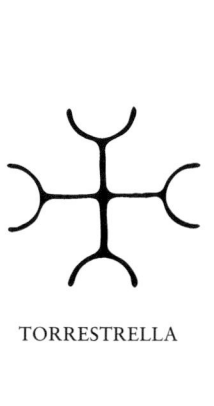

TORRESTRELLA

son sus hijos José Luis y Joaquín quienes dirigen y mantienen junto a sus hermanos la vacada dividida en dos. De ella, tres subespecies se fueron a tierras de Salamanca: la de «Coquilla», últimamente en poder de los hermanos Sánchez Fabrés, y a la de los Sánchez Arjona; la de Graciliano Pérez Tabernero, formada con reses muy de la línea Ibarra y actualmente en la sangre de los toros de José Escobar, Alipio, Javier e Ignacio Pérez Tabernero y, hasta no hace mucho, en los de Palomo Linares (último propietario del antiguo hierro de Graciliano); y la de Vega Villar, en la que la influencia de «Santacoloma» es determinante, aunque por haberse fijado determinados caracteres da toros muy bajos de agujas, hondos, de aspecto gordo, cuerna muy desarrollada y pelaje diferencial: «berrendo en negro» en todas sus variantes. A esta última subespecie pertenecen las ganaderías salmantinas de Sánchez Cobaleda, Francisco Galache, hermanos Tabernero Hernández y Arturo Copaleda. Suelen o solían dar toros con extraordinaria dulzura y nobleza.

GALACHE

Finalmente nos queda la rama Ibarra-Parladé, a la que pertenecen la mayoría de las actuales vacadas de bravo y, desde luego, las preferidas por las figuras del toreo en las ferias más importantes. La línea principal es la de Tamarón-Mora Figueroa-Conde de la Corte. Para muchos, la mejor de la historia en calidad y en cantidad, aunque últimamente en decadencia. Baste mencionar las dos importantísimas ganaderías que proceden de esta lujosa subespecie: la de Juan Pedro Domecq Díez y la de Atanasio Fernández, junto a las muchísimas que de ambas derivan, entre las que destacan «Jandilla», «Zalduendo», Juan Pedro Domecq Solís y Sepúlveda, como hermanas respectivas y principales.

Otra de las líneas, nada despreciables, es la de Rincón-Carlos Núñez, de cuya ganadería también proceden gran parte de las mejores de la actualidad: las de la propia familia Núñez, las de Manolo González y las de Gabriel Rojas, Martín Berrocal, etc.

CONDE DE LA CORTE

La tercera es la de García Pedrajas, ahora en poder de la familia Guardiola, que ha venido lidiándose a nombre de María Luisa Domínguez Pérez de Vargas, y la de Ramón Mora Figueroa, ahora la cotizadísima del marqués de Domecq.

La cuarta línea es la de Gamero Cívico, originaria del último lote vendido por Parladé y cuyas muestras más características en la actualidad son Lamamié de Clairac y la estupenda ganadería de Samuel Flores, una de las más cotizadas del momento.

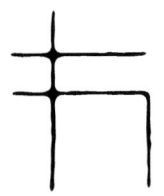

MANOLO GONZÁLEZ

SAMUEL FLORES

Para finalizar, sólo nos queda destacar algunos nombres de ganaderos verdaderamente trascendentales para la ganadería brava del presente y del futuro: los ya mencionados Atanasio Fernández, Carlos Núñez y Juan Pedro Domecq; y dos que no pueden quedar olvidados: Antonio Pérez de San Fernando y Álvaro Domecq Díez. El primero fue un mago de su tiempo al mezclar con estupendos resultados las castas de Parladé y Murube. El último, prototipo más señero de lo que un ganadero deber ser. Álvaro Domecq es un alquimista genial, creador apreciadísimo de una raza propia con características inconfundibles, de la que ya hay una extensa prole no menos apreciada. Sus toros de «Torrestrella» son el producto de la mezcla equilibrada de tres sangres señeras: Veragua, Núñez y Juan Pedro Domecq.

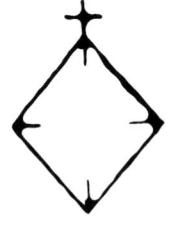

ANTONIO PÉREZ

La cornamenta del toro y los nombres que la distinguen

Las astas o cuernos de los toros se diferencian entre unas reses y otras según sea su tamaño, su grosor, o su color, su inserción en la testuz, la dirección que muestren y la separación entre ambos pitones.

Respecto al tamaño, a los toros de cuerna grande se les llama «cornalones»; a los de cuerna recogida o pequeña, «cornicortos», y a los de cuerna normal, se suele decir de ellos que están «bien puestos».

Respecto al grosor, pueden ser «astigordos» si tienen los pitones gruesos o «astifinos» si los tienen delgados y puntiagudos en su final.

Por lo que supone la diferencia de colores, se llaman «astiblancos» a los de cornamenta blanca, aunque las puntas sean oscuras. Los llamados «astinegros» son los de cuerna negra desde la cepa hasta la punta. Y los que llaman «acaramelados», los de cuerna color caramelo céreo.

Según la inserción de las astas en la testuz del toro, si es baja y su dirección es hacia abajo, se les llama «cor-

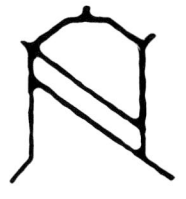

ATANASIO FERNÁNDEZ

Las estirpes del toro y sus características morfológicas • 247

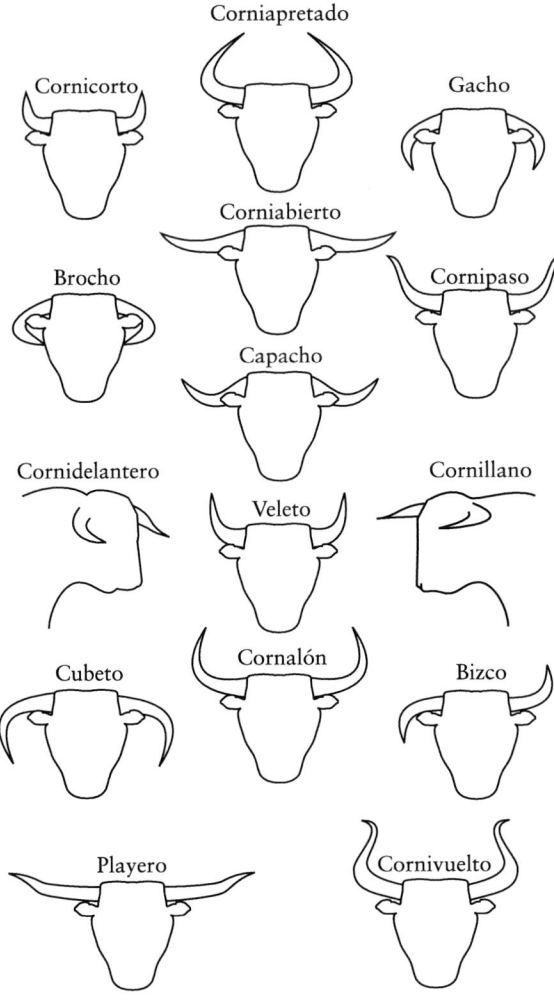

Clasificación del toro de lidia por su cornamenta.

nigachos». Y si las astas nacen de la parte delantera y siguen hacia delante, «cornidelanteros».

Si las puntas de los pitones se juntan en forma de paréntesis, se les llama «brochos». Si se presentan caídas y más abiertas, sin llegar a ser «gachos», se denominan «acapachados». A los muy caídos y con las puntas prácticamente juntas, «cubetos». Y a los de cuerna muy alta y con las puntas hacia arriba, con la vuelta natural de cada cuerno apenas marcada, «veletos».

Si tienen las puntas de los pitones a la misma altura que la «mazorca», se les llama «cornillanos». Y si tienen un cuerno más alto que otro, «bizcos». Serán «bizcos del derecho» o «bizcos del izquierdo», según el pitón que baje con respecto al que tienen normal.

Fijándonos en la terminación de la cuerna y sus distintas direcciones, se dice que un toro es «corniapretado» si las puntas tienden a juntarse. «Corniabierto», cuando estando «bien puestos» tienen los cuernos muy separados. «Cornipaso», con los pitones vueltos hacia afuera. «Cornivuelto», con los pitones vueltos hacia atrás. Y «playero», cuando la cuerna se abre en forma de playa abierta.

El esquema adjunto muestra los distintos tipos de cornamenta.

Capas, pelos o pintas de los toros de lidia

Cuando nos referíamos a las castas fundacionales y a las distintas estirpes que de ellas derivan, han aparecido términos referidos al color o colores del pelaje de los toros según sus razas. Vamos a referirnos a ellos, para que los aficionados nuevos puedan distinguir con propiedad unos de otros.

Las coloraciones que presenta el pelo que recubre el cuerpo del ganado de lidia son fundamentalmente tres, y las que resultan de las combinaciones entre ellas: negro, blanco y colorado. Estos pelajes pueden tener distintos aspectos en función que sea una misma tonalidad la que cubre todo el cuerpo del toro, o que se distingan sobre zonas muy concretas del mismo: cabeza, cuello, pecho, lomo, extremidades, vientre y cola.

Por su aspecto más general, las capas se clasifican en simples (formadas por pelos de un mismo color), compuestas (pelos de dos o más colores distribuidos uniformemente que dan la sensación de un mismo color) y mixtas (combinaciones de dos o más pelos dispuestos en manchas perfectamente diferenciadas).

Capas simples

Negro. O de pelo negro, que es el más común en los toros de lidia, aunque con variantes: «Azabache», si el pelo es brillante. «Zaino», si además de brillante, no tiene un solo pelo blanco. «Mulato», si el pelo no brilla y tiende a pardo. «Ensabanado» o de pelo netamente blanco. «Castaño», pelo del mismo color que las castañas. «Colorado», de color rojo brillante. «Jabonero», o de color blanquecino sucio. Muy raramente aparecen toros de otras coloraciones, según la combinación de unos pelajes u otros sea mayor o menor: «melocotón», «cenizo» o «albahío» (blanco amarillento).

Capas mezcladas

«Cárdeno». Color resultante de la mezcla de pelos blancos y negros, entremezclados íntima y uniformemente, con aspecto grisáceo. Si predominan los pelos blancos, son «cárdenos claros», y si es el pelo negro el que abunda, «cárdenos oscuros».

«Salinero». Mezcla uniforme de pelos blancos y rojos, que será claro u oscuro según predominen los pelos blancos o los rojos, respectivamente.

«Sardo». Mezcla de pelos blancos, negros y colorados.

Capas mixtas

Cuando sobre fondo blanco se presentan manchas de otro color, en mayor o menor extensión y de forma irregular, se dice que un toro es «berrendo». Según sea el color de estas manchas, se les llama «berrendos en negro», «en colorado», «en cárdeno», etc.

Pero entre los «berrendos» existen muchas particularidades, según afecten a toda la capa o sólo a algunas partes: a la cabeza y el cuello, al lomo, al vientre, a las extremidades y a la cola del toro.

Así, se llama «salpicado» al toro que presenta manchas blancas de distintos tamaños sobre toda la capa. «Burraco», cuando presenta manchas blancas en la parte inferior del cuerpo semejando a las aves llamadas «urracas». «Entrepelado», si aparecen pelos blancos visiblemente diseminados en toda la capa de un mismo color y en menor proporción al dominante. «Bociblanco», cuando un toro de cualquier pinta muestra un cerco de pelos blancos alrededor del hocico. «Bocinegro», si el cerco de pelos alrededor del hocico es negro. «Capirote», cuando los pelos que cubren toda la cabeza del toro son sensiblemente más oscuros que el resto del cuerpo. «Careto», si la cara del toro se muestra blanca y el resto de la cabeza de otro color. «Lucero», cuando muestran una mancha blanca en la testuz sobre una capa oscura. «Ojinegro», si tiene un cerco de pelos negros alrededor de los ojos. «Ojo de perdiz», cuando el cerco alrededor de los ojos es colorado y parecido al que distingue a las perdices.

Cuando los pelos del lomo y el costillar del toro son de color más claro que el resto de la capa y se extienden dibujando la silueta de una albarda, se dice que un toro es «albardado». Si aparecen franjas verticales que caen desde el lomo al vientre (más claras o más oscuras que el resto de la capa), se dice que el toro es «chorreado». Si estas franjas son muy oscuras o negras y caen sobre una capa de color castaño, se les llama «chorreados en verdugo». Cuando presentan una franja a lo largo de la espina dorsal de distinta tonalidad al resto de la capa, se le conoce por «listón».

Las particularidades que se refieren al vientre son las siguientes: «Bragado», cuando el vientre es de color blanco y el resto de la capa de otro color más oscuro. «Girón», si una mancha blanca e irregular parte del vientre y se prolonga por los hijares, mientras el resto de la capa es de color uniforme. «Meano», los de capa oscura y balano de color blanco.

Con respecto al pelaje de las extremidades, se dice que un toro es «botinero» cuando la región distal de las mismas es de color negro, siendo el resto de la capa de color más claro. Igual que si el toro llevara botines.

Se llaman «calceteros» a los toros cuya porción distal está cubierta de pelos blancos y el resto de la capa es más oscura. Como si llevara calcetas.

Cuando la borla de la cola está formada por pelos muy claros con respecto al resto de la capa o son blancos, se dice que el toro es «coliblanco» o «rabiblanco».

12. TOREROS HISTÓRICOS Y SEMBLANZA DE CONTEMPORÁNEOS Y ACTUALES

Hacer un recorrido completo y minucioso por toda la historia del toreo a través de sus principales protagonistas necesita una extensión que excede con mucho de las pretensiones de este libro. La bibliografía taurina está plagada de textos más o menos precisos pero siempre interesantes para cuantos pretendan adentrarse en un estudio más profundo de la tauromaquia (*La Historia del Toreo*, de Néstor Luján, las *Memorias de Clarito* y la más reciente obra tres volúmenes de Carlos Abella y Daniel Tapia, son recomendables). Sin embargo, conviene que aquí abordemos mínimamente esta singular historia, plasmada en los ruedos por las principales figuras. Para ello, mencionaremos primero y por orden cronológico los nombres de los toreros que han dejado más huella; después haremos una semblanza de los más interesantes diestros de la actualidad –incluso los más recientemente retirados– para que los lectores que nunca han asistido a las corridas de toros puedan distinguirlos y valorarlos mejor.

Breve recorrido por la historia

Un año antes de que terminara el siglo XVIII, Pedro Romero daba por finalizada su larguísima carrera como matador de toros en la que había demostrado destreza y facultades poco comunes, como lo demuestra no haber resultado nunca herido pese a los más de 5.000 toros que mató. Claro que entonces la suerte se ejecutaba de cualquier manera, aún no se habían dictado normas precisas para hacerlo y el toreo no pasaba de ser una lucha más o menos lucida con el toro para darle muerte. De cualquier manera, Pedro Romero fue el diestro más importante de cuantos alternaron con él en su tiempo y de él partimos.

Antes de que Carlos IV prohibiera las corridas en 1805 y de que Fernando VII levantara esta prohibición tres años después, moría en la plaza de Madrid víctima de un toro otro torero muy importante, José Delgado «Pepe Hillo». Éste sí dictó su tauromaquia y, según ella, siguieron desarrollándose las corridas durante un periodo en el que no destaca ningún diestro en especial. Si acaso, Juan León y «El Sombrerero» entre los de una época ciertamente crítica, en la que para intentar remediar la crisis, el monarca restaurador fundó la «Real Escuela de Tauromaquia de Sevilla» nombrando director de la misma al ya retirado y viejo maestro Pedro Romero, y de la que surgieron como alumnos más aventajados Francisco Montes «Paquiro» y «Curro Cúchares».

Precisamente a «Paquiro» se debe la ordenación de la lidia tal y como la conocemos hoy e, incluso, la primera normativa del espectáculo, entrando en los más mínimos detalles. Aunque fue un político malagueño, Melchor Ordóñez, quien poco tiempo después, en 1847, legisló formalmente la primera reglamentación taurina que se conoce como tal.

Un protegido y paisano de «Paquiro», «El Chiclanero», empieza a competir con «Cúchares», asimismo apoyado por Pedro Romero, dando lugar con ello a la primera gran competencia de la historia taurina. Se dividen los públicos en torno a uno y otro y la Fiesta inicia su auge.

Pedro Romero.
Retrato de Goya.

Francisco Montes «Paquiro».

Rafael Molina «Lagartijo».

Salvador Sánchez «Frascuelo».

Pero por enfermedad y muerte prematura de «Chiclanero», en plena mitad del siglo XIX, vuelve la decadencia a las plazas, y los progresos artísticos logrados por ambos espadas dan paso a los modales abusivos de una generación de toreros mediocres: «Pepete», «El Tato» y «Desperdicios», a quien un toro le sacó un ojo en la plaza de El Puerto de Santa María y, una vez repuesto, continuó su ejercicio profesional como si nada le hubiera ocurrido. Se salvan algo Cayetano Sanz y «Pepete», que actúan durante muchos años y sirven de nexo de unión con otro diestro destacado, «El Gordito». Estamos en la antesala de la primera pareja de grandes figuras del toreo: el cordobés «Lagartijo» y el granadino «Frascuelo».

Estos dos diestros llenan toda una época del toreo. «Lagartijo», con su elegante sentido de la profesión. «Frascuelo», a base de un valor temerario que enardece a las masas. El primero subsiste largo tiempo, apenas sin percances. El segundo, por el carácter arrojado de su estilo, sufre más de treinta cornadas. Ambos se retiraron, sin embargo, tarde, mal y en total decadencia, cuando finalizaba el siglo XIX.

Un banderillero a las órdenes de «Frascuelo», Rafael Guerra «Guerrita», decide tomar la alternativa –en aquella época el aprendizaje se hacía generalmente desde la pertenencia a las cuadrillas– y se cuaja como uno de los toreros más poderosos de todos los tiempos. «Guerrita», en efecto, se decanta como el primer absolutista de la historia del toreo. Su reinado en solitario se mantiene en tal plenitud y dura tanto que llega a cansar a los aficionados. Por lo que el maestro, abrumado por las caprichosas protestas del público, decide retirarse en plena Feria del Pilar en Zaragoza el año 1899.

Los dos diestros que acompañaron a «Guerrita» en este final de siglo fueron Luis Mazzantini y «El Espartero». Mazzantini fue un torero tan seguro y largo como notable en su vida civil. Cultísimo, de exquisita educación, políglota y político, llegó a ser gobernador civil. «El Espartero», muerto por un toro de Miura en la plaza de Madrid en 1894, fue uno de los más valientes de la historia. Sin duda, el primero que intentó quedarse quieto con los toros. Un revolucionario frustrado por la muerte.

Con la retirada de «Guerrita» vuelve la crisis a la Fiesta. Ni el elegantísimo Antonio Fuentes, también muerto víctima de un toro en México, ni siquiera la brillante pareja formada por el sevillano «Bombita» y el cordobés «Machaquito» logran que las masas se vuelquen en las plazas. Y menos que se apasionen. Estamos en los primeros años del siglo XX y junto a estas dos figuras conviven espadas de menor tono: Vicente Pastor, «El Papa Negro», «Cocherito de Bilbao»... Tan sólo uno de ellos destaca por la genialidad de su quehacer, Rafael Gómez «El Gallo». Precisamente el que iba a ser testigo más cercano de la llamada «Edad de Oro» del toreo, gracias a la aparición de dos toreros de Sevilla, realmente históricos: «Joselito» y Juan Belmonte.

Juan Belmonte.

Con «Joselito» –hermano menor de «El Gallo»– y con Belmonte la Fiesta recobra toda su grandeza y la opinión taurina de los españoles se divide apasionadamente en dos bandos.

José Gómez Ortega «Joselito» pertenece a la línea de los toreros poderosos fundada por «Guerrita». Precoz y larguísimo, dominador de todas las suertes y capaz hasta grados increíbles frente a toda clase de toros. Podría haber reinado en solitario de no haber sido coetáneo de quien habría de ser su pareja y principal competidor, Juan Belmonte, el diestro más trascendental de toda la historia del toreo gracias a su revolución. Hasta advenir Belmonte, torear consistía en esquivar las acometidas del toro sobre las piernas, con más o menos valor, con mayor o menor habilidad y arte. Pero Juan impuso la quietud de los pies y la templanza, la despaciosidad en la realización de las suertes, por lo que fue y será considerado como el fundador del toreo moderno.

La prematura muerte de «Joselito» en la plaza de Talavera de la Reina el año 1920 deja solo a Belmonte, que, entristecido, no tarda en retirarse. Tampoco en reaparecer pletórico y más seguro, más templado, más regular también. Sigue reinando, pues, Juan Belmonte, aunque

José Gómez Ortega «Joselito».

Ignacio Sánchez Mejías.

ya en medio de una importante corte de toreros, todos influidos por su norma revolucionaria.

«El Gallo», que sigue alternando con Belmonte durante años, impregna sus irregularísimas y geniales faenas con mayor arte y enjundia; continúa en la brecha el mexicano Rodolfo Gaona, quien fue capaz de competir con los dos colosos y a su misma altura profesional. Y llegan los diestros de la llamada «Edad de Plata» del toreo. Algunos mueren en los ruedos, como Manuel Granero (1922) en su primera juventud y sin poder desarrollar lo mucho que llevaba dentro; o como el valiente y polifacético Ignacio Sánchez Mejías, que muere en su última reaparición. Otros permanecen durante muchos años, como el poderoso y fácil Marcial Lalanda. Los demás suben y bajan en función de su quebradizo ánimo, tan común a los diestros de corte artístico. Y entre ellos, «Chicuelo», «El Niño de la Palma», Antonio Márquez, intérpretes virtuosos del ya viejo «arte de Cúchares». Con acento hiperestilista y más genialmente irregular que ninguno, destaca también el gitano «Cagancho».

Los toreros más importantes de esta «plateada» época fueron Manolo «Bienvenida» y el toledano Domingo Ortega. Sin olvidarnos del gran Pepín Martín Vázquez, que dura un suspiro aunque dejando huella. Pero al morir prematuramente a causa de una enfermedad el primero, queda Ortega como máxima figura, quien desde el mismo día de su alternativa en Barcelona, en marzo de 1931, se reafirma como un diestro realmente extraordinario. Poderosísimo con la muleta y solemne con el capote, se distingue por el temple y la suavidad con que domina y torea, al tiempo que les anda a los toros, intercalando la firmeza de pies en los cites con un marcharse al final de los muletazos para buscarles las vueltas a los toros más difíciles con notoria armonía. Pero Ortega y los toreros de su tiempo han de interrumpir forzosamente su profesión a causa de la Guerra Civil en 1936, y cuando vuelven a los ruedos una vez finalizada ésta en abril de 1939, tropiezan con otro de los más grandes toreros de todas las épocas: el cordobés Manuel Rodríguez «Manolete».

«Manolete» arrasa a todos y reina en solitario como lo hiciera su paisano «Guerrita». Y no sólo reina, revoluciona el toreo. Da un paso más en lo que supuso la revolución belmontina, realizando a casi todos los toros con los que se enfrenta una faena personal, exacta, estoica, templada, ceñida y ligadísima, que clausura con una estocada volcándose sin máculas. Su estricto sentido de la responsabilidad, su entrega permanente –«Manolete» impone la regularidad en el éxito como condición inexcusable para ser considerado gran figura– y su amor propio le llevan a la cúspide más alta del toreo, pero también a la muerte. Sucede ésta en la plaza de Linares el 28 de agosto de 1947 al entrar a matar a un toro de Miura. El ambiente taurino español se inunda de pesar. Los partidarios de «Manolete» –la mayoría de los aficionados– no ocultaron entonces el desagrado con quienes habían tratado a su torero con tanto desprecio. Porque sobre «Manolete» también había caído con saña el «peso de la púrpura» y esa leyenda negra que suele acompañar a los toreros cuando triunfan y se enriquecen en plena juventud. Los mismos que acusaron al llamado «monstruo» cordobés de haber impuesto el toro chico y «afeitado», lo callaban para enjuiciar a otros diestros coetáneos, al fin y al cabo beneficiados por las mismas cuestiones y de los que eran acérrimos partidarios mientras detestaban la, según ellos, heterodoxia y su colocación «perfilista», con la mano retrasada en los cites, de Manuel Rodríguez. No pocos detractores de «Manolete» se habían puesto de parte de otro diestro extraordinario por sus maneras exquisitamente clásicas, aunque bastante menos capaz por su falta de decisión y desigual continuidad en el éxito: el sevillano Pepe Luis Vázquez Garcés. «Pepe Luis», sin embargo y aún retirado, sigue siendo un torero paradigmático para muchos aficionados tenidos por «puristas» que, desde entonces, hicieron tópico para cuantos siguieron fieles a esta misma línea, primar en sus preferencias a los artistas inconsistentes contra los toreros más poderosos y seguros, las verdaderas figuras.

El matador que más compitió directamente con «Manolete» no fue español; nació en México –país donde

Manuel Rodriguez «Manolete».

el torero de Córdoba tuvo tanto éxito o más que en España– y se llamó Carlos Arruza. Un diestro atlético que lo basó todo en sus facultades y en su valeroso e indeclinable entusiasmo que conectaba pronto con los públicos.

Tras la muerte de «Manolete» y, además de los nombrados, surge una generación de toreros importantes y todos diferentes. Se sigue lidiando el toro de la postguerra –de entre tres y cuatro años de edad–, lo que permite que el toreo se perfeccione más y más, sin que ello aleje el peligro. Siguen cayendo gravemente heridos los mejores, un año tras otro. El mismo Pepe Luis Vázquez ve mermadas sus grandes posibilidades a causa de una cornada en la cara. Y otro tanto ocurre con un estupendo torero de origen sevillano, aunque nacido en Caracas, muy querido y admirado en Madrid, que contó con grandes simpatías mientras permaneció en activo pese a la notable irregularidad de sus lecciones de maestría y clasicismo, Antonio Bienvenida, desgraciadamente muerto por una becerra que le volteó accidentalmente en un tentadero cuando ya se había retirado de los ruedos.

Destacan después y con mucho en aquellos años (finales de los cuarenta, principio de los cincuenta), dos toreros que hacen pareja, Julio Aparicio –arrebatadoramente clásico– y Miguel Báez «Litri» –enrazadamente heterodoxo–; Manolo González, valiente, alegre y artista a la par; y, sobre todos ellos, Luis Miguel «Dominguín», que tras acosar a «Manolete» y, tras la muerte de éste, se hizo dueño del toreo a base de inteligencia, valor, poderío y enorme personalidad, en la más pura línea «guerrista». Luis Miguel, además, fue el primer torero «mundano» por trascender su fama de los ruedos y extenderla por casi todo el mundo.

Pero nada más iniciada la década de los años cincuenta irrumpe en la Fiesta un diestro de porte y cualidades excepcionales, capaz de sintetizar y resumir en su sola persona todas y cada una de las mejores virtudes de sus antepasados y, en tan alto grado, que le convierten en otro de los grandes de la historia, el rondeño Antonio Ordóñez. Tercer hijo de la dinastía creada por «El Niño de la

Luis Miguel «Dominguín».

Miguel Báez «El Litri».

Antonio Ordóñez.

Palma», su largo paso por el toreo deja una huella ejemplar e imperecedera. No sólo fue un torero con categoría artística y empaque impares; poseyó, además, un descomunal valor y en su espléndida madurez logró –algo vedado a los demás hasta llegar él– la «regularidad en la perfección» más clásica, pese a sus muchísimos percances y cornadas.

La época de Ordóñez (1951-1971) resulta por demás uno de los periodos más prolíficos y brillantes de la historia. Podríamos identificarla como una verdadera «Edad de Platino», en la que no hay decadencia ni crisis, sino explosión de toreros y de estilos. En los sesenta, surgen tres de los más importantes entre los muchos buenos: los sevillanos Diego Puerta –quien «une a su alegre pinturería un cráter volcánico» (según «Clarito» en sus memorias)–, Paco Camino –sabio entre sabios, grácil y fácil en grado superlativo– y el salmantino Santiago Martín «El Viti», con un toreo tan renacentista, acabado y redondo como los monumentos de su tierra. Junto a los tres, aunque dentro de una segunda fila entonces, un estilista que permaneció en los ruedos sin interrupciones más años que nadie (desde 1954 hasta el 2000) gracias a la impronta y al recuerdo imborrable de su toreo, pese a su perpetua irregularidad y desánimo: el también sevillano Curro Romero, que se mitificó y ganó mucho más dinero en la segunda y decadente parte de su larga carrera que en sus años de plenitud física y artística. Un caso de excepcional carisma en la historia del toreo.

En esta segunda fila, verdaderamente amplia e ilustre, habían figurado antes o después y por derecho propio uno de los mejores y más clásicos matadores de la historia, el gaditano Rafael Ortega; el madrileño Antonio Chenel «Antoñete», ejemplar en el manejo de la muleta más honda y figura más destacada en sus reapariciones que en su plenitud juvenil –aún aletea «Antoñete» pese a su evidente vejez–; Antonio Borrero «Chamaco», o la ética y la estética del valor más limpio; la fibra hecha sentimiento de Juan Posada; el fresco cartesianismo de Victoriano Valencia; Miguel Mateo «Miguelín», largo, bizarro y atleta; Fermín Murillo, un aragonés tan recio y enjundioso como

Antonio Borrero «Chamaco».

Paco Camino.

Diego Puerta.

Antonio Chenel «Antoñete».

la jota; Gregorio Sánchez, la sobria eficacia de Castilla; Manolo Vázquez, pura «sevillanía» y también más figura en su reaparición que en su juventud; «Mondeño», tan firme y flexible como un junco; Jaime Ostos, todo corazón; «Rafael de Paula», un gitano que toreó con el capote «como los ángeles» –mejor que nadie en su interpretación genial a la verónica– y con la muleta «como los querubines», aunque con marcadísima irregularidad y un miedo insuperable; y el venezolano César Girón, el diestro más alegremente variado y poderoso que envió América después del gran maestro «Armillita», entre otros de menor calado. Jamás coexistieron tantos y tan buenos toreros durante un periodo tan corto de tiempo.

Porque hemos dejado a propósito otro diestro de entre los primeros de esta misma generación. Iniciada la década de los sesenta surge desde Córdoba el llamado a ser tercer revolucionario del toreo y la figura con más capacidad de atracción sobre las masas de todos los tiempos. También la más polémica: Manuel Benítez «El Cordobés». Negado sistemática y desaforadamente por la afición y la crítica «puristas», no lograron pararlo sino, muy al contrario; cada vez que le negaban, más se reafirmaba con mayor fuerza en su poder absoluto. Tanto fue así, que hasta Ordóñez tuvo que descansar tres años aprovechando las secuelas de un grave percance sufrido en Tijuana en 1961 –nunca llegaron a competir cuando reapareció el rondeño e hicieron cada uno la guerra por separado–, mientras los demás pasaron a ser importantes comparsas de su mandato. «El Cordobés» aunó a su enorme valor y a su atrayente personalidad una técnica muletera prodigiosa y una capacidad de resistencia física ilimitada, expresadas en su toreo con unas maneras desgarbadas, lindando con lo irreverente. Sin guardar casi nunca las formas externas de lo clásico, lo fue según el concepto más profesional e íntimo del toreo. Dio otro pasó más, superando en quietud y en ligazón a Belmonte y a «Manolete», por lo que –gustos artísticos aparte– ha quedado para la historia como la figura más atrayente de todos los tiempos.

Retirados Antonio Ordóñez, «El Cordobés» (1971)

Santiago Martín «El Viti».

Palomo Linares.

Manuel Benítez «El Cordobés».

Rafael de Paula.

Francisco Rivera «Paquirri».

Francisco Ruiz Miguel.

y alicaídos sus inmediatos herederos, la Fiesta vuelve a entrar en crisis y toma un vuelo menos alto como consecuencia del cambio que sufre el toro de lidia. Con un año más de edad y con 100 kilos más de peso sobre el normal –impuestos tras una equivocada campaña de la nueva crítica y por los aficionados más intransigentes–, el toro gana en presencia y «listeza», pero pierde movilidad, lo que afecta notablemente a la posibilidad de lucimiento de los toreros. Como consecuencia de ello, en la segunda mitad de los setenta sucede el declive definitivo de los maestros que quedaban en activo y asistimos al nacimiento de una etapa en la que los diestros se ven obligados a cambiar de técnica para conseguir triunfar.

Son los todavía cercanos años en los que se forman y cuajan con mayor o menor fortuna el madrileño y elegante Ángel Teruel, el linarense y batallador Sebastián «Palomo Linares», el barbateño y poderosísimo «Paquirri», el heroico isleño Francisco Ruiz Miguel, al que aún le quedan ganas de volver, el simpático y tremendo malagueño Antonio José Galán, el templadísimo y desaliñado manchego Dámaso González, el neoclásico maestro alicantino José María Manzanares, el todo terreno portuense José Luis Galloso, el artesano abulense Julio Robles, el listísimo salmantino «Niño de la Capea», el encastado cartagenero José Ortega Cano, el orfebre plateresco de Valladolid Roberto Domínguez y los siempre buenos profesionales, José Antonio y Tomás Campuzano. Algunos continúan en activo.

De todos ellos, quien logró auparse entonces a lo más alto, gracias a su capacidad de sacrificio y a su gran profesionalidad, fue Francisco Rivera «Paquirri». Otro diestro más de la línea «Guerrita»-«Joselito»-«Dominguín». Largo, valiente, poderoso y escaso de pellizco como ellos, se mantuvo arriba y con más fuerza que ninguno de sus compañeros durante los últimos años de la década de los setenta y los primeros de los ochenta, hasta la irrupción en los ruedos de otro diestro que también revolucionó el toreo, el sanluqueño Paco Ojeda, aunque sin lograr permanecer mucho tiempo como figura con mando.

«Paquirri», en plena decadencia, resultó muerto víctima de un toro en la placita de Pozoblanco (Córdoba), mientras rumiaba una inminente retirada a finales de septiembre de 1984. Le siguió muy brevemente en el mando Paco Ojeda, tomando sucesivamente el relevo el sevillano Juan Antonio Ruiz «Espartaco» durante la década de los ochenta y el valenciano Enrique Ponce en los noventa, mientras competían entre ellos y con sus coetáneos. Algunos, recientemente retirados. Otros, todavía en activo. Algunos cuajados como figuras –los madrileños José Miguel Arroyo «Joselito», José Tomás y Julián López «El Juli» que anuncia un nuevo reinado pese a su juventud– o a la espera de cuajar. De unos y otros tratamos más detenidamente a continuación.

Semblanza de toreros contemporáneos y actuales

Son –fueron algunos– los más destacados entre los que se ven anunciados última o actualmente en los carteles de las principales ferias y plazas. Por eso vamos a dedicarles una semblanza individual, siguiendo el orden de antigüedad que determinó la fecha de su alternativa y procurando entrar en la particular personalidad de cada uno, sin omisiones; esto es, con sus virtudes y defectos. Porque los toreros –todos los toreros– no siempre se muestran cual son o podrían ser. Cuando ven claro la realización de algo, aunque no se corresponda con su capacidad ni con la medida de su particular valor, suelen refugiarse en ello y no les importa traicionar su concepto más íntimo del toreo. Cuando el juego de los toros lo pide, hay que aceptarlo; pero si lo hacen por comodidad, por descuido de su forma física y psíquica, o por adocenamiento, que es lo más criticable, hay que señalarlo. El mejor homenaje que se puede rendir a los toreros es saber criticarlos.

El valor, la técnica y la expresión corporal de cuanto llevan a cabo deben estar muy relacionados entre sí. Las disfunciones entre el concepto que se tiene del toreo y su expresión alteran la personalidad.

La lidia y el toreo son como una doma del toro que dura veinte minutos. Durante este corto espacio de tiempo hay que procurar el continuo dominio de la voluntad del toro. Juegan, pues, muchos matices. Por ejemplo, la total comprensión del final de cada embestida en un lance o en un muletazo y su resolución precisa tienen que ver con el mejor inicio de los lances o de los muletazos siguientes. Porque los toros «protestan» cuando se sienten incómodos embistiendo y a esta incomodidad contribuyen, muchas veces, los propios toreros. Sucede igual que en la doma de los caballos. Para torear, por tanto, es absolutamente necesaria una perfecta simbiosis entre la técnica y los modos de expresarse con fidelidad al concepto que cada uno tenga del toreo. Sea éste ortodoxo o heterodoxo. No hay que «mentirse». Y hacerlo todo despacio, sin atosigamientos, sin amontonar las suertes, espaciando con justeza las entradas y las salidas de los terrenos que se pisan en cada serie, en cada tanda. Este sentido de la medida está unido al de las proporciones. Se adquieren con el ejercicio de la profesión, aunque haya toreros muy precoces, muy intuitivos, que dan la sensación de cuajo y de sabiduría desde sus primeros años.

Otra cuestión es el sentimiento o la capacidad de transmitir emociones a los espectadores. Lo que llamamos «arte» tiene que ver mucho con ello. De ahí las variadísimas posibilidades del toreo por su condición artística. Porque no sólo pueden torear con arte los toreros que llamamos tópicamente «artistas», sino cuantos son capaces de sentir emocionadamente su toreo, independientemente del estilo que tengan. La entrega apasionada de los públicos se desata, precisamente, cuando el torero se entrega y siente lo que hace, sea cual sea su estilo y personalidad. No vale pues el encorsetamiento ni la rigidez con la que algunos han tratado y siguen tratando de encasillar el arte taurino. Este es uno de los más grandes errores que han cometido los críticos y la causa de que durante años casi todos los toreros hayan copiado un estereotipo de «toreo bonito» sin preocuparse de que, además, fuera bueno y auténtico.

De otra parte, cuando los toreros están frente a un toro, torean como son –«se torea como se es», dijo Belmonte–. También torean como están. No basta, entonces, «ser», es necesario «estar» bien, sentirse fuertes, relajados, despejados y dispuestos.

Sirviéndonos de todos estos conceptos, vamos a intentar analizar a los mejores toreros del momento presente (de 1970 hasta el 2000). Durante este periodo y en la primera fila hubo y hay un ramillete de figuras muy amplio, entre los que aparecen veteranos maestros en plena madurez o en decadencia, junto a jóvenes maduros, y algunos a los que les faltan cosas por aprender. Veamos cómo fueron, cómo son y cómo podrían llegar a ser.

Dámaso González. Nacido en Albacete el 11 de septiembre de 1948. Alternativa en Alicante, el 24 de junio de 1969. Desde su triunfal debut de novillero en Sevilla hasta

Dámaso González.

su retirada, aunque debamos señalar algunos baches de ánimo al final de la primera parte de su larga carrera (1967-1988), Dámaso González ha sido un torero valiente, muy templado y poderoso con la muleta frente a toda clase de toros. Muy desaliñado en sus formas también, lo que le acarreó la enemiga de muchos aficionados y de no pocos críticos, curiosamente convencidos de la importancia torera de Dámaso desde que empezó a pensar en retirarse. El equilibrio entre su concepto del toreo y su especial manera de expresarlo es total en su caso. Nunca tuvo complejos y se mostró cual era, sin que le importaran las opiniones de sus contrarios. Estéticamente calamitoso con el capote, que maneja más como arma de prueba y de tanteo que para lucirse, Dámaso se ha distinguido como autor de innumerables y meritísimas faenas, en las que todo su quehacer se basaba en el absoluto dominio del toro y en la preconcebida extensión de la obra, finalizada casi siempre con lo que el crítico «Barquerito» definió muy bien como «sobredosis»: una sucesión encadenada de pases circulares y desplantes, con los que se «emborracha» de toro y logra emborrachar a todos los espectadores, ajenos a los retorcimientos del torero, extraño por completo a cualquier canon estético. Matador sin estilo pero bastante eficaz, se le puede considerar como una de las más importantes figuras de la década de los setenta y aún de los ochenta. En sus últimos años siguió fiel a sí mismo y continuó triunfando en las plazas más importantes, aunque sin el atractivo de que gozó en sus primeras temporadas.

Cabe, finalmente, entrar en el estudio de su técnica, soportada por un conocimiento exhaustivo de las querencias y de los terrenos de los toros, por un valor tan sereno como consistente, y por un sentido extraordinariamente paciente de la lidia y del toreo. Dámaso González fue capaz de esperar y de hacer que le pasaran muchísimos toros vedados para otros. Su colocación exacta en los cites sin cruzarse en el inicio de las tandas y curvando muy abiertamente el trayecto de los muletazos, el no obligar a los toros, sino su modo de llevarlos a media altura, su capacidad de «abrirlos» o de «cerrarlos» cuando convenía y de «tocarlos» con mimo y precisión le convirtieron en un verdadero mago del temple.

Curro Vázquez. Nació en Linares (Jaén) el 1 de mayo de 1951. Tomó la alternativa en la antigua plaza de «Vista Alegre» de Carabanchel (Madrid), el 12 de octubre de 1969. Se retiró, volvió y aún actúa. Torero muy clásico en sus maneras, logró el máximo esplendor en su etapa novilleril. En la corrida de su doctorado sufrió una cornada gravísima que determinó lo quebradizo de su ánimo y una permanente irregularidad en el éxito. Por la clase y el sentido de su toreo tiene un gran concepto del mismo, pero valor insuficiente para poder expresarlo con la frecuencia y autenticidad que él mismo pretende. A medida que fue adquiriendo oficio, resistió, se hizo un hueco y permaneció en activo, aunque muy en segunda fila. Con mejores formas que fondo, logra faenas tan esporádicas como extraordinarias que enardecen a sus partidarios.

Curro Vázquez.

José María Manzanares. Nació en Alicante el 14 de abril de 1953. Tomó la alternativa en su ciudad natal el 24 de junio de 1971. Desde un punto de vista formal, Manzanares está considerado como el mejor torero del presente. Si su ánimo no le hubiera fallado tantas veces, sería una de las figuras más importantes de la historia. Pero Manzanares no fue nunca torero de guerra, sino de paz. Sus esfuerzos, más o menos persistentes y últimamente extraordinarios, se vieron siempre encaminados a lograr la perfecta conjunción entre el lidiador y el artista, capaz de sublimar estéticamente todas y cada una de las embestidas de los toros en cuanto atisba la más mínima posibilidad de acoplarse con ellos. Manzanares ha ido tejiendo así un sentido casi mesiánico de la profesión taurina. No faltan quienes lo niegan, mientras es el torero que acapara más admiradores entre sus propios compañeros. Lo cierto es que, pese a sus limitaciones, a sus periodos en baja forma y a no querer o a no poder encabezar nunca la manifestación, ha pertenecido y pertenece desde sus años novilleriles a la primerísima fila del toreo.

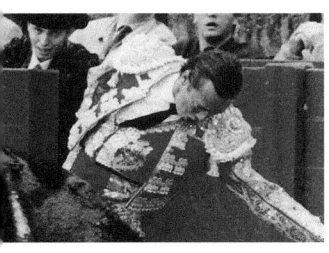
José María Manzanares.

Conocedor profundo de todas las suertes, bien puede presumir de haber logrado el máximo equilibrio entre su concepto clásico y las maneras de expresarlo. A su innata elegancia añade un rigor científico en la técnica que le permite extraer y hasta exprimir lo mejor de cada toro. El conocimiento de todos los matices de cada embestida le permiten descubrir pequeños detalles, corregir defectos, aprovechar distintas velocidades que si antes apreciaba esporádicamente –siempre conforme a su alto concepto del toreo– ahora los resuelve mediante el dominio de su propia voluntad, lo que le permite un grado de relajación absoluto ante la cara del toro.

Pocos toreros logran torear exactamente igual de bien a un toro ideal que cuando lo hacen de salón. Uno de ellos es José María Manzanares. Si en un solo muletazo, por ejemplo, hay cien matices, Manzanares puede descubrirlos y actuar como consecuencia de cada uno de ellos.

Su mayor laguna es el capote, con el que no logra confiarse por completo en la salida de los toros, aunque justo es reconocer que, a veces, logra lancear irreprochablemente. Y con la espada, aunque también ha logrado estocadas de gran estilo, no suele fiarse, por lo que es frecuente verle «tocar» imperceptiblemente los toros con los vuelos de la muleta en el momento de perfilarse para comprobar si le obedecen o no, en cuyo caso se va a los bajos o pincha. En cualquier caso, Manzanares es un torero ejemplar y un gran maestro. Retirado y reaparecido en dos ocasiones, anunció la definitiva en el 2000, pero no la cumplió.

Pedro Moya «Niño de la Capea». Nació en Salamanca el 17 de septiembre de 1952. Tomó la alternativa en Bilbao el 19 de junio de 1972. Desde que empezó fue la imagen de la listeza y de la habilidad. Un caso de prodigiosa intuición taurina. Si torear es «engañar» a los toros –de ahí el nombre genérico que se da al capote y a la muleta–, Pedro Moya fue en ello uno de los mejores de su tiempo. Maestro también por lo que supone la regularidad en el éxito a lo largo de su carrera y por haber triunfado en todas las

Pedro Moya «Niño de la Capea».

José Ortega Cano.

plazas que pisó. Durante años no fue un torero que destacara precisamente por templar. Su encomiable obsesión por ligar le llevó al abuso en provocar las arrancadas de los toros mediante un zapatillazo cuando éstos no se le venían al «toque» seco de la muleta. Sin embargo, toreaba con ritmo y con gracia, pese a que la expresión corporal de su toreo fuera menos importante que su concepto del mismo.

Alcanzada la madurez, descubrió el temple con un toro mexicano, logrando desde entonces sus mejores obras y la general consideración de maestro. Su anunciada y triunfal despedida, tras la mejor temporada de su vida, no se correspondió con el mismo éxito en su posterior reaparición, frustrada por una grave cornada que le restó facultades y sitio, por lo que no pudo volver a ocupar el puesto preeminente que mantuvo durante tanto tiempo. Se retiró definitivamente al finalizar la temporada de 199

José Ortega Cano. Nació en Cartagena (Murcia) el 27 de diciembre de 1953. Tomó la alternativa en Zaragoza el 12 de octubre de 1974. La fecha de la confirmación de su alternativa en Madrid, cuatro años más tarde, habla por sí misma del retraso de su cuajo como matador de toros. La consideración de figura la alcanzó bastante después. Ortega Cano, por ello, es un caso de extraordinaria perseverancia. Torero de incuestionable raza y capaz de superar las más difíciles pruebas –ha sido uno de los más duramente castigados por los toros y el que de más baches ha salido airoso–, se ganó a pulso el sitio que ocupó en el toreo pese a la irregularidad de su estilo.

Purísimo en el concepto y en la expresión cuando, en situaciones límite, necesitó superar el ánimo perdido, y discordante cada vez que lo perdía por abandono o por exceso de confianza. Caso aparte, pues, si estudiamos detenidamente su permanente contradicción entre lo que quiso ser y lo que fue en cada etapa. El Ortega valiente, cruzado y hondo de sus faenas redondas de principio a fin, no tiene nada que ver con el desconfiado, por su empeño en mostrarse gestual y exteriormente pletórico, mientras por dentro no se sentía así, pese a su interminable esfuerzo por encontrar un acople y una justeza que parecían no tener fin. Esta voluntariosa disfunción es la que le llevó a sentirse incomprendido y, a veces, triste. El Ortega de las buenas rachas resultaba naturalmente valiente, variado con capote y muleta, artista sin máculas; capaz de transmitir porque su sentimiento era verdadero. El otro no pasaba de ser la afectada caricatura de quien quiere aparentar algo que no siente. Nos quedamos con el primero, por mucho que él mismo trató de imitarse cuando la suerte no le fue propicia o no se encontraba bien. Curiosamente, en lo que casi nunca falló Ortega Cano fue con la espada. En la suerte suprema fue uno de los más seguros y regulares. Se retiró formalmente en la feria de Jaén de 1998 tras un largo periodo sin sitio ni apenas éxitos y reapareció en las primeras ferias de 2001 con suerte y algunos éxitos.

Luis Francisco Esplá. Nació en Alicante el 19 de junio de 1958. Tomó la alternativa en Zaragoza el 23 de mayo de 1976. Un veterano y, desde luego, gran profesional que empezó a forjar su fama gracias a su virtuosismo en la suerte de banderillas, suerte que domina y lleva a cabo con impresionantes facultades físicas y gran espectacularidad. Ve toro en todos los terrenos, lo encuentra en todos los tercios, entra y sale de la suerte por cualquier parte, y hasta en situaciones imposibles para otros. Mejor, sin embargo, en la preparación y en la salida de la suerte que en el momento de clavar, por excesivamente rápido. En las suertes de capa y de muleta destaca más por lo variado y por lo vistoso –todo lo que exige movilidad– que por el temple y la quietud. Esplá, por ello, guarda un equilibrio total entre su concepto coreográfico del toreo y el modo teatral de dirigir la lidia –una verdadera puesta en escena– y su manera de expresarlo. Domina las piernas y en ellas lo basa casi todo. Empezó a tener fuerza a raíz de una memorable actuación en la no menos importante corrida de Victorino Martín (San Isidro de 1982). A partir de entonces lideró con éxito el llamado «cartel de los bande-

Luis Francisco Esplá.

rilleros», donde ha venido formando terna con otros matadores especialistas con los rehiletes. Pese a estar bastante desgastados este tipo de festejos, continúa en la brecha.

Emilio Muñoz. Nació en Triana el 23 de mayo de 1962. Tomó la alternativa en Valencia el 11 de marzo de 1979. Vestido de luces, llevaba varios entre su etapa de becerrista precoz y de novillero con futuro. Precisamente la explotación de esta precocidad del torero-niño determinó la tortuosidad y las dificultades de una carrera en la que, si bien había demostrado condiciones artísticas notables, empezaron a perderse cuando se hizo hombre. Sucesivos éxitos en provincias y la ausencia de ellos en la siempre determinante Madrid, una mala administración, ganancias insuficientes para el puesto que teóricamente ocupaba, cornadas a destiempo y conflictos estrictamente familiares acabaron con Emilio Muñoz después de haber encandilado a muchos aficionados y a no pocos profesionales. Hasta que reapareció, rehecho como hombre y más ilusionado como torero.

Porque Emilio tenía y sigue teniendo bien equilibrados el concepto y la expresión del toreo. Lo que rebajaba y aun limita muchas tardes su techo son las máculas anímicas de sus primeros y quebradizos años y su áspero carácter. Hombre sincero y cabal, torea como es, aunque según está. Cuando está bien, con una pureza no exenta de cierto dramatismo que se manifiesta desgarradamente. Y cuando está mal, en el mismo filo de la navaja. Esto es, crispado. Aunque en ambos casos con la suerte de que tanto en el desgarro como en la crispación Emilio se retuerce hermosamente, con personal belleza. Por eso el estilo de su toreo parece «barroco», incluso «salomónico».

Pero como se trata de un artista en el más amplio sentido de la palabra, merece que nos detengamos en los pormenores de su barroquismo y en la técnica de su toreo, que incluye virtudes y carencias. Desde luego, el mejor Muñoz es el que torea apasionado, mejor incluso que el Emilio relajado; más en línea entonces, más superficial. Su natural torpeza de piernas también distorsiona, a veces,

Emilio Muñoz.

sus maneras.

Pero Muñoz domina más su cabeza que su corazón. Por eso a su apasionamiento racional le falta un punto de abandono. Sobre todo cuando torea con la mano izquierda. Por naturales, a veces vacía el cuerpo hacia el lado contrario del que torea; hunde templadamente el brazo y, por tanto, hunde la muleta, pero se le va hacia atrás el tronco. En definitiva, carga con la mano, con el brazo, mientras descarga con la pierna y con el cuerpo. Estos matices, sin embargo, enjoyan más, si cabe, la sensación de barroquismo a la que aludíamos.

En todo caso, Emilio Muñoz es –ha sido, porque en los últimos años toreó muy poco y casi siempre desconfiado– uno de los pocos diestros capaces de torear según los cánones más clásicos y, a poco que le ayuden los toros, capaz también de sentir y transmitir el toreo muy profundamente.

Veteranísimo en su plena juventud y pese a todo, continúa «teniendo la onza» y, en cuanto la cambia, sigue emocionando a los aficionados. El quejido de sus lances, ese mecerse con la cintura en los redondos, la hondura de sus naturales, su molinete abelmontado girando en medio de los pitones y su manera de ir hacia el toro al compás de una insonora marcha procesional, como las que acompañan a los «pasos de palio» por las estrechas calles de su Triana natal, son imborrables. Con la espada también se gusta y sabe ejecutar la suerte con la máxima pureza. Desaparecido en el 2000 tras una feria de Sevilla sin suerte, se dijo que había decidido no vestir más el traje de luces.

Paco Ojeda. Nació accidentalmente en el término municipal de Puebla del Río (Sevilla) el 21 de febrero de 1955, pero se crió en Sanlúcar de Barrameda (Cádiz). Tomó la alternativa en El Puerto de Santa María el 19 de julio de 1979. Doctorado que confirmó en Madrid, tres años más tarde, lo que indica que tardó demasiado en romper como matador, pese a su fama bien ganada de genio y de revolucionario desde que debutó como novillero. Fama que le vino por su impresionante manera de interpretar el toreo, gracias a un valor y a un sentido telúricos del arte taurino, concebido como total sumisión de la fiera, lograda mediante una extraña comprensión mutua entre el hombre y la fiera. Cuando estuvo en vena, se paró con los toros y toreó más quieto que nadie hasta llegar él a los ruedos. Como es lógico, cuando Ojeda «rompió» en el escalafón superior –lo que ocurrió a finales de la temporada del año 1982– se hizo el amo. Y aunque por su carácter depresivo luego no fue capaz de continuar con la misma fuerza en sucesivas campañas llenas de altibajos y de eclipses parciales, se le puede considerar como el cuarto revolucionario del toreo y, desde luego, el artista más trascendental después de Juan Belmonte. Discutido y negado como ocurrió con la aparición de otros toreros de su mismo corte, influyó y aún influye en sus coetáneos y seguidores (aunque no logró mantener la categoría de primerísima figura por su irregularidad y por lo caprichoso de sus descansos y reapariciones). Pese a ello, Paco Ojeda fue un gran creador y un particularísimo artista, inventor de suertes y descubridor de hallazgos técnicos –en su caso mejor expresados que concebidos técnicamente– por la tremenda fuerza de su expresión corporal.

Paco Ojeda.

Torero corto e intenso, de trazo curvo, brazo bajísimo y largo e inverosímil capacidad de ligar unas suertes a otras sin moverse del sitio donde iniciaba la primera, con asombrosa profusión en cada tanda. En esto fue único e inimitable, pese a sus imitadores.

Entrando en la polémica cuestión de sus precursores –algunos dicen que lo de Paco Ojeda ya lo hacía Dámaso González–, lo negamos por ser el toreo de Ojeda cerradamente circular, hondísimo y hasta asfixiante para los toros, y el de Dámaso, rectilíneo, alto, abierto, liberalizador. Precisas razones que explican también por qué a Ojeda se le rompían o agotaban pronto los toros –por bravos que fueran– y a otros diestros menos curvilíneos, de toreo más ampuloso y aliviador, les duran mucho más.

Mejor con la muleta que con el capote y más poderoso con la derecha que con la izquierda –con ésta su toreo resultaba, sin embargo, más estético y desmayado–, mane-

Pedro Moya «El Niño de la Capea»

José María Manzanares.

Paco Ojeda.

Juan Antonio Ruiz «Espartaco».

César Rincón.

TOREROS CONTEMPORÁNEOS Y ACTUALES • XXXVII

José Miguel Arroyo «Joselito».

Miguel Báez Spínola «Litri».

Enrique Ponce.

Jesús Janeiro «Jesulín de Ubrique».

Juan Serrano «Finito de Córdoba».

Manuel Caballero.

TOREROS CONTEMPORÁNEOS Y ACTUALES • XLIII

Julián López «El Juli».

José Tomás.

Joao Moura.

Fermín Bohórquez.

Pablo Hermoso de Mendoza.

jó la espada con notoria torpeza, aunque cuando entraba a matar decidido y se volcaba mediante un salto, logró estocadas de espectacular emoción y efectos fulminantes. Todo un fenómeno de la Fiesta. Tras su penúltima retirada, reapareció como rejoneador con éxito y en una sola corrida como matador de a pie en la feria agosteña de Dax (Francia) en 1998.

Juan Antonio Ruiz «Espartaco». Nació en Espartinas (Sevilla) el 3 de octubre de 1962. Tomó la alternativa en Huelva el 1 de agosto de 1979. Su primer intento de doctorarse en Jerez, nada menos que de manos de Antonio Ordóñez, se frustró por un vendaval climatológico. Su padrino definitivo fue, un mes más tarde, Manuel Benítez «El Cordobés». Sea como fuere, haber sido apadrinado, con suspensión o sin ella, por los dos últimos colosos hasta aquel momento, parecía una premonición. Pues «Espartaco», dentro de esa línea que fundara Rafael Guerra «Guerrita», seguida por «Joselito», por Luis Miguel Dominguín y, más tarde, por «Paquirri», estaba llamado a superar en permanencia regularmente triunfal a los antecesores de su misma escuela. Empezó sin crédito, pero muy bien y duramente formado a la vera de su padre, quien le obligó, poco a poco, a superarse hasta romper en máxima figura a los seis años de tomar la alternativa, partiendo de una portentosa y ya histórica faena: la realizada a un toro llamado «Facultades», de Manolo González, en la Feria de Sevilla. Entre esta primera obra maestra y la que realizó en abril de 1993 a un toro de Núñez del Cuvillo, también en Sevilla, redondeó la carrera más sorprendentemente triunfal de cuantas había logrado torero alguno hasta su época. Ocho años seguidos mandando absolutamente en el toreo. Y ello ¿por qué?

Por ser el torero más capaz de acoplarse con mayor número de toros, gracias a una inteligencia y a un sentido del temple inauditos. La exactitud de sus toques; el saber esperar a los toros hasta la última décima de segundo para engancharles sin permitir que los pitones enganchen nunca la muleta; descubrir inmediatamente el ritmo, el sitio, la

Juan A. Ruiz «Espartaco».

distancia y la velocidad requeridas a toda clase de embestidas; su indestructible capacidad de mantenerse ilusionado en la salud y en la enfermedad, en la pobreza y en la riqueza; y saber vender su toreo en todas y cada una de las plazas donde actuó, sin rehuir ninguna, fueron las claves de su poder y de su mandato. Y todo ello tapando sus miedos, por lo que el mérito fue doblemente meritorio.

«Espartaco», sin embargo, fue negado sistemáticamente por una afición elitista y cursi –incluso muchos de sus más ilustres paisanos de Sevilla le detestan secretamente– porque sus maneras carecían de gracia y de mensaje estético. Y es cierto que, hasta muy tarde, cualquier intento preciosista lo sacrificó en pos de la eficacia; pero no lo es menos que su poderío adquirió con el tiempo un clímax transmisor de su sentimiento torero más íntimo. ¿Cómo entender, si no, la fidelidad y el apasionamiento de las masas que han llenado todas las plazas del mundo para verle durante tanto tiempo?

«Espartaco», alternando el toreo en línea con el curvo, despegado o ajustado al toro, supo administrar la fuerza de las reses –poca, mucha o ninguna– mejor que nadie. Y fue autor de un hallazgo técnico incuestionable: ligar por las afueras para evitar que los toros flojos y mansos se le «rajaran». Un defecto convertido en virtud que no resistían sus imitadores. Y asimismo capaz de «vender» al público las malas condiciones de un toro, cuando no le gustaba y tiraba por la calle de en medio, tras dejarse enganchar el engaño y mirar al tendido con gesto de disgusto. Pues hasta para estar mal hay que ser buen torero. Actitud poco frecuente en «Espartaco», aunque últimamente más utilizada por el maestro, desde que decidió apartarse de la contienda y preferir encontrarse a gusto con los mejores toros, en busca de su ideal: torear cada vez más despacio y sintiéndose al máximo, por pura satisfacción personal y para que nadie pueda decir que «Espartaco» se fue del toreo sin torear «bien» a ningún toro.

El capote, para «Espartaco», fue más un catalizador de las condiciones de cada res que un instrumento para lucirse. La espada, un cañón absolutamente imprescindible para conseguir el triunfo.

Y si en «Espartaco» confluyeron dos versiones, ¿hubo equilibrio o desequilibro entre su concepto del toreo y las dos maneras de expresarlo? Lo hubo más en el primer declive de su carrera que en sus años cenitales. Porque inmediatamente antes de sufrir el accidente deportivo que anunció su eclipse toreó más para sí que para el público. Este accidente le produjo una grave lesión en una pierna y, por no esperar curarse por completo, sufrió una grave cornada en la Feria de Sevilla de 1995 con posterior recaída por no esperar de nuevo, cuatro años de forzoso retiro en busca de un total restablecimiento en los que hizo un esfuerzo sobrehumano para conseguirlo y una reaparición medianamente feliz en la que Juan Antonio, aunque mantuvo su dignidad y logró triunfos en algunas plazas, no volvió a ser casi nunca quien había sido durante su reinado. Sufrió otra cornada en 1999 y anunció su despedida en el 2001.

Víctor Mendes. Nació en Vila Franca de Xira (Portugal) el 14 de febrero de 1959. Tomó la alternativa en Barcelona el 13 de septiembre de 1981. Si exceptuamos a Manolo Dos Santos y, naturalmente, a los mejores rejoneadores lusos, pocos toreros lusitanos han llegado a ser figuras del toreo. Víctor Mendes lo fue con todas sus consecuencias. Primero, gracias a su facilidad de banderillero largo y ancho, el más puro a la hora de clavar entre los matadores que parearon en su tiempo. Segundo, por haber sido capaz de progresar con el capote y con la muleta, pese a sus limitaciones congénitas, que no fueron pocas, lo que le convirtió en un torero poderoso frente a toda clase de toros y, por lo mismo, salirse del estereotipo de los matadores banderilleros. Tercero, porque espada en mano fue un matador de primerísima fila. Y cuarto, por haber sabido impregnar sus actuaciones de su extrovertida personalidad: hombre culto, políglota, desenfadado y alegre.

Maticemos ahora sus muchas virtudes para entender mejor sus defectos. Como banderillero fue más preciso y puro al clavar que en la preparación de la suerte. Víctor se asomaba a todos los balcones y en todos encontró flores.

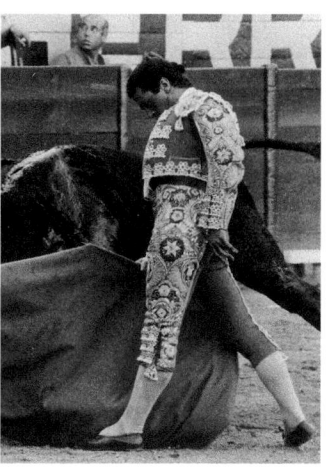

Víctor Mendes.

Y tras salir del embroque, casi siempre saltó limpiamente al callejón. Detalle atlético que evidenció su natural fortaleza y que encantaba al público, con lo que escondía su torpeza con las piernas. Esta limitación congénita, también le impidió controlar totalmente el ritmo de la velocidad de los toros, por lo que, a veces, se atrancaba en los pasos cuando toreaba de muleta. Y lo señalamos no para criticarle, sino para resaltar más el mérito que tuvo en muchos y buenos trasteos frente a reses muy fuertes y temperamentales.

Vistosísimo, variado y ampuloso capoteador –fue raro que en las actuaciones de Víctor Mendes no resultaran brillantes los dos primeros tercios–, señalar también que su mejor mano con la muleta fue la derecha, por lo que la mayoría de sus faenas se basaron más en los redondos que en los naturales. Y para rematar esta semblanza, resaltar el equilibrio que casi siempre encontró entre concepto y expresión.

Vicente Ruiz «El Soro». Nació en Foios (Valencia) el 2 de mayo de 1962. Tomó la alternativa en Valencia el 14 de marzo de 1982. He aquí un heterodoxo con casi todo en contra para ser torero que, sin embargo y a su modo, lo fue. Números cantan: incluidas las 45 corridas donde tomó parte en su primer año de matador de toros, y las 50 de 1993, sumó 622 en doce años, con una media aproximada de 52 festejos por temporada y con resultados casi siempre triunfales, pese a las innumerables y gravísimas lesiones que padeció –continuas operaciones de menisco y por rotura de ligamentos cruzados lo atestiguan– y que si para cualquier deportista son demoledoras, para El Soro, increíblemente, no lo fueron de momento, pese a basar cuanto le hacía a los toros en las facultades físicas. Resaltemos en este aspecto su mérito excepcional.

Decidió dedicarse al toreo sin tener cuerpo de torero y tuvo que someterse a durísimos entrenamientos y a un exhaustivo régimen para cambiar de arriba abajo su fachada. Por dentro, no. Dentro convivieron un entusiasta y un comunicador natos. El problema fue aprender a

Vicente Ruiz «El Soro».

desenvolverse con un mínimo de soltura frente a los toros. Lo demás vino con el tiempo.

Apoyado frenéticamente por sus paisanos, que le acogieron enseguida como a héroe, «El Soro» aparecía exultante en las puertas de cuadrillas. Ricamente vestido y con una gomilla de atar lechugas en su muñeca para que no se le olvidaran sus orígenes huertanos, sus paseíllos y su andar pueblerino por el ruedo daban paso al espectáculo de la euforia. Sin complejos, desinhibido por completo de prejuicios para bullir con el capote y para entusiasmar con las banderillas –creó el par del «molinillo» (vertiginoso viaje hacia el toro mientras giraba sobre sí mismo hasta clavar)–, y perfeccionó otra suerte dificilísima, yendo de espaldas a toda velocidad hasta cuadrar de poder a poder en tan incómoda y vistosa marcha. También para torear «sui géneris» con una muleta que a veces parecía una colcha y otras un mantón; para desplantarse colorísticamente, trepidantemente, como la traca final de una falla que arde y con tanto ruido como el que producen las famosas «mascletás»; y para entrar a matar como Dios le dio a entender.

Aunque así triunfó en casi todas partes, se puede decir que los que no vieron a «El Soro» en Valencia, no vieron nunca a «El Soro». En ese casi entran, claro está, las plazas de Madrid y Sevilla. Dos ruedas que no rehuyó aun a sabiendas de que allí no entraría nunca, y ambos escenario de sus más graves cornadas y percances que terminaron por impedirle seguir en la brecha. ¿Equilibrio entre su concepto huertano del toreo y su expresión? Total: «Salga el sol por Antequera».

César Rincón. Nació en Bogotá el 5 de septiembre de 1965. Tomó la alternativa en su ciudad natal el 8 de diciembre de 1982. Se doctoró tras su primera y única excursión novilleril en España, donde participó en 19 festejos, instalándose más rápidamente como figura en Colombia que aquí. No sin grandes sacrificios y hasta desmoralizado por sus escasos contratos cada vez que «saltaba el charco» para participar en las temporadas españolas, perseveró César hasta el mismo día de su primer gran triunfo en la corrida isidril del 21 de mayo de 1991. Madrid se le entregó ese día sin condiciones, con salida a hombros por la Puerta Grande, lo que repitió dos veces más en esa misma feria y de nuevo en su memorable actuación en la de Otoño, después de arrasar en todas y cada una de las ferias y plazas de España y de Francia. La temporada de 1991 se tiñó con su nombre y el toreo se puso a sus pies.

César Rincón.

Tan sorprendente y triunfal irrupción nos descubrió un torero verdaderamente interesante. Desde que el venezolano César Girón se codeara de «tú a tú» con las figuras de su tiempo, ningún diestro americano lo había logrado en España en la misma medida.

Contrastó Rincón su estilo con el de «Espartaco» –diametralmente opuesto–, y aunque no pudo desplazarle del primer puesto del escalafón, le superó ese año en regularidad y en éxitos gracias a la enorme decisión que sostuvo frente a toda clase de toros. Se jugó materialmente la vida con todos y no resultó herido por puro milagro. Esta decisión y, sobre todo, una incuestionable raza explican mejor que nada su razón de ser torero. Otra cosa es su diferente estar. El año siguiente, aunque participó en todas las ferias con la categoría y la cotización tan bizarramente adquirida, su nivel profesional no alcanzó las mismas cotas. Rincón se distrajo con la fama, tuvo que compatibilizar el toreo y las continuas actividades extrataurinas que le obligaron su recién estrenada posición social –embajador volante de la mejor imagen de Colombia en toda Europa y hasta en la Exposición Universal de Sevilla–, y el ajetreo le quitó sitio frente al toro. La diferencia que hubo entre el Rincón del 92 y el de su impresionante eclosión en España se tradujo, precisamente, en no jugársela con los toros poco propicios que le correspondieron. Y fueron muchos. Tal irregularidad nos permitió descubrir mejor las condiciones de su temperamento, de su carácter y sus posibilidades.

En función de ese estar o no dispuesto a la batalla y, por supuesto, en relación a las distintas condiciones de los toros, el toreo de César Rincón tuvo dos versiones técnicas y otras dos estéticas. La mejor fue la que realizaba citando al toro desde larga distancia (la que enardeció a los madrileños, añorantes de las distancias que «Antoñete» prodigaba para no asfixiarse en sus últimas actuaciones). La peor, la que le obligaba a torear en la media o en la corta distancia. César se sentía más a gusto en la primera porque tenía que torear durante todo el trayecto del lance o del muletazo. De ahí que le gustaran mucho más los toros que se le venían al galope. Como a esa velocidad no podía ralentizar el temple, recibía al toro y lo despedía antes que en la distancia media o corta, en la que por no haber galope, los toros «protestan» más y exigen extremar el temple y sostener el ritmo.

La larga distancia es buena para el primer lance o pase de cada tanda. Por eso César procuraba espaciarse; siempre que podía, perdía pasos entre pase y pase –logro que llevó a cabo con notoria habilidad e indudable maestría–, y si no lo conseguía, bajaba el nivel y la expresión estética de su toreo. Por eso prefirió actuar frente a reses propicias a estos condicionantes. Por ejemplo, las del Marqués de Domecq y similares.

Como es lógico, y por el valor que también es necesario para torear así, Rincón descubría mejor su buena o mala forma en tanto era o no capaz de imponer su técnica preferida. Y por supuesto, según la regla general que incumbe a «cruzarse» o no con los toros. El gran Rincón, por todo ello, fue el que citando a larga distancia lo hacía cruzado, adelantando mucho la muleta y dando el pecho en los cites. El menos auténtico, el que citaba por fuera y se ofrecía de perfil. El más vulgar, el que se veía obligado a torear cerca del toro. Esto explica también la desilusión que algunos aficionados sufrieron con César cuando, en pleno alboroto de sus grandes éxitos, le vieron en su peor versión, y el posterior alborozo de los mismos cuando, más tarde, se encontraron con el bueno. «¡Hoy sí!», decían. Y llevaban razón, aunque en ambas situaciones lograra el éxito. Como buen torero que fue, «vendió» muy bien todo lo que hizo y supo teatralizar con tablas sus actuaciones.

Extraordinariamente capaz de salvarse en situaciones límite y en administrar su arrojo cuando le hizo falta, superó varios momentos cruciales frente a reses de gran trapío y nada fáciles para mantener su bandera en lo alto a costa, incluso, de graves cornadas, como la que sufrió en la Feria de Sevilla de 1993. Pero a su raza de gran figura le faltó la certeza de los que saben por qué en tal terreno es posible una cogida y en tal otro no. Especialmente a la hora de elegir los terrenos para entrar a matar, sus confusiones le pusieron en serios aprietos. Esta incertidumbre dramatizaba un tanto sus actuaciones y provocaba la consiguiente emoción de los espectadores, cuestión que hemos de tener en cuenta a la hora de valorar sus triunfos con justicia.

En cualquier caso, con el capote y, sobre todo, con la muleta, César Rincón tuvo un concepto del toreo bastante más elevado del que fue capaz de expresar. Ya alcanzó su techo como lidiador enrazado y valeroso –muy alto, por cierto– pero al sufrir más percances, perder «sitio» y bajar su cotización, se vio obligado a retirarse antes de haber dado de sí todo lo que llevaba dentro. Posteriormente a su retiro, César compró la ganadería de «El Torreón», que crió con éxito y, lamentablemente, sufrió una recaída en su salud, diezmada tras un contagio de hepatitis. Superada la grave y costosa enfermedad que le supuso ímprobos esfuerzos, reapareció a primeros de 2003 con intenciones de volver a ser quien fue en la plaza colombiana de Cartagena de Indias, donde obtuvo un gran triunfo.

Fue un postrero renacer porque hasta su definitivo retiro en Bogotá en un memorable mano a mano con Enrique Ponce frente a toros de su propia ganadería (febrero de 2008), Rincón protagonizó un gran periodo a modo de broche dorado que coronó su carrera sin que faltaran otros percances como los que sufrió en Valencia y en Sevilla, plazas donde sobresalió su enorme raza. Su última corrida en España tuvo lugar en la feria de la Merced de Barcelona donde brilló como nunca actuando con José Tomás que esa tarde no tuvo suerte y se fue de vacío mientras a Rincón se lo llevaron a hombros.

Juan Mora.

Juan Mora. Nació en Plasencia (Cáceres) el 10 de abril de 1963. Tomó la alternativa en Sevilla el 3 de abril de 1983. Hijo de un torero que a la postre se dedicó a organizar festejos, Mora fue durante muchos años una promesa inconclusa hasta que decidió cambiar su estrategia como lidiador. Pues si en gran parte de su largo tramo profesional era fiel a un concepto demasiado estilista del toreo –el llamado «de espejo»–, últimamente se ha decantado en un diestro con valor que, además, tiene buenas maneras. Lo que le sucedía frecuentemente es que, al estar más pendiente de sublimar su estilo que de torear en el sentido más real de la palabra, se le escapaban muchos toros en situaciones clave. Mora «cuajaba» artísticamente a los toros muy fáciles en plazas poco trascendentales, mientras en las importantes no rompía y no alcanzaba la regularidad, la cotización ni el aprecio necesarios para ser figura. Para salir de esta situación precaria ha decidido arrimarse con todos los toros y, aunque su estilo ha perdido barniz, ha ganado en fuerza. Juan Mora ha cambiado así su «espejo» rococó por un seco y emocionante barroquismo. Esa manera tensa de ir a los toros con estudiada afectación y con los hombros subidos ocultaba un peligroso conservadurismo. La entrega actual proporciona a su toreo mayor naturalidad.

Pese al desequilibrio que supone esta pequeña traición del torero consigo mismo, preferimos el último Juan Mora al anterior. Afortunadamente, se dio cuenta a tiempo de que para torear bien no era necesario el afectamiento, y aunque a veces no puede desprenderse de ello, todavía actúa encabezando algunos carteles de fuste, más en plan de «telonero» de relleno que de estrella.

José Miguel Arroyo «Joselito». Nació en Madrid el 1 de mayo de 1969. Tomó la alternativa en Málaga el 20 de abril de 1986. Quince días antes asombró a los madrileños en un festival benéfico en el que también actuó «El Cordobés». Su estilo academicista y su fácil y extenso repertorio –muy bien aprendido en la Escuela de Tauromaquia de la capital bajo la batuta y la tutela del que iba a ser su apoderado y padre adoptivo, Enrique Martín Arranz– gustaron tanto, que fue tenido por fenómeno antes de serlo. Cuestión que aprovechó Martín Arranz (pocos casos habrá de un apoderado tan influyente en la vida y en la obra de un torero) para lanzarlo al estrellato. Pero este adelantar acontecimientos no le vino bien a José porque el exceso de responsabilidad no se correspondía con su formación ni con su cuajo. Mientras algunos influyentes críticos le proclamaban figura y su mentor aumentaba las exigencias –no sin polémicas y enfrentamientos con las grandes empresas–, el torero se forjaba, poco a poco, en la dura lucha con el toro. Lucha que le costó un cornalón impresionante en el cuello, felizmente superado, al tiempo que dejaba huellas físicas y psíquicas en el todavía jovencísimo diestro.

José Miguel Arroyo «Joselito».

De otra parte, el carácter depresivo de «Joselito» le sumía con relativa frecuencia en la melancolía y en una cierta manera tristona de estar ante los toros. Con suerte, sin embargo, empezó a mostrarse pletórico. Sin ella, huidizo, enfurruñado, como queriendo castigarse a sí mismo. Con un gesto parecido al de los niños que acaban de hacer una travesura en clase y el maestro les obliga a ponerse contra la pared.

Sucesivos y estratégicos retos, magníficamente planteados y cada vez mejor resueltos, fueron reafirmando la seguridad del torero hasta convertirle en importante. Y hasta muy importante si lo miramos desde el punto de vista de un cada vez mayor sentido de la dignidad. Plaza a plaza, afición tras afición, «Joselito» se consolidó como figura del toreo imprescindible y cotizada. Y madurado como hombre. «Hecho» ya como torero pese a la enemiga caprichosa de los que le jalearon prematuramente y después le negaron ante cualquier desfallecimiento. ¿No puede tenerlos «Joselito»? Los tuvo y los tendrá, como todos.

En la temporada de 1993, Joselito no sólo se consagró como figura; también abandonó sus raptos de enfado, sus esporádicas depresiones. Reconocido y triunfal, reencontró su carácter más oculto, el de un joven con ganas de vivir y de disfrutar con sus éxitos.

Purísimo en su concepto más íntimo del toreo y cuajado como lidiador, artísticamente aún no ha dado la dimensión que, sin duda, dará si no se conforma con la situación económica y social tan prematuramente lograda. Al observar con lupa sus maneras descubrimos algunos matices que le señalamos como prueba de que aún tiene camino por delante. Porque si bien torea «descolgado», con las manos muy naturalmente bajas, a la par relajado y hondo, debe pulir algunos gestos que empañan su expresión torera. Con el capote y a la verónica, por ejemplo, lancea excesivamente al «toque», al cambio. Y con la muleta, por estar algo bloqueado de cintura para arriba –poco flexible– en algunos pases el engaño va por un lado y el cuerpo por otro; especialmente con la izquierda. Si «Joselito» lograra volcar el tronco de su cuerpo sobre el toro y seguir con la mirada el viaje de los cuernos mientras persiguen la muleta, a su proverbial parsimonia, a ese saber entrar y salir de las suertes con donaire y garbo, añadiría muchos más quilates. La gestualidad maestra de «Joselito» logra tapar sus carencias en la media distancia cuando torea al natural. También «Joselito» busca huecos amplios con la izquierda entre pase y pase; y aunque ello limita la posibilidad de ligazón total en las tandas, no dejamos de reconocer que incumbe a su propia personalidad. Pero si fuera capaz de renunciar a ella y lo corrigiera, sus faenas ganarían en intensidad. De todas formas, su espléndido y tantas veces demostrado repertorio con el capote, su sentido añejo, asolerado, de la lidia, esa mezcla de suertes fundamentales con las de adorno, que atesora en amplísima medida y variedad, y el modo de perfilarse tan en corto para sus lentas, majestuosas, impecables y fulminantes estocadas son muestras suficientes de su excepcional talla de joven maestro del toreo.

Esta maestría la puso de manifiesto José de modo clamoroso en sucesivas intervenciones, actuando como matador de seis toros en solitario en las temporadas del 94 y 95 (Zaragoza y Valladolid) y, sobre todo, en la Corrida Goyesca que se celebró en Madrid el 2 de mayo de 1996. Esa tarde, cénit de su carrera, fue impresionante su demostración de variedad con el capote, arte hondísimo con la muleta y ortodoxia contundente con la espada. Muchos le proclamaron por ello *primus inter pares* del toreo de su tiempo. Sin embargo y a pesar de que «Joselito» continuó manteniendo su prestigio, al no poder zafarse totalmente de su carácter depresivo y al persistir en la irregularidad de sus éxitos, no correspondió a la mencionada proclamación, perdiendo en su intento de eclipsar a Enrique Ponce –su más encarnizado y frecuente rival–, ya situado en la cima del toreo pese al acoso del madrileño. En cualquier caso, esta competencia entre «Joselito» y Ponce fue la «salsa» más picante de esos años y la mayor atracción para los aficionados. Y no sólo en España. También en México, donde en su Plaza Monumental «Joselito» cortó un rabo en una de las corridas de la llamada «Temporada de Oro», cuando se celebró el cincuentenario de su inauguración, tras dos actuaciones triunfales de Ponce. Tras este gran triunfo y otros cada vez más espaciados en España, «Joselito» fue perdiendo ánimo e ilusión, situación a la baja que decantó su retiro por una temporada (1998), anunciado indirectamente al brindar a su apoderado el sexto toro de su postrer corrida en Sevilla, donde fracasó en solitario frente a seis toros. Volvió con renovados bríos en 1999, aunque con su ya endémica irregularidad a cuestas y en medio de la polémica por negarse tozudamente a ser televisado y, por ello, sin comparecer en las plazas más importantes, aunque en las ferias de Sevilla y de San Isidro de 2001 pudo vérsele en las pantallas, pero sólo una vez. La temporada siguiente tuvo que interrumpirla nada más comenzarla. En la feria de Pentecostés de Nimes sufrió una aparatosa cogida, como consecuencia de la cual padeció una grave rotura de fémur. Recuperado, tuvo el gesto de reaparecer en la feria del Pilar en Zaragoza enfrentándose a seis toros que mató sin suerte ni éxito. En la temporada de 2003 se anunció en casi todas las ferias aprovechando el apoderamiento de José Tomás por su padre adoptivo y siempre tutor, Enrique Martín Arranz. Pero a ninguno les vino bien pues ambos vivieron un periodo decadente aunque en tal o cual plaza lograran triunfar sin que, además, faltaran los percances. Tomás terminó apartándose de los ruedos y Joselito retirándose definitivamente.

Fernando Cepeda. Nació en Ginés el 29 de mayo de 1964. Tomó la alternativa en Madrid el 25 de mayo de 1987. Se doctoró con aroma de figura inminente, gracias a sus magníficas, esperanzadoras y pocas actuaciones novilleriles, pero en seguida, y ya de matador de toros, las esperanzas que había despertado se diluyeron un tanto por varios motivos. Algunas cornadas afectaron su ánimo y limitaron la necesaria regularidad en el éxito, lo que redujo su presencia en las grandes ferias. Su carácter apático y, desde luego, frío le llevaron, además, a la tibieza y a la autocomplacencia.

Cepeda es de los que en muchas ocasiones no se inmutan después de sus fracasos y, en cambio, suelen valorar excesivamente sus triunfos. A la hora de dar el salto definitivo, cuando le correspondieron toros de claro triunfo en plazas tan determinantes y tan propicias para él, como las de Sevilla y Madrid, se contentó con medio cuajarlos, siendo reses a las que habría que haber aprovechado de principio a fin. Un principio casi siempre glorioso –su toreo a la verónica es uno de los mejores, más templados, cadenciosos y bellos que hayamos visto en nuestra vida– seguido de un inicio soberbio, por bajo o recibiendo al toro en los medios con el vistoso alarde de uno o varios pases cambiados, prolongado con la hondura bien saboreada en tandas de redondos o de naturales que abrocha con magníficos pases de pecho o con perfumadas trincheras hasta que, por razones ocultas para el tendido, el trasteo se diluye entre dudas y porfías, pierde autenticidad por no cruzarse el torero en los cites, y se eterniza mientras el diestro intenta reencontrar con machacona voluntad, y ya sin «cante», el eco perdido de los primeros olés. Algunas tardes, no. Frente a un contado número de toros pudimos ver al Cepeda grande, al que podría ser. Quizá la pureza y la gran clase de su toreo resulten difíciles de lograr con unas piernas algo torpes. Quizá, la notoria disfunción

Fernando Cepeda.

entre lo que concibe y lo que su cuerpo se niega a resolver, explican su falta de valor o de cabeza. Porque lo que apenas parece tener Fernando es, precisamente, capacidad para discurrir suficientemente bien delante de la cara de los toros. Si Cepeda hubiera logrado más confianza en sí mismo y equilibrar totalmente su alto concepto del toreo con la expresión del mismo, habría podido ser figura. Pero como el tiempo no pasa en balde para nadie, tampoco para él. A la postre decidió dejarlo y, tras licenciarse en derecho, entró en el mundo del apoderamiento haciéndose cargo de un nuevo valor, Miguel Ángel Perera, quien de su mano y excelentes consejos, se convirtió en figura.

Miguel Báez Spínola «Litri». Nació en Madrid el 8 de septiembre de 1968, aunque creció en Huelva a la vera de su padre, famoso matador y figura del mismo nombre y apodo. Tomó la alternativa en Nimes el 26 de septiembre de 1987. Y también de manos de su padre, reaparecido especialmente para ello junto a Paco Camino, quien asimismo volvió a los ruedos para doctorar a su hijo Rafael. Ambos, «Miguelito» y «Rafi», hicieron pareja novilleril con facilidad y notables éxitos. Parecían dos figuras que se divertían toreando, pero al llegar el toro cambió la decoración y el divertimento acabó en sustos y disgustos. De los dos, solamente «Litri» decidió tomarse completamente en serio la profesión, sin que le importaran las facilidades de su posición social ni las cornadas que sufrió pronto. Lo que demostró su vocación de torero con raza adobada con una personalidad noblemente trágica aunque exenta de técnica. La verdad es que el joven «Litri» actuaba solamente gracias a la leyenda de su estirpe y a su indudable tirón entre los jóvenes. Sucesivos cambios de apoderamiento le llevaron a una casa de importantes hombres del negocio taurino en donde se le protegió y enseñó. Y precisamente por haber aprendido la imprescindible técnica del toreo y por su sacrificada perseverancia, fue una figura con sobrados contratos, aunque le faltó cuajarse por completo.

Entre la ortodoxia y el tremendismo jugó sus bazas expresivas, desequilibradas con respecto a su concepto del

Miguel Báez Spínola «Litri».

toreo –primero intuitivo, después más racional– y empezó a romper con fuerza en las plazas más exigentes (Feria de Sevilla del 94 y anteriormente en Madrid; Monumental de México el 96) en cuanto tuvo suerte con los toros. Porque no se asustó Miguel, ni rehuyó los compromisos pese a no estar naturalmente sobrado de valor. Instalado ya en figura y ocupando los primeros puestos del escalafón con más de 100 corridas toreadas cada temporada durante tres años consecutivos, Miguel fue capaz, por fin, de cuajar faenas clásicas y templadas que asombraron a muchos incrédulos. No a cuantos apostaron por él desde sus comienzos. Hasta en Bilbao se le reconoció como autor de la mejor faena de su feria en 1997. Satisfecho con ello y posiblemente cansado de luchar por el tremendo esfuerzo que en su caso requería persistir, su estrella fue declinando en el 98 y, sobre todo en 1999, temporada de su definitivo adiós, que consumó con un par de grandes triunfos en la feria agosteña de «su» Huelva y en la Monumental mexicana, donde fue despedido con cariño en olor de multitud.

Rafael Camino. Nació en Madrid el 13 de abril de 1969. Tomó la alternativa en Nimes el 26 de septiembre de 1987. Primogénito del maestro de Camas, Paco Camino y doctorado por éste, como ya hemos dicho, en la célebre corrida organizada para tal fin, desde que se puso por primera vez delante de una becerra dio cumplidas pruebas de una facilidad pasmosa para el toreo. Un caso de intuición y de inteligencia heredadas, diríamos calcadas de su ilustre progenitor, aunque en sus respectivas maneras de torear no se parezcan casi nada. Pues la altura y robustez de «Rafi», tenían que distanciarle en sus formas, por la proporcionada y grácil figura de Paco. De modo que, si el toreo del padre fue algo así como el arte arquitectónico y ornamental de la Cartuja de Granada, el del hijo semeja al de los templos románicos que lindan con el gótico. Pero como «se torea como se es» en toda la amplitud de la sentencia, en Rafael Camino también subyacía la famosa «mandanga» paterna. Solo que si Paco la administraba a su propia voluntad, Rafael la acrecentaba por el exceso de

Rafael Camino.

facilidad como lidiador anclado en la mejor y más acomodada sociedad madrileña.

Cuando novillero, a la par que «Litri», Rafael se lo pasó en grande siendo figura antes de tener que afrontar el reto de serlo de verdad. Pero llegada la hora de intentarlo, su flaco sentido de la responsabilidad estuvo a punto de llevarlo al retiro en más de una ocasión. El primer intento de huida se produjo tras desaprovechar un bravísimo toro de Cebada Gago en una feria de Sevilla. El último, tras una molesta y duradera lesión. Después, por su opacidad profesional.

En definitiva, ¿para qué?, parecía decir el joven Camino cada vez que tenía que enfrentarse a las muchas situaciones difíciles y propias de su arriesgada profesión. Y lo dejaba para septiembre, como los malos estudiantes cuando saben lo que pueden hacer y resolver a poco que se apliquen. El joven Camino, en efecto, a la vera de una casa de importantes hombres del negocio taurino, creyó poder instalarse en el más alto funcionariado de la Fiesta a base de medio cuajar los buenos toros, matar sin más a la mayoría y demostrar cada final de temporada, por Salamanca y Valladolid, que podría ser un gran torero. En las formas, sí. En el fondo, está por ver.

Absolutamente clásico con capote y muleta, por completo equilibrados el concepto y la expresión de su toreo –más hondo que el de su propio padre las pocas veces que logró grandes faenas–, continúa obligado a profesionalizar las muchas y buenas cualidades que atesora. Y lo está como en los juramentos solemnes de la antigüedad, cuando el que lo tomaba respondía al juramentado: «Si así lo hacéis, que Dios os lo premie; y si no, que os lo demande». Cuestión que, al cabo de los años, parece irremediable.

Julio Aparicio. Nació en Sevilla el 4 de enero de 1970 pero se crió en Madrid. Tomó la alternativa en Sevilla el 15 de abril de 1990. Hijo del gran matador de toros de su mismo nombre y apellido y de la gran bailarina Maleni Loreto. Julio asombró de novillero e intermitentemente en su pri-

Julio Aparicio.

mera etapa de matador. Artista en el más amplio sentido de la palabra, su estilo es el más preciosista e inspirado de cuantos toreros de su mismo tronco han existido hasta el momento presente. Sorprendentemente creativo e improvisador, cuando está en vena es capaz de convertir las plazas en un verdadero manicomio. Pero cuando no lo está, sume a los espectadores en la desesperación. Nada que ver, por ello, entre una y otra versión. La mejor conduce hasta un toreo-ballet fuera de cualquier serie –«Aparicio-Nureyev», le definimos un día– con el que la danza embrujada frente al toro parece convertir el ruedo en un escenario de altos vuelos coreográficos.

El desánimo durante la campaña del 92 y un grave percance a principios del 93 le tuvieron precozmente apartado de los ruedos, por lo que tuvo que subir de nuevo los peldaños más altos de la profesión sin conseguir lo mucho que la afición esperaba de él: que se asegurase con más firmeza en sus raíces en la línea del arte y no en un voluntarismo gestual, que no le iba. Pues cuando se sentía bien, lograba sublimar el concepto más puro del toreo y, si se encontraba mal, el aparente esfuerzo de querer no lograba tapar su carencia anímica más íntima, dando la impresión de ser un torero vulgar. Justo lo que no es, ni debería de ser. Julio, tras retirarse obligado por un estrepitoso fracaso en Madrid, volvió en el año 1999 sin poder remontar el vuelo, pese a un par de buenas actuaciones en plazas de menor importancia. No obstante y, dada su personalidad artística, todavía está a tiempo de recuperar su caro dispendio.

Enrique Ponce. Nació en Chiva (Valencia) el 8 de diciembre de 1971. Tomó la alternativa en Valencia el 16 de marzo de 1990. Para explicar a Ponce bastaría la definición de gran torero que el gran escritor y crítico Antonio Abad Ojuel dejó plasmada en una de sus obras: «... Quien sabe lo que el toreo es su esencia pero lo practica como si fuera "gayo" arte, alegre divertimento, incruenta creación de estilo. Aquel en quien el capricho se crea a partir del sólido poder que le sirve de invisible base».

Con apenas cuatro años de alternativa y veintitrés de

edad, Enrique Ponce no sólo parecía un veterano maestro del toreo; lo era. Un caso insólito de precocidad y con tantas cualidades reunidas en su sola persona que le han convertido en uno de los toreros más completos de la historia a pesar de su bisoñez. Caso aparte en todo lo que a la inteligencia y el conocimiento del toro y de la lidia podamos referir, pertenece a la rama de los toreros poderosos y, a la vez, a la de los artistas. Circunstancia que le distingue como superdotado y, al mismo tiempo, le acarrea un caro handicap: el de la excesiva facilidad de cuanto hace a los toros buenos, que en sus manos parecen mejores de lo que son; y por lo poco que deja ver las peores condiciones de los malos, cuando le corresponde lidiarlos y los «tapa». Ponce tiene todo el toreo en la cabeza y es capaz de expresarlo, desde la pureza a la liviandad, con el relajo y el gusto de los que torean por el placer de torear. Torero en sí mismo esencial. Nació torero, creció torero y acabará torero, sin que podamos adivinar su techo.

Enrique Ponce.

El equilibrio entre su concepto del toreo y la manera de expresarlo es notable aunque incompleto en apariencia, porque la faceta lógica de su personalidad pesa casi siempre más que la mágica. Siendo naturalmente valiente y capaz de apostar al máximo con los malos toros, no hace nada antes de tener seguridad absoluta de poder llevarlo a cabo sin riesgos gratuitos.

Reflexiona en la cara de los toros con inusitada rapidez y resuelve inmediatamente el trance, eligiendo los terrenos, la distancia, la colocación y el temple más convenientes para acoplarse a las embestidas, según las condiciones de cada res. Y sin dejarse enganchar nunca los engaños como norma inexcusable en todos los casos. Pero, precisamente por tener tanta habilidad y tan privilegiada facilidad, hay lagunas de matiz conservador cuando interpreta suertes naturales. A la verónica lancea casi siempre más hacia afuera que para adentro, aunque a veces logra lancear con ampuloso empaque y gran sabor. Y con la muleta suele provocar las embestidas en los cites iniciales de cada tanda echando la pierna adelante antes de que el toro se le arranque, por lo que desplaza los viajes, y los primeros embroques resultan algo despegados, salvo cuando los toros acuden a sus llamadas con brava y noble fijeza, a los que torea desde el principio con entrega transparente y ligazón cristalina. Claro que su técnica de torear en «línea» o hacia afuera en el inicio de sus trasteos también le sirve para mejorar o «hacer» a los toros menos propicios y para que, en cualquier caso, no se agoten antes de tiempo. Las faenas de Ponce, que pueden ser muy largas –y los toros durarle más que a otros–, producían también cierta sensación de ingravidez por la ligereza corporal del intérprete que, muchas veces, parecía flotar sobre la arena. Por esto decían algunos cuando empezó, sin saber explicarlo, que toreaba sin hondura. Pero con el paso de los años, cuajado físicamente como hombre, Ponce desmintió a sus detractores, sin proponérselo, con unas maneras más naturalmente aplomadas y absolutamente perfectas ante los mejores toros, aunque su proverbial facilidad persistió en desmerecer la emotividad de un toreo que nunca dio la sensación de peligro ni de atosigamiento.

Es en la faceta mágica de su toreo con la muleta cuando logra suertes en las que coexisten la perfección y el equilibrio: el toreo contrario –los pases de pecho–, los cambios de mano y el toreo ayudado por bajo. En ellos no sólo hay solución técnica particular (Ponce logra muletazos larguísimos en los finales de sus faenas), a pesar de que los toros ya estén aplomados en esos momentos, sino un temple y una cadencia incuestionables. Y hondura más visible porque es entonces cuando la dimensión estética de su arte corre pareja y a la misma altura que la del soberbio estratega que es. Y si, además, lo hace arrodillado, demuestra un altísimo grado de valor consciente. Los que intentan imitar estos muletazos no son capaces de prolongarlos ni de ralentizarlos como Ponce, porque en esa postura no se puede rectificar de posición si el toro hace un extraño, so pena de cogida. Por eso y en esta posición la hondura de Ponce tiene la profundidad de un pozo. Lo que distancia a Enrique de los demás toreros cuando ejecuta estas suertes es la seguridad que tiene de que no surgirán problemas. Porque si los hay, los corrige, o no los da.

Conoce de antemano las posibles reacciones del toro y por ello se atreve a iniciarlos, a prolongarlos y a rematarlos tan placenteramente.

Muy pocos toreros han llegado a máximas figuras en tan poco tiempo, y menos torear tan consecuentemente bien, sin dejar nada al azar. Quizá esto explique también su inseguridad con la espada, quizá el único y, desde luego, el más costoso lunar de su carrera. Como en la suerte suprema hay que perder necesariamente la mirada del toro para cruzar –y al no poder Ponce ver ni controlar todo tan claro como acostumbra– no se fía ni se confía. Pincha o hace la suerte con demasiado riesgo, lo que para él es inasumible y agrede mal. No quita ello razón a estocadas de entrega, que también logra, y no pocas con estilo y gran pureza que hasta fueron premiadas. Pero tantos fallos en la suerte de matar han limitado los triunfos de Ponce en tal medida que, de haber sido un espada más seguro, su palmarés profesional también hubiera sido inalcanzable en resultados numéricos, a pesar, incluso, del ya conseguido por el valenciano. Pues Ponce ha venido perdiendo cada año con la espada casi el doble de orejas de las que ha cortado: casi una década sumando más que ningún otro espada en plazas de primera y segunda categoría, sin contar los simbólicos trofeos logrados por los 24 toros que lleva «indultados» a los que no tuvo que matar. Otra cifra inalcanzable en tan excepcional menester como lidiador.

Las campañas de Enrique Ponce desde 1992 a 1999 fueron demostración y marco progresivo de lo dicho sobre su impar figura. Incluso en el 2000, tras declinar su tono combativo –ablandada su moral por nula suerte con los toros en las plazas de primera mientras sufría su peor y más largo bache con la espada y un doloroso percance–, fue capaz de reaccionar a tiempo, terminando su décima temporada como matador de toros, apabullante y clamoroso.

La permanencia de Enrique Ponce en la cima más alta del toreo es, por el momento, la más larga de la historia por ininterrumpida y constante. Y no sólo por la regularidad de sus triunfos, sino por haber progresado en la sustancia, aplomo y variedad de su toreo mientras superaba o sostenía el sucesivo acoso de sus más importantes rivales: «Espartaco», César Rincón, «Jesulín de Ubrique», «Joselito», Rivera Ordóñez, José Tomás y «El Juli».

Máxima figura en España, Francia y América, especialmente en México donde se convirtió en «consentido» como en sus días lo fueron «Manolete», Paco Camino y «El Niño de la Capea», destacan sus triunfos en las plazas de mayor compromiso y, sobre todos, en la de Madrid el 27 de mayo de 1996, que consagró a Ponce por su histórica faena al muy difícil torazo de la ganadería Valdefresno llamado «Lironcito».

En cualquier caso, estamos ante un torero de los llamados integradores, larguísimo en el fondo y en las formas. Gran director de lidia, además, para quien el toreo no supone esfuerzo sino íntima satisfacción. Físicamente dotado para ejercer su profesión, naturalmente elegante y capaz de torear bastante más de cien corridas al año, –ha consumado diez temporadas consecutivas sobrepasando esta cifra– y aunque la suerte no le siguió acompañando en la temporada 2002 por sufrir sus dos primeras cornadas graves en la feria de Sevilla y en la de León, Ponce continuó en la brecha sin más merma que la que supuso perder muchos festejos por estar dos meses sin poder torear. Aunque con los toros malos no puso tanto empeño como solía, con los regulares y los buenos siguió siendo el gran torero de siempre, y debido a las cogidas y a su gran triunfo en San Isidro, fue considerado como ejemplo y referencia, incluso por los «puristas» que le venían negando sin ninguna razón. Ya por encima del bien y del mal, Enrique Ponce está en la historia aunque todavía en plena actividad, dando continuas lecciones y asombrando a la afición no solo por su increíble permanencia en la cumbre sino por sus inacabables progresos. Sobre todo en el plano artístico hasta grados inimaginables de elegante virtuosismo estético, convirtiendo su reconocida capacidad con toda clase de reses en algo dichosamente sublime. Quienes, lógicamente, pensaron en el retiro del maestro tuvieron que dejar de hacerlo en vista de la cantidad de triunfos que siguió cosechando más allá del vigésimo aniversario de su alternativa con cerca de dos mil toros matados y casi todos cuajados en todas las plazas del mundo. Cifra que pocos dudan superará sin que ni él mismo sepa cuando y en donde dirá su adiós.

Jesús Janeiro «Jesulín de Ubrique». Nació en Ubrique (Cádiz) el 9 de enero de 1974. Tomó la alternativa con 16 años de edad en Nimes el 21 de septiembre de 1990. Otro caso de excepcional precocidad. El valor –probado tras un cornalón sufrido en Zaragoza a poco de tomar la alternativa– y una técnica extraordinariamente intuitiva para templar con virtuosismo en la corta distancia, soportan un toreo que recuerda en su cáscara el de Ojeda, aunque se diferencia de éste en torear desde el cite de perfil y más rectilíneo que curvilíneo en el trayecto de las suertes de muleta. Con el capote cubre el trámite del aguante y del temple con eficacia pero sin ningún acento. Aunque liga con la intensidad angustiosa del sanluqueño, alivia por alto los remates y da más respiro a los toros. Diríamos, entonces, que el remedo ojedista de «Jesulín» –tampoco su estilo posee la misma e imponente fuerza expresiva– pierde mucho en autenticidad, pero gana en capacidad y profusión.

Torero de corto repertorio, lo impone, sin embargo, a muchísimos toros y lo consiguió una tarde tras otra con notable desenfado y tanta intensidad que llegó a ganar más que nadie y a sumar más de 160 corridas en una sola temporada. Récord absoluto en tal medida. Su alta, delgada y desgarbada figura, su cara de niño travieso –lo es y un carácter bromista, atrevido e irreverente en las formas y en el fondo– trivializaron su importante estar ante los toros. Estos gestos adolescentes provocaban simpatía entre los públicos fáciles y la irritación de los formales hasta que, vencido o desorientado por su intento de alterar su extrovertida personalidad en busca de más seriedad, le convirtieron en un torero aparentemente triste y desilusionado que, poco a poco, fue perdiendo fuerza en las taquillas hasta anunciar un primer fin a su vida profesional en plena feria de Sevilla de 1998.

Jesús Janeiro «Jesulín de Ubrique».

Más lidiador que artista y seguro estoqueador, «Jesulín» parece no tener ningún concepto del toreo en especial, sino que se interpreta a sí mismo con un sentido eminentemente productivista, sin mensaje estético de ninguna clase.

Luchador nato y ambicioso por encima de cualquier otra cuestión, «Jesulín de Ubrique» consiguió en su primera etapa de matador un meritísimo puesto en la primera fila del toreo. Anunció su reaparición para el 2001, más serio, más responsable y en gran profesional, dispuesto a ocupar el sitio de figura que logró. Pero un gravísimo accidente de automóvil le dejó postrado –estuvo al borde de la muerte–, por lo que tuvo que esperar a la temporada de 2003 para reaparecer de nuevo, no sin preocupación ante el reto que le supuso torear con un corsé fabricado ex profeso para sujetar su dolida columna vertebral.

Juan Serrano «Finito de Córdoba». Nació en Sabadell (Barcelona) el 9 de enero de 1974, pero es cordobés de pura ascendencia. Tomó la alternativa en Córdoba el 23 de mayo de 1991. Hacía mucho tiempo que la tierra de los «califas» no daba un torero con posibilidades de serlo. Juan Serrano nació suficientemente dotado para ello. Ya de novillero logró que una corte numerosa de aficionados le siguieran a todas las plazas donde actuó y en la misma ciudad califal consiguió y aún mantiene una efervescente popularidad –«finitomanía» la llaman algunos– en la que, principalmente los jóvenes de su misma edad, formaron una verdadera legión. Desde que «Finito» empezó a triunfar vestido de luces, en los patios de recreo de los colegios cordobeses y en las calles de algunos barrios los niños dejaron la pelota para jugar al toro, mientras sus padres y la población en general hablaban con pasión del nuevo torero. Un diestro ciertamente nuevo que tiene un concepto añejo del toreo: calidad superior –el de más clase y «porte» de su generación–, gran expresión corporal, torero en la plaza y en la calle y un envidiable sentido del virtuosismo artístico. Con el capote llegó a ser el mejor entre sus coetáneos, capaz de lancear a la verónica con fantásti-

Juan Serrano «Finito de Córdoba».

co juego de brazos y gran plasticidad, especialmente en la salida de los toros. Con la muleta, su toreo es largo, ancho, hondo, de manos bajas y amplio registro de matices, sobre todo cuando torea al natural y en los pases de pecho. Con la espada, como casi todos, falla demasiado. Quizá a raíz de su primera cornada grave, que recibió al entrar a matar un novillo en la plaza de Málaga. «Rey» en su tierra durante sus mejores años, perdió el sitio y anduvo prácticamente retirado durante algún tiempo, pese a ser un torero siempre bien acogido en todas las plazas. Como en Sevilla y en Madrid, donde ya había logrado importantes éxitos y su primera salida a hombros por la puerta grande de Las Ventas.

Tras el largo bache que sufrió hasta volver a la cancha en 1998 una vez formalizada su vida civil y solventada su administración profesional, le vimos cuajado físicamente y más confiando por fuera y por dentro. También más seguro por apoyar su toreo en una experimentada técnica a costa de una menor sinceridad artística que ha de superar, sobre todo frente a los toros más serios en las plazas de mayor compromiso. Y en cuanto a sus otras limitaciones, señalar la excesiva rapidez en el manejo de las telas, razón por la que lancea más a gusto de salida que en los quites, y explica también que en el toreo de muleta se acople mejor con los toros que se le vienen prontos y al galope que con los muchos que actualmente llegan apagados o andando al último tercio. La regularidad de sus hermosas faenas, por esto mismo, no es contundente, por lo que su jerarquía se basa más en la gran calidad de su toreo que en poder redondearlo frente a toda clase de toros.

Manuel Caballero. Nació en Albacete el 29 de enero de 1971. Desde niño mostró deseos de ser torero, educándose profesionalmente en la escuela taurina de su ciudad natal en la que fue alumno aventajado. Su etapa novilleril fue deslumbrante por su inapelable regularidad en los triunfos que obtuvo en todas y cada una de las plazas que pisó, destacando sus salidas a hombros en Madrid (30 de mayo del 90) y en Sevilla (1 y 15 de agosto de ese mismo

Manuel Caballero.

año). También fue sacado a hombros en la plaza francesa de Nimes, donde precisamente tomó la alternativa el 20 de septiembre de 1991 de manos de su padrino y protector, Dámaso González, que reapareció ese día para doctorar a su paisano. Tan meteórico inicio obligó a contratarle como figura en ciernes para las primeras grandes ferias de 1992, confirmando las expectativas levantadas en Fallas y Castellón, donde triunfó por lo grande. Hasta que, por parecerle colmada su ambición y viéndose próximamente rico, no se tomó tan en serio como debía el siempre difícil reto de ejercer como matador de toros. Excesivamente distraído e inconstante, perdió sitio y fuerza, lo que desacreditó enseguida su precoz rango, quedando relegado y hasta olvidado por muchas empresas. Sucesivamente administrado por varios apoderados y siempre apoyado por sus indeclinables partidarios de Albacete que siempre le vieron como heredero del gran Dámaso González, al ser nombrados empresarios de la plaza de toros de Albacete los hermanos Lozano, ya gestores de Las Ventas, decidieron dirigir su carrera y ayudarle a remontar el bache. Cuestión que lograron, una vez recobrada la confianza del matador que, enseguida, recuperó la ilusión. Manuel Caballero fue recobrando el sitio perdido poco a poco y en tan sólo dos temporadas más se situó en los primeros puestos del escalafón, inmediatamente detrás de los más grandes.

Manuel Caballero demostró así su capacidad de reaccionar en un costoso volver a empezar del que salió recuperado y triunfante. Dentro del corte de los tenidos por poderosos, sus maneras clásicas y templadas, inicialmente salobres, fueron cambiando por experiencia y mejor técnica hacia un estilo naturalmente empacado y solemne que Caballero expresa en sus mejores lances de capa a la verónica y en sus grandes faenas de muleta con redondez absolutamente limpia e incluso con ademanes «imperiales» al salir desplantado y al paso de las tandas. Casi siempre sobrado de valor y entusiasta por naturaleza, Caballero transmite seguridad y poder con los toros complicados y, en sus momentos altos, inspirada enjundia, más derivada de su ansia por perfeccionarse que de su sentimiento más íntimo. De ahí la ligera disfunción entre su concepto del toreo y el modo de expresarlo, lo que le distancia de los llamados «artistas».

En su permanente lucha para ocupar un puesto en la primera fila, sin embargo, Caballero ha sufrido algunos altibajos. En sus puntuales «encerronas» con seis toros como estrategia para alcanzar el rango apetecido ha logrado grandes triunfos en las de Albacete y éxitos injustamente «sordos» en las de Madrid, donde llegó a matar con notable facilidad y maestría seis ejemplares de Victorino Martín, sin que la «cátedra» le correspondiera como merecía. Síntoma éste que delató la clásica enemiga de Las Ventas con las figuras consagradas, lo que le situaba, al menos circunstancialmente, como tal, pese a que en esta plaza es donde últimamente le ha fallado más el ánimo a Manuel, frenando su ritmo triunfal.

De otra parte, y tras haber vivido la peor cara de la profesión en su largo eclipse, Caballero se vio obligado a matar corridas muy duras, adquiriendo el «sello» de especialista en este menester, por lo que también le ha costado desprenderse de esta situación que le ha supuesto no pocos disgustos en plena etapa de recuperación. Unas veces por verse desbordado por reses imposibles y otras por no aceptar que le colocaran en estas corridas, renunciando a figurar en alguna feria.

En la temporada 1999 Caballero triunfó con total contundencia en las plazas más importantes de América, España y Francia. Y en la de 2000 se consagró en Valencia y, sobre todo, en Sevilla, donde brilló al máximo su cuajo de lidiador magistral. Y aunque aún le queda pendiente poner a todos de acuerdo en Madrid, Manuel Caballero ocupa por derecho propio un lugar preeminente en la actual torería. Pero en las temporadas que siguieron pegó un bajón en su regularidad y empezó a conformarse, lo que poco a poco le llevó a retirarse, cosa que logró con no poca dignidad y sin haber abandonado los primeros puestos.

José Raúl Gracia «El Tato». Nació en Zaragoza el 3 de noviembre de 1972. Tomó la alternativa veinte años más tarde en una corrida de la Feria del Pilar que se celebró el 10 de octubre en la plaza de su ciudad natal, inmueble que le vio crecer y hacerse torero, siendo su padre conserje de este importante coso, donde la familia tuvo vivienda. Confirmó su doctorado en Madrid el 17 de julio de 1994. Desde esta fecha hasta 27 de abril de 1996, día en que salió a hombros por la Puerta del Príncipe de la Maestranza de Sevilla tras un sorprendente triunfo, «El Tato» pasó de ser un modesto aspirante que apenas toreaba en las plazas de su tierra a verse incluido y respetado con categoría de gran profesional en todas las ferias de rango. Una vocación ilimitada y la imposibilidad que su estancia en Aragón suponía para progresar técnica y artísticamente le llevaron a «emigrar» hasta las cálidas tierras de la Baja Andalucía, encontrando ayuda y sabios consejos en Sanlúcar de Barrameda, en cuya plaza de toros de El Pino llevó a cabo nueva andadura de la mano de Diego Robles –antiguo mozo de espadas, prestigioso preparador de toreros y apoderado– y junto a algunos toreros de la tierra. Este cambio ambiental y una forma diferente de plantearse el toreo cambiaron la personalidad y las toscas maneras de Raúl Gracia «El Tato», quien, primero en Madrid y luego de su gran triunfo en Sevilla, pudo codearse con todas las figuras de su tiempo.

De fuerte complexión y envergadura física, «El Tato» fue capaz de pulir su propio cuerpo a costa de no pocos sacrificios hasta acondicionar sus condiciones físicas y psíquicas a un concepto más dúctil del toreo y más inteligente de la lidia, lo que unido a su innato valor le sirvió para tener más fe en sí mismo y para consolidarse profesionalmente sin ningún tipo de complejos. Fue de esta manera como logró triunfar en todas las plazas y ante toda clase de toros por difíciles que fueran, y a situarse muy arriba del escalafón pese al frenazo que intentaron pegarle en la plaza de Las Ventas de Madrid, primera importante entre las que le dieron venia y paso, tal vez celosa de su éxito en Sevilla, piedra angular de su incipiente carrera.

«El Tato» no es un torero exquisito en las formas pero sí rotundo con el capote y poderoso con la muleta. Fiel a estas cualidades, aunque con el tiempo excesivamente irregular de ánimo, terminó por situarse en la segunda fila del toreo, forzosamente incluido en el grupo de matadores especialistas en corridas duras. Sus frecuentes éxitos con los toros de Victorino Martín avalan una carrera en la que continúa presente en muchos carteles feriales de España, Francia y América. Decayó en las últimas campañas del siglo y, tras retirarse en el 2001 en Zaragoza, se dedicó después al apoderamiento con su entrada en el equipo de «El Juli».

José Liria Fernández «Pepín Liria». Nació en Cehejín (Murcia), el 10 de mayo de 1970. Tomó la alternativa en Murcia el 4 de septiembre de 1993 y la confirmó en Madrid el 27 de marzo de 1994. Su carrera, prácticamente pareja a la de «El Tato», incluso antes y después del éxito de ambos en la feria de Sevilla del 96 por haber sido apoderados por las mismas personas, está llena de triunfos a fuer de valiente. Sin embargo y aunque el valor es su virtud más llamativa, Liria no lo es tanto. Esta afirmación no contradice su indudable mérito. Lo acrecienta porque se trata de un torero dotado de gracia y desparpajo que, circunstancialmente, se vio obligado a matar corridas muy duras, lo que le exigió recomponer su identidad torera más íntima. Liria se ve a sí mismo más en «artista» que en «batallador», y aunque a veces lo pone de manifiesto cuando se acopla con un buen toro, casi nunca puede desprenderse de su personalidad forzadamente «adquirida», siempre a caballo entre dos caracteres opuestos. Cuando asume esta singular dualidad es cuando Pepín logra sus mejores obras, a la par apasionantes y apasionadas, como lo es su toreo más genuino. Por todo esto y por siempre disconforme con este «sello», Liria no equilibra por completo el concepto y las formas de su quehacer frente a los toros.

Su ascendencia levantina y la ayuda de quien iba a ser su suegro, un industrial murciano que le apoderó en

«Pepín Liria».

sus comienzos, le sirvió a Pepín para que los primeros éxitos en las plazas de su región –prolífica en organización de corridas– se correspondieran poco a poco con otros en el resto de España. Pero fue la plaza de Madrid la que más fama inicial le dio a Pepín a raíz de su triunfo con una dura y espectacular corrida de Dolores Aguirre. Quizá este triunfo fue el que más vuelo le proporcionó, al tiempo que le marcaba para siempre como «guerrero» del toreo.

En el intento de sacudirse esta costosa singularidad profesional, Liria buscó consejos prácticos en la «escuela» del ya mencionado Diego Robles y ello le hizo progresar. Pero al depender Robles de la misma casa de apoderados y empresarios que dirigían también a «El Tato» y apoyado en su triunfal campaña del 96, abandonó este «redil» buscando hacerse figura más independiente y también de mejores y más cómodos contratos, sin conseguirlo. En ello continúa por desgaste y menor rendimiento del acostumbrado. Sobre todo en la temporada del 2000, en la que perdió sitio y ánimos que recuperó en el 2001. Pero ya desgastado y sin suerte, la estrella de Pepín fue declinando después y, aunque continuó empeñado en continuar en activo sin ahorrar esfuerzos que ya le costaron demasiado por lo que anunció su retirada definitiva para el final de la temporada 2008, acontecimiento que tuvo lugar triunfalmente en la plaza de Murcia matando seis toros en solitario después de haberse despedido en casi todos los demás ruedos, en donde los públicos le tributaron muy cariñoso adiós.

Manuel Díaz «El Cordobés». Nació en Arganda del Rey (Madrid) el 30 de junio de 1968. Se doctoró en Sevilla el 11 de abril de 1993 y confirmó en Madrid el 20 de mayo de ese mismo año. Ciertamente precipitadas ambas ceremonias, aunque su celebración fuera comprensible dada su edad –25 años cumplidos–, la precocidad de las figuras de entonces y los intentos casi desesperados de sus mentores y de él mismo para llegar arriba cuanto antes, pues partía de la más absoluta de las necesidades pecuniarias. No lo consiguió pronto, pese a la fama que le precedía. Más basada en la supuesta y muy esgrimida ascendencia paterna que en sus cualidades toreras. Hasta su alternativa, y aun después, la carrera de Manuel Díaz estuvo marcada más por la aventura que por las venturas. Bajo la utilización polémica del mismo apodo que distinguió al supuesto padre y el remoquete publicitario que pretendió lanzarlo como protagonista de otra no menos supuesta «revolución» comandada por el hombre que le ayudó a hacerse torero desde la más pura «bohemia» sevillana, Francisco Dorado, hasta quedar ambos más o menos instalados en el «dólar». Manuel Díaz se vio inmerso en una sucesión de acontecimientos extrataurinos y hasta pintorescos que, provocados o casuales, le llevaron por la senda del esperpento al tiempo que iba matando toros y más toros, casi siempre en plazas de escaso compromiso y en «montajes» televisados, entonces muy en boga, colocándose en la clasificación general de los matadores, a la par o incluso por encima de las máximas figuras.

Manuel Díaz «El Cordobés».

De modo que, entre «revoluciones», peleas por la utilización legal del «apodo», apariciones televisivas de toda índole y, desde luego, gracias a su extrovertida personalidad, dotes de actor, viva inteligencia, simpatía a raudales y a sus no pocas virtudes toreras, el nuevo «Cordobés» se abrió hueco entre los mejores. Lo cierto es que, desde la famosa tarde de Pozoblanco en la que «Paquirri» le brindó el último toro que mató en su vida hasta su triunfal temporada de 1996, Manuel pareció estar tocado por la varita mágica.

Y así continuó progresando –aunque con otros apoderados– en su técnica y maneras –buenas con el capote y al natural–, hasta conseguir triunfar en muchas ferias durante varias temporadas, casi siempre alternando el toreo clásico con alardes tremendistas de inspiración paternal que Manuel prodiga en tono caricaturesco –más obligado por los públicos fáciles que por propia elección– y escatima en las plazas más serias. No obstante, su exceso de festejos en plazas de poca monta le adocenó bastante y su delicada salud, sumada a varios percances que sufrió sobre todo en la temporada del año 2000, precipitaron una ostensible decadencia. Pero la suerte y su propio esfuerzo le devolvieron al sitio que había ocupado. Más temporadas en las que sumó muchísimos festejos, la mayoría en plazas de rango menor pero con imparables éxitos. Su simpatía natural y la profesionalidad cada vez más acrisolada, le mantienen en los primerísimos puestos del escalafón.

Vicente Barrera. Nació en Valencia el 29 de julio de 1968. Tomó la alternativa en la Feria de San Jaime de esta misma ciudad el 25 de julio de 1994 y, dos años más tarde, la confirmó en la Feria de San Isidro. Esta tardanza en acudir a Madrid –no le vieron allí como novillero– pese a sus entonces 28 años cumplidos, es un dato a tener en cuenta si consideramos que los apoderados de Barrera eran desde hacía tiempo empresarios de Las Ventas. Está claro que si no creyeron oportuno hacerle comparecer en la primera plaza del mundo hasta cerciorarse de la capacidad del torero fue porque prefirieron esperar hasta confiar en sus posibilidades. Aunque Vicente no triunfó en esta presentación y tardó años en ser reconocido en Madrid (1999), lo consiguió en casi todas las plazas que le anunciaron, llegando a ocupar un puesto que ni él mismo creyó poder alcanzar.

Vicente Barrera.

Nieto del famoso torero del mismo nombre y apellido, Vicente creció ajeno al toreo dentro de una familia muy bien acomodada. Tras licenciarse en Derecho por la Universidad de Valencia, decidió por su cuenta seguir los pasos del abuelo y, ya de becerrista, apuntó personalísimas maneras. Irregular y, en ocasiones, a la deriva en sus propósitos, Barrera insistió hasta debutar como novillero en Fallas con notable éxito y presentarse luego en Sevilla, donde obtuvo un triunfo clamoroso con salida a hombros por la Puerta del Príncipe. No obstante, llegó al doctorado sin cuajar técnicamente y le costó regularizar su toreo. Pero bien protegido administrativamente y mejor dirigido en la profesión, llegó a consolidarse sin que algunos fracasos, determinantes para otros, le perjudicaran por el momento. Sorprendió a muchas aficiones, tanto en España como en América –en Perú le llaman «el torero de

Lima»–, privilegio que unido a su personal arte le supuso ser quien es y hacer el toreo que le gusta: corto y algo monocorde, mayestático por vertical, templado y muy ligado, de pies juntos y mano retrasada en los cites, brazo largo que no despega del cuerpo y manos muy bajas desde el inicio hasta el remate de las suertes. Valor para llevarlo a cabo no le falta a Vicente, como ha demostrado en momentos límite, incluso tras sus no pocos percances y cornadas, pese a que muchos creímos que tan difícil manera de torear y con tan escasos recursos técnicos no podría llevarla a cabo con la mayor parte de los toros. Nos equivocamos en la apreciación –yo el que más–, aunque las desigualdades de su ánimo fueron creciendo con el tiempo. Pues a medida que fue aceptando grandes retos –incluso con toros de Victorino Martín– para sostener su rango, hizo el esfuerzo y casi siempre los cumplió con éxito, desgraciadamente a costa de sufrir inmediatamente después un bache que superó con más o menos rapidez. Estos cansancios intermitentes rebajaron su categoría, y una duradera lesión en un brazo le apartó casi totalmente de los ruedos durante la temporada del 2000, quedando a la espera de cómo resolverá las expectativas que le aguardan una vez reaparecido con éxito en América. Tras cambiar de apoderados, lo consiguió con ciertas limitaciones gracias a sus inevitables y casi siempre exitosas comparecencias en la plaza de su Valencia natal y en otros ruedos, pero ya sin fuerza en las taquillas.

Víctor Puerto. Nació en Madrid el 29 de agosto de 1973. Tomó la alternativa en Ciudad Real el 9 de abril de 1955 y la confirmó triunfalmente en la Feria de San Isidro el 28 de mayo de 1996. Triunfo que repitió en su segunda corrida isidril, lo que le valió ser proclamado triunfador del ciclo y una situación de lanzamiento incuestionable. De no haber triunfado en Las Ventas tan oportunamente e incluso de no haberlo conseguido en su importante feria, es muy probable que Puerto hubiera tardado en lograr sus propósitos. Sin embargo, tan cara circunstancia no sólo se debió a la suerte que Víctor tuvo en los sor-

Víctor Puerto.

teos, también a sus espectaculares ganas de ser torero, como bien venía apuntando de novillero e incipiente matador antes de comparecer en Las Ventas. Ambas cualidades y su valor son las armas de Víctor Puerto, quien maneja muy bien el capote, sobre todo en los lances de apertura a la verónica y en sus principios, no tan bien la muleta con la que delató exceso de velocidad por demasiado entusiasta e irregular calidad. Precisamente su hiperentusiasmo y el vulgar modo de «vender la mercancía» le llevaron a teatralizar tanto comportamiento en las plazas que llegaron a desvirtuar su toreo, aunque gran parte de los públicos aceptaron, de momento, su retórica gestual y su exagerado mirar al tendido antes y después de cada lance, de cada pase, de cada serie y de cada paseo. Pese a ello y a medida que fue creyéndose lo que le había ocurrido en Madrid, fue limitando el mal gusto de sus efluvios, ganando enteros y crédito entre los aficionados y la crítica más competente.

La regularidad triunfal de Víctor Puerto durante su primera temporada fue tan notable que tapó sus defectos nada exquisitos en contenido y menos en continente corporal, aunque clásico en el fondo de sus formas, como demostró en algunas ocasiones puntuales –ese año 96 cuajó faenas realmente estimables–, pero los inoportunos percances que sufrió cuando tenía la miel en los labios restaron valor y sitio al torero, cayendo en un progresivo bache profesional que le apartó de las grandes ferias hasta reaccionar en 1999 y cuajar como torero renovado e importante en el 2000. Renovado por su preparación y aspecto físico –más esbelto por más delgado– e importante por su transfiguración interior como torero respecto a su expresión, sin abandonar el entusiasmo y las ganas que le distinguieron en sus comienzos. Consolidó su concepto clásico del toreo por más seguridad y sus ademanes pueblerinos los dejó para los pueblos. Una campaña de sorprendente resurrección y mejora llevada a cabo en infinidad de plazas menores hasta desembocar en los grandes escenarios –Bilbao y Sevilla por San Miguel, entre otros–, donde triunfó y complació a todos, incluso a los que en su día le señalamos tantos defectos. Y sólo frenada en su arriesgado compromiso de matar seis toros de diferentes ganaderías en la Feria de Otoño de Madrid pocos días después de realizar una grandiosa faena en la Maestranza. En la temporada de 2002 la irregularidad y los percances siguieron marcando su carrera y al fracasar en su encerrona con seis toros en la feria de San Miguel de Sevilla las cosas se le pusieron de nuevo cuesta arriba.

Francisco Rivera Ordóñez. Nació en Madrid el 3 de enero de 1974. Tomó la alternativa en Sevilla el 23 de abril de 1995 y la confirmó el 23 de mayo de 1996. Caso aparte por su ascendencia naciente y adquirida. Pues es posible que Francisco sea el torero con más sangres ilustres y confluyentes en una sola persona. Así pues, aristócrata taurino por excelencia –biznieto de «El Niño de la Palma», nieto de Antonio Ordóñez, sobrino de Luis Miguel Dominguín, hijo primogénito de «Paquirri», pariente directo o político de muchos más toreros– y, al cabo de los años, también consorte por casado en 1997 con la duquesa de Montoro, hija menor de la duquesa de Alba.

Forzosamente y a poco valor y condiciones que tuviera, se tenía que comportar en las plazas de toros como pez en el agua. De novillero, muy secretamente preparado por su abuelo Ordóñez durante su corta etapa de becerrista y pese a sus muchas actuaciones en las que hubo de todo sin destacar formalmente en nada, Francisco apenas descubrió lo que sorpresivamente mostró el día de su alternativa, el de su segunda actuación en esta misma plaza y en las demás: estar en figura sin serlo. Esto es, presentar unas condiciones de absoluta e indeclinable entrega y de privilegiada intuición, aunque lógicamente sin pulir. Pese a que muchos no creían que esto fuera posible, lo fue de repente y en tromba durante toda su primera temporada. Revelación inaudita en la que, claro está, también contó su lujosa ascendencia y la impronta sentimental, aquella campaña todavía fresca, de la trágica muerte de su padre, sucedida tan sólo once años antes del doctorado de Francisco. Es posible que, sin estos antecedentes, la irresistible presencia

Francisco Rivera Ordóñez.

del joven Rivera en los carteles de mayor fuste no hubiera sido tan nutrida, ni siquiera tan fulgurante. Pero también es cierto que, obligado por la responsabilidad que derivaba del legado de su estirpe, ese año se comportó en intenciones como si fuera uno de sus antepasados con todas sus consecuencias. Esta autoexigencia en sus circunstancias de huérfano de gran torero muerto por un toro fue sin duda lo que más le señaló y de lo que nunca se podrá desprender. De ahí el enorme peso de su compromiso.

Al cabo de seis años como matador de toros, la carrera de Rivera Ordóñez no fue fácil ni ascendente. Al principio no pudimos imaginar a dónde podría llegar, pese lo imparable de sus éxitos, porque no estaba definido ni centrado como hombre –su heredada soberbia basculó y aún oscila entre un orgullo legítimo, aunque desproporcionado con respecto a su verdadera valía, y una hiriente mordacidad en el trato que le ha perjudicado mucho y que no corresponde a la buena educación que ha recibido–, ni decantado su estilo. Sus progresos con el capote –es capaz de torear rematadamente bien a la verónica pese a su escaso aroma– permitían aventurar que, con el tiempo, también progresaría con la muleta. Y así fue, aunque sin la frecuencia ni con la solera que hubiéramos deseado. En aquel brillante momento de su arranque y, olvidándonos de sus apellidos, pedimos más a su «pequeña» flámula. Porque ese breve «engaño» no «engañaba» lo que debía a muchos toros con problemas e impedía someter algunas acometidas descompuestas. La incierta mirada de muchos toros perdía este señuelo de imposible vuelo y se tropezaba con el cuerpo de quien lo conducía. Peliaguda cuestión que Francisco resolvió con su atlética cintura e inusitada rapidez de reflejos zafándose de los pitones en décimas de segundo. Ello compensaba cierta e inconveniente suciedad en la ejecución formal de las suertes y provocaba más el «ay» que el «olé» por tan asombroso valor que, en su caso, resultaba demasiado notorio aunque siempre emocionante. También esperábamos que tanta valentía quedara definitivamente más tapada por la suave y templada destreza del toreo.

De otra parte, la media estatura de Francisco y su afán por abarcarlo todo le obliga a descoyuntarse demasiado para alargar los muletazos. Distorsión que desmerece estéticamente su toreo, aunque ante los toros más propicios haya sido y sea capaz de relajarse y de abandonarse más, cobrando una postura más naturalmente erguida. De todos modos, Francisco Rivera intentó e intenta poner en práctica un toreo intuitivamente puro y templado. Cuestión que pocas veces ha conseguido realizar, aunque ha sido muy celebrada en sus puntuales hallazgos.

Las lesiones y muchas volteretas –algunas espeluznantes aunque, por milagrosa suerte, sin sangre– que ha sufrido Francisco, sumadas a su intensa vida social y a no pocos disgustos íntimos –la prematura muerte de su abuelo Antonio Ordóñez le convirtió en máximo, por no decir único, responsable de su familia materna– fueron minando su moral de combate, le distrajeron y alertaron su sentido de la conservación, por lo que de ser una promesa en ejercicio de figura comprometida y capaz de dar la cara compitiendo a tope en todas las plazas con cuantos toreros alternó, pasó a ser una «estrella afamada» que no progresaba, perdía celo, se desilusionaba en demasía, últimamente convertido en un diestro con renombre que ha perdido gran parte de la fuerza que tuvo, cedido el lugar que ocupaba en los carteles más lujosos y decantado en más técnico y prudente aunque bastante menos comprometido –sus larguísimos baches con la espada lo delatan– por más hábil con los toros malos, al tiempo que perdía su fresca sinceridad con los buenos, mientras con los muy buenos logra centrarse ocasionalmente en faenas limpias y acabadas, señal inequívoca de lo que lleva dentro aunque no termine de romper en la figura que podría ser. Al final de la temporada de 2001, en la feria de otoño en Madrid y en puntuales ocasiones de la de 2002 –como en la Goyesca de Ronda, en Murcia y de nuevo en Las Ventas, donde cortó su primera oreja–, Rivera recobró el valor y las ganas de sus comienzos y se destapó con un en él desconocido arte que le salvaron de otra campaña desigual.

No obstante, la fama mediática de Francisco le mantuvo permanentemente en candelero y el gran oficio adquirido le ayudó para alcanzar su corrida número 1.000 en el transcurso de la temporada 2008, algo verdaderamente respetable. La gran polémica que se armó cuando dos toreros –Paco Camino y José Tomás– devolvieron la Medalla de Oro de las Bellas Artes que les había sido concedida para protestar por la que le acaban de conceder a Francisco Rivera al comienzo de la temporada 2009, lejos de perjudicarle, le benefició y hasta le dio más fuerza para continuar en el combate.

José Tomás. Nació en Galapagar (Madrid) el 20 de agosto de 1975. Con 20 años tomó la alternativa el 10 de diciembre en la ciudad de México, capital de país donde se había hecho novillero. La confirmó en Madrid el año siguiente en plena Feria de San Isidro tras varios triunfos en los que anunció su prometedor futuro. Torero extraordinariamente singular y, desde luego, el que actualmente ha causado más impacto admirativo a los aficionados, sobre todo entre la elite de los llamados «puristas», rendidos incondicionalmente a Tomás por su electrizante valor y unas maneras tan apasionantes como polémicas: clásico a la vez que dramático por su colocación comprometida en los cites, su quietud a ultranza, estoica elegancia y desprendida entrega, que llega a lo irracional cuando lo intenta ante reses poco o nada propicias en su cerril empeño de enjaretar su «exclusivo» toreo a toda clase de toros, aun a costa de incontables enganchones cuando no de serios percances. Tal manifestación despreciativa de cualquier riesgo le obliga a torear abandonado, como ensimismado y, demasiadas veces, sin control de sí mismo ni de las reacciones de los toros –muy a merced de los animales–, dando la impresión de que no le importan las cogidas ni las cornadas, ni siquiera la muerte. Así pues, torero ante todo emotivo hasta decir basta.

Para algunos, José Tomás es un revolucionario en toda regla, comparable con «Manolete», Ojeda... y, según éstos, tan grandiosa figura que incluso supera a los que

José Tomás.

lo fueron o lo son en mayor grado. Para otros, un exquisito «tremendista» con formas clásicas –su toreo se degusta a la par que asusta– con maneras y ademanes muy personales que, por el momento, no ha podido o no ha querido profesionalizar conforme a las tradiciones que honran y, en todo caso, siempre se exigieron a las figuras con quien le comparan sus acérrimos. A saber: nunca completó una temporada entera desde Castellón o Fallas hasta El Pilar o Jaén, sin rehuir las otras más importantes como Sevilla, Madrid, Pamplona y Bilbao; tampoco, desde que actúa como matador de toros, ha cumplido sus contratos finales, dando por terminadas casi todas sus campañas antes de tiempo; se ha quitado frecuentemente de varias corridas comprometidas en las que estaba anunciado con el pretexto de lesiones leves o inventadas; su elección de ganado desde que es figura se limita a poco más de un par de encastes de entre las ganaderías más fáciles; y en sus dos últimas temporadas (1999 y 2000) se opuso a que se televisaran sus corridas, con lo que evitó las ferias y plazas donde el toro sale con más cuajo y trapío. Aunque este mal comportamiento no ha empañado el brillo de su personalidad torera, debemos adentrarnos en lo que sí la desmerece como lidiador por su frecuencia en dejarse enganchar los engaños, incluso en muchas de sus mejores obras, cuestión a la que responden sus acérrimos restando importancia al defecto por el sitio tan comprometido en que se coloca, pese al detrimento que ello implica para la inexcusable norma del temple como arma fundamental del toreo y del mejor resultado de la lidia en sí misma. Y no porque no sea capaz de templar cuando lo consigue. Lo es y en grado superlativo en sus mejores versiones, tanto con el capote a la verónica –que ejecuta también con arriesgado ajuste, quietud y exquisito juego de brazos– como con la muleta, sobre todo al natural –único al iniciar el pase antes de que el toro se le arranque y esperarlo hasta embrocar muy por delante–, sino porque también le alaban vulgares y arrugados muletazos e incluso trasteos sucios y sin mando con tanta o más pasión admirativa que los limpios y bien rematados. De ahí que la sugestión colectiva que suele provocar

Tomás, sea cual sea su proceder en la plaza, distorsione un tanto la valoración más justa de su toreo y, sobre todo, la de su capacidad como profesional.

Con respecto a esto último, también influye el fenómeno social que ha surgido a su alrededor y le acompaña donde va: una legión de partidarios en la calle y en la prensa tan exageradamente sectarios que les lleva a negar con injusticia y, a veces, con violenta intransigencia todo lo que no sea el toreo de Tomás y hasta considerar su al menos discutible proceder como paradigmático. «Donde se pone él no se pone nadie», «el único que torea con pureza», «el mejor de todos los tiempos», «no merece la pena ver a ninguno más que a él», «su negativa a dejarse televisar es la mejor prueba de su independencia», «José Tomás y... los otros» se suele escuchar –¡y leer!– en una demostración palpable del exacerbado partidismo que disfruta. Nadie gozó jamás de un estado de gracia semejante durante un periodo de tiempo tan largo y éste sí es un dato para la historia. «Estado» que, al crecer sin medida ni fin, hemos dado en llamar «tomatosis» para definir mejor el sentido contagioso del término. Tan contagioso y extraño como el propio protagonista, siempre misterioso por tímido, huidizo, inexpresivo, caprichoso y en nada materialista ni ambicioso –dicen que el dinero le importa un comino–, aunque orgulloso e íntimamente soberbio.

En el todavía corto devenir de su carrera y tras su primera etapa, tan llena de expectativas como de incertidumbres, cuajó después la por el momento mejor cosecha de sus más grandes aunque esporádicas obras mientras duró la dirección de su primer apoderado, Santiago López, a quien el torero abandonó de mala manera. Y en la que vive más recientemente de la mano de Enrique Martín Arranz –inspirador en la sombra de sus polémicas estrategias hasta compartir su nuevo apoderamiento con el de su hijo adoptivo, «Joselito»–, por haber progresado en regularidad triunfal –sus dos últimas campañas lo atestiguan pese a las aludidas ausencias y negativas a ser televisado–, por la acertada aunque limitada elección del ganado que más le conviene y a costa de cambiar muchas veces su estilo, que ha venido evolucionando para bien como lidiador más hábil y a no tan «puro» como siempre le cantan, pues quizá influido por su compañero de «cuadra», aparte exagerar gestualmente sus ya famosos por repetidos quites con el capote a la espalda en los que no templa ni torea sino que, aguantando quieto desde lejos el viaje de los toros, deja que se estrellen en el percal, ha reducido el planteamiento y desarrollo de sus faenas de muleta. Casi exactas cada tarde, las inicia con estatuarios o doblones, continúa con la mano derecha –echando hacia atrás la espalda mientras se aquieta firme– en redondos y enseguida cambiar de lado para los naturales que últimamente no receta como antes, sino citando de perfil y casi siempre a pies juntos –también con el torso volcado hacia atrás–, con la mano retrasada e ir cruzándose en «saltitos de perdiz» hasta ejecutarlos demasiado aislados, muy al «toque» por abajo y de corto trayecto, ligando sin moverse el último de cada serie con estupendos de pecho o de trinchera, adornarse con un cambio mientras gira al contrario y rematar con sus ya inevitables, ceñidas y siempre celebradas «manoletinas» antes de entrar a matar, suerte en la que José Tomás suele acertar con decisión y pronta eficacia, algo imprescindible para compensar cualquier fiasco anterior y cortar orejas, que últimamente logra casi a diario.

Mientras la profesión y la afición más sensata continúan a la espera de que sus siempre misteriosas decisiones las tome para bien, algunos añoramos su «ser» artístico más genuino y deseamos que, si puede, amplíe su rango ejerciendo de figura sin tantas ausencias ni remilgos, ante la televisión, con todas sus consecuencias. Algo que tampoco cumplió en la temporada 2002, que cubrió con más simas que cimas y las imposiciones de siempre, salvo en su excepcional actuación isidril, donde cuajó una importante faena con un encastado y difícil toro de Alcurrucén del que no cortó orejas por pinchar. Perdida la incondicionalidad del púlico que le venía perdonando todo y cogido en dos ocasiones, perdió el sitio y harto de broncas se retiró sorpresivamente tras un sonoro fracaso en Murcia aunque, como casi siempre, sin hacer declaraciones. Tampoco acudió a las corridas que tuvo apalabradas en México.

Casi cuatro años después, el 16 de junio de 2007, reapareció en la Monumental de Barcelona, que abarrotó con público llegado de todos los confines. Fue un gran acontecimiento no sólo taurino sino social y hasta político dado el avanzado antitaurinismo impuesto por los nacionalistas catalanes que aquella tarde fueron vencidos triunfalmente. Pero aparte de este suceso, que en cuanto a expectación se repitió cada vez que José Tomás volvió a esta misma plaza –sobre todo en la última tarde del torero al final de su campaña de 2008, en la que indultó un nobilísimo toro de Núñez del Cuvillo en medio de una espectacular conmoción– las dos campañas de su regreso se limitaron a veinte festejos cada una, casi ninguna en Francia y muy pocas en América, negándose a ser televisado como ya lo había decidido al final de su primer periodo en activo. En el 2007 no fue a la mayoría de plazas de primerísima categoría. Ni a Valencia, ni a Sevilla, ni a Pamplona, ni a Bilbao, ni a Logroño y menos a Zaragoza. Sólo a la mencionada de Barcelona y a la de San Sebastián.

En la mayoría de las muy escogidas y varias veces impresentables corridas que mató, lo hizo acompañado por diestros de medio o bajo nivel, salvo un par de veces con El Juli, dos con Miguel Ángel Perera y dos con José María Manzanares. Permanentemente arropado por la incondicionalidad de sus partidarios, casi nunca alcanzó el altísimo nivel que más distinguió su toreo y le aupó a la fama durante sus mejores campañas de finales de los 90. Más cerca, pues, del tremendismo que de la armonía, aunque de todo hubo en su parco e indudablemente atractivo y, sobre todo, muy rentable regreso. Lo que más pesó en cuanto valoración profesional de su vuelta fue su fuerza taquillera, agotar las entradas en las plazas donde compareció. Y lo más sobresaliente de sus actuaciones a lo largo de estos años de regreso a los ruedos –además de la mencionada y apoteósica tarde del indulto en Barcelona–, fueron las dos veces que por fin toreó en Madrid en junio de 2008. La primera al cortar cuatro orejas a dos estupendos toros de Victoriano del Río a los que toreó acercándose mucho a las mejores obras de su vida, y la siguiente con una actuación voluntariamente trágica de la que salió gravemente herido tras cortar tres orejas a sangre y fuego con ganado más difícil de Puerto de San Lorenzo.

A raíz de estos dos festejos, los medios de toda condición siguieron volcándose con él y la mayoría de la crítica también, como asimismo infinidad de escritores, artistas y famosos, convirtiéndose de nuevo en torero de moda a la par que polémico y, en nuestra opinión, en la figura del toreo más sobrevalorada de la historia. Un fenómeno publicitario de enorme e insólita magnitud que seguirá hasta no se sabe cuándo. Posiblemente hasta que José Tomás vuelva a cansarse y a retirarse de nuevo. ¿Una vez consiga, si es que lo consigue, volver a triunfar en Sevilla y en Bilbao, plazas en las que, por poner tantos inconvenientes e intentar imponer toda clase de caprichos, sus respectivas empresas se resistieron o terminaron por no contratarle? Está por ver si lo conseguirá más adelante.

José Antonio «Morante de la Puebla». Natural de la Puebla del Río (Sevilla), tomó la alternativa en Burgos el 29 de junio de 1997 con 18 años de edad. Confirmó en Madrid el 14 de mayo de 1998. Y desde que debutó con picadores en Guillena, cuatro años antes, mostró con capote y muleta unas maneras tan gráciles y pintureras, tan repajoleramente sevillanas y a la vez tan rematadamente clásicas, que enseguida corrió la voz de que había surgido un torero netamente artista y puro dentro del «aire» con el que hacía mucho tiempo no toreaba nadie. Los «gonzalistas», los «pepinistas», los «pepeluisistas» se pelearon por verle y cuando le vieron tomaron partido por el nuevo «mesías» andaluz. También los aficionados de toda España, empezando por los de Madrid, donde deslumbró de novillero. Y, como no, la Sevilla taurina, que en cuanto le vio triunfar en la Maestranza se le entregó. Un poco tarde, la verdad. Porque después de doctorarse, Morante notó mucho el cambio del novillo al toro y se entretuvo en «apuntar» hasta que se confió, reiniciando una carrera en la que, pese

José Antonio «Morante de la Puebla».

a las desigualdades lógicas de los principiantes, «decía» el toreo con «cante» y lo hacía de maravilla. Un par de sustos que se le notaron demasiado en Bilbao y, posteriormente, en las Fallas de Valencia alertaron a no pocos de su justo valor. Y algunos éxitos tan luminosos como contundentes en Zaragoza, Jaén, más su primer triunfo grande en una Feria de Abril volvieron loca a la gente. Se empezó a creer en Morante otra vez y desapareció el «mosqueo». También el que padecía frecuentemente el propio diestro, quien, ya disparado en busca de la cima, apostó tanto y con tanta persistencia –enorme en Huelva, sensacional en El Puerto, soberbio en Almería y Palencia...– que al final de la temporada del 99 acabó volteado y muy gravemente lesionada su columna vertebral, teniendo que guardar absoluta quietud y reposo en la cama durante varios meses, rehabilitarse dolorido, entrenarse intensamente, hartarse de esperar hasta poder levantarse para torear de salón, ponerse delante de las becerras como si fuera la primera vez y volver a empezar, mientras la afición e incluso sus partidarios hacían cábalas sobre cómo, cuándo y dónde abriría Morante su abanico en el 2000.

Lo abrió nada menos que, en su primera corrida con «victorinos», en Olivenza y lo desplegó entero el día siguiente y en la misma plaza con una actuación absolutamente pletórica. Y otra vez resurgió la apasionante confianza del torero en sí mismo y la de los seguidores en su torero. Sevilla lo esperaba como nunca. Y Sevilla fue testigo en una sola tarde y sucesivamente de otro gran triunfo y de otra cornada que sufrió por el torpe arranque de una segunda faena y que volvió a desbaratar su ánimo para el resto de una temporada que le había nacido por fin con rango de figura y que la terminó de nuevo con el «mosqueo» de propios y extraños, pese a que de vez en cuando dejara escrita –Vitoria y Palencia sobre todo– la estela inigualable de su arte.

Incógnitas por despejar: ¿Podrá ser Morante de la Puebla quien quiere ser y queremos que sea? ¿Volverá a recobrar lo perdido para arrasar artísticamente a los que dicen que «torean» como nadie? ¿Se conformará con ocupar un puesto de ilustre acompañante y sobresalir sólo cuando le salga un toro noble en tal o cual ocasión soñada? En el noviembre primaveral de Lima le tocó uno y lo «bordó». ¿Y en la Sevilla del 2001?

Pinturería, deseos, éxito, cogida, frustraciones, resurrección, cuajo, cornada, ilusión, desconfianza, disgustos, esperanza... Una película vital que parece no acabar, pese a su corta duración y escaso recorrido. No actuó en la Maestranza el 2002 por propia voluntad y su campaña fue la peor de todas aunque al final pareció reaccionar ante la llegada de nuevos valores que ponían en peligro sus contratos para las temporadas sucesivas.

Pero Morante siguió gracias a lo inconmensurable de su arte y no tanto a su nueva administración, que pasó por el capricho de entregarla a un avejentado y caprichoso Rafael de Paula con el que terminó enfadándose tras protagonizar una singular encerrona con seis toros en Madrid, que cerró de manera genial tras ser cogido, seguida de otro retiro inesperado y de otro regreso más, ayudado por una exclusiva difícil de cumplir económicamente, que salpicó con triunfos tan esporádicos como celebrados junto a tardes sin suerte ni felicidad. Finalmente reconciliado con la empresa de la Plaza de Sevilla, encaró la temporada de 2009 con más contratos que nunca para actuar en la Maestranza. De cómo las resuelva dependerán muchas cosas para Morante aunque, curiosamente, siempre contará con Madrid, donde está consagrado con más fuerza que en su tierra.

Julián López «El Juli». Nació en Madrid el 3 de octubre de 1982. Tomó la alternativa en la plaza francesa de Nimes, con 16 años de edad, el 18 de septiembre de 1998. La confirmó en Las Ventas dos años más tarde, el 17 de mayo de 2000, cinco meses antes de cumplir su mayoría de edad en coincidencia con su precoz cuajo profesional y ya como gran figura del toreo. Pocos lo han conseguido a lo largo de la historia desde el mismo momento de su doctorado y menos los que han disfrutado de ello antes incluso de acceder al rango superior, respecto a popularidad,

Julián López «El Juli».

máxima cotización –la mayor que haya gozado diestro alguno a tan temprana edad– y práctica unanimidad en apreciarlo como gran torero en ciernes inmediatos. Y es que mucho antes de su debut en Mont de Marsan (20 de julio de 1995, con 13 años), en los medios taurinos ya se venía hablando de su caso excepcional. En su etapa de aprendizaje en la Escuela Taurina de Madrid, de la mano del matador de toros Gregorio Sánchez, ya se sabía que en las clases teóricas y, sobre todo, en las prácticas se expresaba más en maestro que en discípulo. De otra parte, su minoría de edad para poder torear legalmente con picadores en España le obligó hacerlo con adelanto y profusión en las plazas de México, donde se hizo figura antes que en su patria y, de paso, aprendió toda la gama de quites con el capote que, desde hacía tiempo, habían inventado y practicado los toreros aztecas, de siempre proclives a florear con variedad sus intervenciones en el tercio de varas. Ello, sumado a la proverbial inteligencia de Julián, fue sumando cualidades técnicas y artísticas, expresadas con un sentido total de la lidia de modo que en cada una de sus actuaciones «El Juli» salía a por todas para intervenir por orden y en concierto en todas las ocasiones que le correspondían. En sus toros, con ritmo incesante y sin espacios muertos –recibo, brega, quites, banderillas, faena y estocada sin solución de continuidad– y en los de sus compañeros sin perdonar nunca la posibilidad de replicarles en sus correspondientes quites. Competitividad y réplicas que no restaba nada a su atención permanente a la lidia durante toda la corrida ni a intervenir con rápida precisión en casos de peligro o de ayuda cuando surgían. Porque «El Juli», desde su más tierna infancia, es un gran aficionado y un excelente compañero.

Hijo de torero frustrado –como tantos– y con todo el toreo y su historia en la cabeza, vocacional y ambicioso desde lo más dentro de su alma, listo en toda la dimensión de la palabra, inteligente y despierto para progresar y acoplarse a cualquier circunstancia propia o ajena, creativo, improvisador, comunicativo, simpático, naturalmente valiente, rápido en reflejos, resolutivo en reacciones y con raza fuera de serie, su irrupción en la Fiesta fue como dar paso a un vendaval. Aparte los grandes triunfos que le habían consagrado en México –en la Monumental de Insurgentes, sobre todo–, su eclosión popular más universal se produjo en la televisada corrida de su alternativa, donde sorprendió a los presentes y a la infinidad de aficionados que vieron el espectáculo por la pequeña pantalla con un quite llamado «lopecina» (remedo de la mexicana «zapopina» bautizada por Julián con su apellido paterno) tan espectacular y vistoso que puso a todo el mundo boca abajo, además de cuanto ese día logró. Dentro de aquel niño, con aspecto aún más aniñado de lo que correspondía a su corta edad, había todo un hombre y un torero largo en repertorio como pocos, dueño de tantos o más recursos que los más experimentados y absolutamente responsable de cuanto le viniera encima. Inmediatamente antes de doctorarse había protagonizado una arriesgada despedida de novillero en Madrid, donde se encerró con seis reses de distintas ganaderías, llenando premonitoriamente la plaza hasta los topes y saliendo a hombros por la Puerta Grande. Tal acontecimiento, sin embargo y pese a su positivo final, supuso para «El Juli» un primer y riguroso examen en el que muchos sacaron la lupa para ponerle defectos que, desde entonces, esgrimieron en demérito de sus posibilidades: su baja estatura, su anunciada tendencia a la gordura, su «poca clase», lo difícil por no decir imposible que le sería hacer «esos quites tan raros» ante el toro cuando llegara el momento, su cortedad como banderillero «por un solo pitón» y su «bajón de calidad y de técnica» con la muleta en las faenas. De su espada no se dijo casi nada porque a la hora de la verdad casi siempre es un cañón. Remilgos y pegas que siguieron acompañando a Julián antes y después de aquella cita e, incluso, hasta finales de la temporada del 2000, momento en el que se le rindieron «tirios y troyanos». Porque «El Juli», desde que empezó a matar corridas de toros, primero junto a su compañero más frecuente –el gran Enrique Ponce, que en todo su esplendor no se dejó ganar la pelea– en casi todos los festejos que actuó junto a él en septiembre y octubre del

98, en más de sesenta festejos el 99 y en muchos del 2000, ya más por libre Julián y después en competencia con las demás figuras, llenó casi todas las plazas, cobró más dinero que ninguno, mantuvo un nivel altísimo en casi todas sus actuaciones sin rehusar ninguna plaza por importante que fuera –superó las 100 corridas sobradamente en las dos campañas completas que lleva como matador–, sufrió cornadas, las superó –tan sólo padeció un ligero bache por desgaste en pleno verano de 1998– y corrigió defectos en tal medida que sus progresos resultaron incontestables para todos: «julistas», «contrarios» y ecuánimes.

«El Juli» había crecido en estatura física y agigantado en la profesional. Tan poderoso y espectacular como siempre y sin abandonar su habitual y completo sentido del toreo –su ancho y expresivamente variado concepto de la lidia en los tres tercios, su inexcusable manera de templar cualquier embestida, su indeclinable raza y su gran capacidad–, empezó a cuajar importantes y enjundiosas faenas de muleta tanto ante reses con problemas como ante las más bravas y nobles. Y tuvo suerte. Porque si logró multiplicar éxitos y sumar orejas a montones en cada una de las plazas que le vieron en Europa y América, Sevilla ya estaba conquistada desde el primer día que pisó la Maestranza en el 98, se le rindió Madrid en la corrida de la Beneficencia del 99 tras una confirmación a la contra en todos los aspectos, Pamplona en su debut sanferminero, Bilbao por completo en la feria de agosto donde resolvió el problema con inaudita brillantez, Salamanca con un redondo faenón y Zaragoza con otro imponente, cortando un rabo. Trofeo no logrado por nadie en la capital aragonesa desde el concedido a «Paquirri» en sus primeros años de matador. En las dos temporadas que siguieron, «El Juli» superó todos los contratiempos que le sobrevinieron –tres graves cornadas en el 2001 y más exigencia del público el 2002– persistiendo en su infinita capacidad, compitiendo con todos sus rivales –viejos y nuevos–, manteniéndose como máxima figura y progresando artísticamente con la muleta como quedó patente en varias ocasiones, sobre todo en Linares, en Logroño y en la plaza de Vista Alegre de

Madrid, donde al final de la temporada realizó una portentosa e histórica faena. Según sus propias palabras, la mejor de cuantas llevaba hechas en su todavía corta vida profesional.

Y de ahí en adelante, porque estamos ante otra gran figura del corte de los toreros «gallistas», capaz de mantenerse en el trono durante muchos años más a poco que la suerte siga acompañándole. Porque aunque le costó instalarse en la nueva etapa tras conseguir pasar de niño superdotado y espectacular todo terreno a segurísimo lidiador y magistral muletero voluntariamente limitado a la sobriedad, su caso es tan excepcional como brillante. Un fuera de cualquier serie.

Un año tras otro –cumplió ya más de diez como matador de toros–, «El Juli» viene demostrando que con la muleta en la mano, y si él quiere, no hay toro que se le resista, como también que quien torea más netamente puro es él. Diestro más de contenido que de continente y más poderoso que artista, la importancia de sus faenas compensa cualquier insuficiencia que se le pueda achacar, ninguna a su propia voluntad.

José Antonio Ferrera San Marcos («Antonio Ferrera»). Nació en Ibiza el 19 de febrero de 1978. Al trasladarse su familia a Badajoz inmediatamente después de su nacimiento, siempre se le consideró extremeño. Tomó la alternativa en Olivenza (Badajoz) el 2 de marzo de 1997. Dos años después la confirmó en Madrid el 28 de marzo. Hasta romper con un gran triunfo en la feria de San Isidro de 2002, Ferrera venía cubriendo su carrera con tantas ganas como velocidad, lo que le granjeó fama de torero rápido, amontonado y vulgar, aunque siempre buen y espectacular banderillero. Pero en esa tarde madrileña frente a un excelente toro de «Carriquiri» se destapó con un toreo de capa y de muleta más asentado, más templado y netamente clásico que encantó a los aficionados. Desde entonces, y a pesar de sufrir varios percances y además de mantener su bulliciosa espectacularidad como gran capoteador y muy puro rehiletero, Antonio Ferrera se descubrió con una muleta algo recompuesta pero honda, intensa y, con los buenos toros, inapelablemente garbosa y sentida. Efectivo con la espada, superó las cornadas que padeció, algunas verdaderamente inoportunas, y plantó cara en todas partes sin desfallecer, aunque pasándose de soberbio en ciertas ocasiones que, por impertinente y agresivo en su trato personal, le acarrearon no pocos disgustos con otros compañeros, desacuerdos con algunas empresas y hasta el abandono de su propio apoderado.

La citada gran faena de Madrid, otra en Dax –donde tuvo sus más y sus menos con «El Juli» por negarse éste a compartir banderillas–, sus éxitos en la Semana Grande donostiarra con «victorinos», los de Bilbao en su mano a mano con «El Fandi» frente a una seria y brava corrida de «Torrealta», el de San Sebastián de los Reyes, donde indultó un toro, y su magnífico cierre de campaña en Zafra, donde se encerró con seis toros de «Zalduendo», indultando otro, fueron sus mejores actuaciones en la temporada de su renacimiento y avalaron su recién estrenado rango. Pero por desgracia no lo consiguió. Ferrera pasó de las manos de unos apoderados a las de otros mientras su sino oscilaba entre el del torero que anunció ser y el que en realidad siguió siendo: un entusiasta a toda máquina en los tres tercios, bullidor con el capote, espectacular aunque demasiado exagerado en banderillas y gran vendedor de baratijas con la muleta que, por decidido y eficaz matador, logró sumar muchos éxitos y completar carteles de relleno en las ferias, limitando su presencia junto a las figuras en las corridas de los ciclos extremeños, donde tiene fuerza por el paisanaje.

Manuel Jesús Cid Salas («**El Cid**».) Nació en Salteras (Sevilla), el 10 de marzo de 1974. Debutó triunfalmente con caballos en su pueblo en 1994 y enseguida se supo de sus buenas maneras y estoico clasicismo además de su valor. Pero tardó mucho en debutar en la Maestranza de Sevilla. Fue cinco años después, el 2 de mayo de 1999. Tras muchas fatigas matando terribles novilladas durante su larga estancia en Madrid, logró doctorarse en Las Ventas el 23 de abril del 2000 con un toro de la ganadería de José Vázquez. Su padrino fue David Luguillano. Ese año, como el siguiente, sólo sumó 15 corridas, pero en muchas dejó pruebas de sus posibilidades. Y así fue ascendiendo hasta hacerse más famoso por sus grandes faenas, aunque muchas de ellas no tuvieron resultado triunfal por su desigual, cuando no fatal, manejo de la espada.

Su año clave para relanzarse fue el 2002, sobre todo a raíz de su grandioso triunfo en la plaza francesa de Bayona con una corrida de Victorino que mataba por primera vez. «El Cid» estuvo sorprendentemente a gusto y fácil con estos toros que marcarían su carrera para siempre al convertirse al cabo de los años en el torero que más grandes triunfos ha logrado con esta ganadería y en su más lujoso especialista. Cómo sería la cosa, que el 2004 mató nada menos que 14 corridas de Victorino. Pero el año de su eclosión como figura fue el 2005, año en el que salió dos veces por la Puerta del Príncipe de la Maestranza de Sevilla y, pocos días después, también por la Grande de Madrid. «El Cid» ya se había convertido por entonces en uno de los toreros más queridos por ambas plazas y, por tanto, en figura del toreo imprescindible. Su mayor hazaña y fundamental hito, sin embargo, tuvo lugar en la plaza de Bilbao durante su feria de 2007, cuando se encerró a solas con seis victorinos logrando un triunfo histórico que así fue reconocido por toda la crítica y la afición, logrando un subidón en su caché. Aunque su rendimiento neto bajó un poco en 2008, no la regularidad en el éxito característica de las figuras, sin que faltaran en esta temporada varias grandiosas faenas, como las de Sevilla y Madrid con victorinos, otra cumbre que pinchó en Las Ventas con un toro de El Pilar y otra más, asimismo pinchada, en la feria de El Pilar en Zaragoza.

La honestidad personal y profesional de «El Cid» corre pareja con su honesto sentido del toreo, definitiva y contundentemente clásico a la par que sobrio, en el que destaca como gran intérprete de las suertes más fundamentales y aristocráticas: la verónica con el capote y el natural con la muleta. Instalado por méritos propios en la primera fila, ni sus fallos con la espada, ni los percances que ha sufrido, ni siquiera los explicables baches o equivocaciones estilísticas que, a veces, le han perjudicado, han impedido que fuera avanzando tras superarlo todo en su carrera, a la que todavía le quedan años muy felices por cumplir.

David Fandila Martín («El Fandi»). Nació en Granada el 13 de junio de 1981. Becerrista desde el 95, tomó la alternativa en la ciudad de la Alhambra el 8 de junio del 2000 y la confirmó en Madrid dos años después, el 17 de mayo. Avezado esquiador y campeón artístico de este deporte de la nieve, pronto descubrió su afición taurina y se dedicó por entero a la misma anunciando sus propósitos de tapadillo, sin entrar en el circuito de las grandes ferias hasta verse seguro de sí mismo y de sus progresos. Razón de la sorpresa que produjo su irrupción en la temporada de 2002 –excelente estrategia de sus apoderados–, en la que pronunció su «aquí estoy yo». Torero arrollador en su cáscara más visible y con un fondo de valor y raza tan naturales como incuestionables. Dotado de unas facultades físicas fuera de lo común y desde luego mayores que las de otros diestros del mismo o parecido corte, a la frecuente exuberancia y variadas intervenciones con el capote y con las banderillas –originalísimo e impresionante en el segundo tercio– añadió asombrosos progresos con la muleta echando por tierra lo que de él se venía diciendo por los que, de novillero, opinaban al verle que ni siquiera sabía cómo tomar los engaños.

Fue en la feria de Bilbao de 2002 donde rompió definitivamente la nueva figura. Aunque por una cornada que sufrió en su segunda actuación de este mismo ciclo perdió el sitio, su irresistible ascensión sufrió un relativo bajón, pero a poco de reaparecer –y especialmente en las corridas frente a las máximas figuras– intentó y a veces logró vencerles. Ratificó lo dicho en su primera campaña americana y las esperanzas que concitó las mantuvo intactas las temporadas que siguieron, pues logró alcanzar puestos cimeros en el escalafón y hasta situarse durante varios años seguidos en el primer puesto, con más corridas toreadas y más orejas cortadas que los demás toreros cada temporada. Figura del toreo, pues, aunque con gran parte de la crítica y de la afición tenida por purista radicalmente en contra. Aparte de lo que ello supone en la meteórica carrera de «El Fandi», cabe mencionar una actuación histórica que tuvo lugar en la feria de Granada de 2004, cuando mató seis toros de distintas ganaderías en solitario. Resultó cogido de gravedad por el tercer toro al entrarlo a matar y, tras ser arrastrado el animal, pasó por su pie a la enfermería, en donde pidió que le operaran sin anestesia total y sin administrarle calmantes para no perder los reflejos en su drástica intención de volver al ruedo para matar los tres toros que quedaban. Aunque los médicos trataron de disuadirle, «El Fandi» regresó a la lidia, interrumpida durante 45 minutos, y fue capaz de cuajarlos en los tres tercios y cortar seis orejas y un rabo del último.

Aunque es criticado por su falta de calidad como muletero, nadie puede negar que con el capote es un torero muy variado y templadísimo, con las banderillas el más poderoso de la historia, además del más espectacular, y con la espada un seguro matador. Y por su sentido de la responsabilidad que nunca le abandonó, como por ser capaz de mantener sus excepcionales facultades físicas –lo que le supone un sacrificio diario– «El Fandi» crece y crece en contratos cada temporada y logra triunfar en casi todas las plazas donde actúa, poniéndolas boca abajo en sus memorables tercios de banderillas, que los públicos esperan y celebran con tanta pasión como seguridad en la infalible apuesta del torero. Querido y admirado por sus compañeros, lleva sumando varias veces más de 100 corridas por campaña y alternando a gusto con todos, incluidos los más encopetados, allá donde le pongan.

Sebastián Castella Turzack. Nació en Beziers (Francia), el 31 de enero de 1983. Tomó la alternativa en Beziers el 12 de agosto del 2000. La confirmó en Madrid el 28 de mayo de 2004. Con doce años se apuntó en la Escuela Taurina de su localidad. Pronto conoció a José Antonio Campuzano, en un festival, relación que le supuso convertirse en alumno privilegiado pues, de su mano, aprendió casi todo lo que el toreo exige de técnica y adecuadas maneras. Se presentó como becerrista en Aignan el 30 de marzo de 1997. Debutó con caballos en Acapulco el 17 de enero de 1999. El 9 de mayo de ese año se presentó en la Maestranza. Fue el triunfador del III Encuentro Mundial de Novilleros que tuvo lugar en San Sebastián en el año 2000, y ese día quedaron destapadas sus muchas virtudes y posibilidades, aunque luego, sin tanta suerte, fue cayendo en un inesperado bache que pocos se explicaron. No obstante, ese mismo año tomó la alternativa en la feria de Beziers, nada menos que con Enrique Ponce de padrino y José Tomás como testigo, logrando un gran papel junto a las máximas figuras. Pero como figura tardó en romper, aunque cuando lo consiguió fue para convertirse en el torero más importante que jamás había nacido en Francia.

Los números de festejos sumados por Castella a lo largo de su carrera dicen todo de su imparable crecimiento profesional. Yendo hacia atrás, en la temporada de 2008, la última que constatamos, sumó 83 corridas con 110 orejas, 4 rabos y 4 indultos. En la de 2007, 80 corridas, 84 orejas y 3 rabos. 2006, 90 corridas, 152 orejas, 8 rabos y dos indultos. 2005, 74 corridas, 70 orejas y 1 rabo. 2004, 42 corridas, 50 orejas. 2003, 35 corridas, 62 orejas y 2 rabos. 2002, 19 corridas, 33 orejas. 2001, 15 corridas, 21 orejas y 2 rabos. 2000, 10 corridas, 10 orejas. 2000, 33 novilladas, 31 orejas y 1 rabo. 1999, 23 novilladas, 35 orejas y 1 rabo. Como vemos, acusó bastante el cambio de novillo al toro –algo normal en la mayoría de los casos– en parte por su juventud, en parte también por la dificultad que encontró en hacer a los cuatreños lo que empezó a enjaretar a los erales y a los utreros. Al analizar con más detenimiento estas cifras, también se nota cuál fue su temporada cumbre por el momento: la del año 2006. Fue, en efecto, la de su consagración como figura del toreo en todo el mundo –Castella ya lo era en muchos países de América– y sobre todo en Francia, donde, curiosamente, se le venía negando por muchos compatriotas e incluso por varios periodistas de medios importantes. Pero ese año acabó con cualquier suspicacia y hasta inquietó a las máximas figuras. En las siguientes, sin embargo, perdió fuelle a raíz de perder sitio con la espada tras un triunfal San Isidro en Madrid, aunque por dentro también le bullían problemas con sus apoderados de siempre, hasta que decidió cambiar de administración y de aires.

Había que reconquistar el sitio y el puesto relativamente perdidos porque la inercia de un temporadón como el de 2006 da para mucho, y en ello anda desde su muy particular idiosincrasia torera: un férreo aunque sutil valor que en situaciones límite o extremas llega más al público que desde la maestría inevitablemente adquirida. Es decir, que Castella llega mucho más a la gente cuando se arrima sin pensar en otra cosa que vencer a sus adversarios –y no solo a los toros– que cuando lo hace sabiéndose ya dueño de su propia conquista. Importante torero en cualquier caso, tendrá que seguir siendo fiel a sus principios y máximas profesionales sin entretenerse en cosas de la vida fácil. O sea, seguir siendo un místico asceta y huir de cenáculos que ni le van ni logra digerir. Y repetir lo de 2006 al menos cuatro o cinco años más y seguidos, si de verdad pretende instalarse en el máximo estrellato.

César Jiménez. Nació en Fuenlabrada (Madrid) el 19 de abril de 1984. Debutó con picadores el 4 de febrero de 2001. Tomó la alternativa en el coliseo romano de Nimes (Francia) el 9 de mayo de 2002, tras debutar y despedirse de novillero en Madrid el 28 de abril de ese mismo año César Jiménez es un superdotado, con pinta de frágil, que esconde sus incalculables posibilidades hasta el mismo instante en que las destapa. Muy fino de maneras pero fortísimo por dentro. Valor, firmeza, inteligencia, inmediatez, temple y una donosura que, si linda con el atildamiento gestual cuando entra y sale de las suertes, lo compensa por capaz ante cualquier condición de sus oponentes, haciendo olvidar de seguido su ligero amaneramiento. Increíblemente negado por la mayoría de la crítica en su despedida de novillero en Madrid con seis reses muy encastadas de «Fuente Ymbro», desde el mismo día de su doctorado en

Nimes, y después de pasar varias semanas sin torear por preferir hacerlo siempre en carteles con categoría, en cuanto tuvo la ocasión prodigó impolutas, poderosas y redondas actuaciones. Y allí donde compareció por primera vez como matador de toros, incluidas las de mayor compromiso, fascinó a los espectadores.

Tras romper de manera incontestable en la feria de julio de Valencia y convencer a la crítica nacional allí presente, siguió triunfando en las restantes plazas y ferias donde le contrataron con regularidad de elegido. Durante la primera campaña que llevó a cabo en América empezó ganando el prestigioso Escapulario de Oro del Señor de los Milagros de Lima (Perú).

Pero como tantas veces sucede en el toreo, Cesar Jiménez cambió de apoderado en busca de mejores resultados económicos y, como no lo consiguió, perdió frescura e ilusión, por aquello de que el trabajo mal remunerado engendra melancolía. En busca de sí mismo, decidió pedir ayuda a Martín Arranz y a Joselito Arroyo, que le apoderaron sin demasiado éxito, y últimamente continúa intentando volver a ser quien fue desde una madurez que trata de encauzar de las manos de quienes siempre estuvieron a su lado.

Sus arranques y cierres de faena con intención tremendista, al torear arrodillado, los resuelve César con inusitada naturalidad y siempre por lo clásico, pese a tan forzada postura. Y en los corpus centrales de sus obras sobresale su cristalina contundencia, la intensidad y la ligazón de sus tandas que se repiten sin abandonar el sitio casi nunca. Así pues, un diestro de acero cubierto de porcelana que anuncia lo que va a hacer desde el alarde e inmediatamente lo expresa con enorme facilidad, como si su toreo brotara de un inagotable y transparente manantial. Y casi otro tanto con el capote –pura filigrana su quite por faroles a pies juntos–, aunque con el percal y con la espada, que empuña con los dedos y en apariencia sin firmeza, no da tanta sensación de inviolable.

José María Dols Samper (José María Manzanares). Hijo mayor del mítico matador de toros del mismo nombre artístico. Como su padre, nació en Alicante el 3 de enero de1982. Debutó con caballos en Nimes (Francia) el 22 de febrero de 2002. Tomó la alternativa en Alicante el 24 de junio de 2003 siendo padrino su padre que, espectador en el callejón, fue requerido por Enrique Ponce, padrino efectivo, para que le entregara la espada y la muleta en presencia de Francisco Rivera Ordóñez que actuó de testigo. Doctorado ciertamente singular y aristocrático que, a la postre, marcaría el devenir de su carrera.

No convencido del todo en dedicarse a lo que había empezado a cursar, veterinaria, José María Manzanares decidió ser torero abandonando sus estudios para entregarse por entero a lo que más le motivaba, adentrándose en lo que había vivido desde niño. La familia de su madre había regentado el hotel taurino por excelencia en Alicante: el hotel Samper, precisamente donde sus padres empezaron a relacionarse. Más tarde, Yeyes y el diestro se casaron... Ya embarazada de Jose Mari tras el nacimiento de dos niñas, Yeyes toreó un día una becerra, y el matador le dijo que ese acto tendría que servir para que el hijo que ella llevaba dentro fuese torero. No se equivocó...

Ya en su corta aunque algo tardía etapa novilleril dio pruebas fehacientes de sus excepcionales condiciones toreras. Como su padre, portaba el «don» en grados superlativos. Pero tras su triunfal alternativa, sufrió un bache anímico que, por demasiado prolongado y ayuno de éxitos, hizo temer por su futuro. No había encajado con sus primeros apoderados ni con quienes compusieron sus primeras cuadrillas y acompañantes, que contribuyeron a descentrarle peligrosamente. Hasta que, como era lógico, su propio padre tomó cartas en el asunto de manera drástica y José María cambió todo y a todos. Fue a partir de entonces, ya en la temporada de 2005, cuando el nuevo Manzanares se destapó no sólo por su arte –que eso nunca le abandonó– sino por su gran capacidad como lidiador poderoso y valiente.

Con tal combinación de cualidades y dados sus naturales dones artísticos, el joven Manzanares ni siquiera tuvo necesidad de mostrarse ansioso ni ostensiblemente arrojado en la búsqueda del privilegiado lugar que muy pronto ocupó, sino que pacientemente y sin hacer demasiado ruido se convirtió en nueva e imprescindible figura. Sus grandes triunfos en la plaza de la Real Maestranza de Sevilla, los de Madrid –donde también cayó de pie desde su confirmación de alternativa, aunque todavía le falte salir a hombros en la plaza de Las Ventas–, los también importantes éxitos logrados en Bilbao, en las plazas francesas de Nimes y Bayona, y en las americanas de Lima, México y Bogotá, por mencionar solamente los conseguidos en las plazas más determinantes del mundo, lo acreditan.

¿Qué hay por lo demás en lo más dentro de este nuevo Manzanares como torero? Que, como es natural, pareciéndose por concepto al padre, por lo que se refiere al empaque que expresa con imperial dulzura, muchas veces se parece más a Antonio Ordóñez. Pareciera al verle torear como si fuera el sueño ordoñista de su padre, aunque con la aportación que sólo a padre e hijo les fluye como el agua de un manantial: que torean meciéndose acompasados en cada suerte como si desde lo que sienten en lo más profundo del alma, les obedecieran a la vez y, también acompasadas, todas y cada una de las células de sus cuerpos. Que todas también torean emborrachadas con los mismos sentimientos. La elegante arrogancia corporal de Manzanares, por ende, da a sus obras un tinte catedralicio que subyuga.

Y como torea al mismo tiempo con el cuerpo y con el alma, en su mecerse tan a compás, sus muletazos se parece a las olas del mar... que se van y se vienen... que se van... y se vienen... Maravilloso contrapunto expresivo que compite con lo que últimamente está más de moda y además lo vence cada vez que tiene la ocasión de demostrarlo: la inmovilidad y el tremendismo elevados por algunos a la categoría de arte pese a la irracionalidad que suele terminar en sucias obras cuando no en la enfermería.

Estamos pues, ante un torero de meridiana claridad, netamente renacentista y a la vez tan capaz que, si la suerte le acompaña, podrá durar mucho tiempo y servir de referencia magistral a los que vayan llegando en el futuro.

Miguel Ángel Perera. Nació en La Puebla del Prior (Badajoz), el 27 de noviembre de 1983. Debutó en la plaza de Las Ventas en Madrid el 6 de junio de 2004. Tomó la alternativa en Badajoz el 24 de junio de 2004 con toros de Jandilla y la confirmó en Madrid el 26 de mayo de 2005, también con reses de Jandilla. Muy ligado a este encaste –también al hermano de Fuente Ymbro– y a los criadores de ambas ganaderías, Borja Domecq y Ricardo Gallardo, que fueron los que primero y más creyeron en Miguel Ángel desde sus comienzos, mientras a muchos no acabara de convencernos por la frialdad interior que repercutía en su relativamente sosa expresión torera. Aunque, tan naturalmente valiente e interiormente tan ambicioso, que desde su etapa novilleril no cesó de triunfar con una regularidad aplastante, y ello a pesar de no pocos percances y cornadas. Muchas cosas más llevaba dentro de sí Perera aunque tardó en sacarlas, y eso ocurrió en la temporada de 2006, cuando tras cambiar de apoderado varias veces, se encomendó al hombre clave de su carrera, el matador de toros poco antes retirado Fernando Cepeda. La persona ideal para que Miguel Ángel se tranquilizara, aprendiera lo que hasta entonces nadie le había enseñado y, a la postre, confiara totalmente en sí mismo, al punto de romper en alguien realmente importante y hasta en asombroso.

Celoso como pocos de sí mismo y con una idea muy clara de lo que pretendía hacerles a los toros, terminó por conseguirlo con tanta rotundidad frente a toda clase de ganado que en una temporada y media se encaramó a la primera fila sin que nadie se atreviera a discutirlo. Y es que Perera ha conseguido algo realmente inaudito: resumir hasta perfeccionarlas en su sola persona todas las revoluciones técnicas que han hecho progresar el toreo en quietud, temple y cercanía. Con tanta intensidad, hondura y poderío no habíamos visto nada igual a nadie.

Fue a mediados de la temporada 2007, tras haber resultado gravemente herido en la feria de Sevilla, cuando Perera empezó a dar pruebas fehacientes de su excepcional capacidad allá donde fue llamado. Pero cuando su eclosión tuvo espectaculares resultados e incalculables consecuencias fue en la feria de Palencia de ese mismo año con toros de Fuente Ymbro. Esa tarde la recordaremos siempre cuantos estuvimos presentes por ser la del inicio de un posible nuevo reinado en el toreo. Sucedió además, que por aquellos días cayeron heridos o por enfermedad –caso de Manzanares– varios toreros de primera fila, y todos los empresarios recurrieron a Perera para que les sustituyera, ocasiones que el de Badajoz aprovechó a tope, con lo que sembró cuanto vendría el año siguiente: 2008, una temporada histórica en la que triunfó y quedó por encima de todos en casi todas las ferias de España y de Francia hasta culminar en una tarde por todo memorable en Las Ventas, al encerrarse solo con seis torazos de distintas ganaderías y lograr un triunfo a costa de resultar por dos veces herido, y la segunda muy gravemente, pese a lo cual continuó en el ruedo hasta dar muerte al último toro. Tan mala suerte se tradujo en una costosísima recuperación que le costó cinco intervenciones quirúrgicas hasta que, una vez repuesto, reapareció en América y confirmó su alternativa en la Monumental de México, logrando un triunfo de clamor con tres orejas y un rabo.

Como es lógico, toda la afición estuvo pendiente de Perera y deseando que repitiera la campaña que le aupó a la gloria máxima, quid de la cuestión más difícil que tiene pendiente de resolver, tal y como siempre ocurrió en el toreo, pues no basta con llegar a lo más alto, sino permanecer así durante varios años. ¿Inconvenientes? Los habituales, los mismos que han tenido que resolver todas las figuras que son y han sido. Pero en el caso de Miguel Ángel Perera, uno muy particular, el único pecado que puede afectarle, pues no se le puede achacar por defecto o carencia sino por exceso. De que acierte o no en la más conveniente administración de su celo y de su impresionante valor, depende su futuro.

Entre los muchos otros toreros que surgieron inmediatamente antes o después de los últimos mencionados, la mayoría no lograron traspasar la frontera que separa a los distinguidos del abundante pelotón que ahora nutre en demasía las combinaciones feriales. Pero hay dos que, sin haber «roto» del todo, también forman parte de la élite: Alejandro Talavante y Cayetano Rivera Ordóñez.

Alejandro Talavante Rodríguez, nació en Badajoz el 24 de noviembre de 1987. Debutó con picadores en Francia el 1 de febrero de 2004, y tomó la alternativa en Cehegín el 9 de junio de 2006. Pero hay una fecha en su carrera que fue clave para su vida profesional: la presentación como novillero en plena Feria de San Isidro de 2006, exactamente el 26 de mayo. Ese día, y sin triunfar por fallar garrafalmente con la espada, sus dos faenas a sendos novillos de El Ventorrillo conmocionaron a los aficionados por la singularidad interpretativa de su hacer el toreo. Muy en la línea del mejor José Tomás –a quien Alejandro admira desde niño–, pero con acentos más dulces y sutiles. El alboroto le lanzó enseguida a la fama y nadie quiso perderse sus siguientes actuaciones, ya de matador de toros, porque pocos días después de la efeméride novilleril en Madrid, fue doctorado en la plaza de Cehegín

De seguido, asombró en Granada, Badajoz, Santander y Huelva. Tan buena nueva parecía imparable, pero una cogida sufrida en El Escorial a mediados de agosto le obligo a interrumpir la marcha triunfal y, a partir de entonces, la estrella de Talavante decayó en regularidad para convertirse en un torero desconcertantemente desigual. La fuerza adquirida por sus cantados éxitos le permitió no obstante continuar en la primera fila en máxima novedad, y como a las simas de muy extrañas por increíblemente malas actuaciones seguían otras de nuevo memorables –el rabo que cortó en Linares al final de este primer año como matador de toros fue otra clave–, los empresarios siguieron contratándole sin problemas.

La temporada de 2007 la inició por todo lo alto con indiscutibles triunfos y sucesivas salidas a hombros en Fallas, en Madrid la tarde de su confirmación de alternativa el 8 de abril, y en la Feria de Sevilla, donde abrió la Puerta del Príncipe… hasta que, otra vez, quedó sumido en la desigualdad. Y al año siguiente, en un profundo bache que, apenas salvado en contadas ocasiones, le empezó a costar no repetir en varias plazas donde antes había sido aclamado, o al menos le esperaron con ilusión. Reaccionó cuando finalizaba la temporada en Jaén y ello le convenció para replantearse todo de cara a un futuro que, tal y como parece ser este torero, lo mismo podría resultar glorioso y duradero que, no lo queremos, entrar desgraciadamente en las tinieblas.

Cayetano Rivera Ordóñez nació en Madrid, el 13 de enero de 1977. Debutó con caballos el 26 de marzo de 2005 en Ronda y tomó la alternativa en la tradicional Corrida Goyesca de esta misma plaza, el 10 de septiembre de 2006, confirmándola en Madrid en la Feria de San Isidro de 2007. O sea, con 30 años cumplidos. Un caso singular por lo sorprendente que para muchos resultó su repentina y muy tardía decisión de ser torero. Sobre todo dada su impresionante ascendencia torera, pareja a la de su hermano Francisco, que fue el primero en «asustarse» cuando supo que Cayetano quería emular a la familia. Pero bueno, lo mejor fue que a todo el mundo le encantó la sorpresa y que Cayetano la resolvió con bastante desenvoltura para lo que cabía esperar por su falta de experiencia y, por tanto, de oficio. En muy corto periodo de tiempo, de no saber ni cómo coger el capote y la muleta, pasó a lograrlo con excepcional empaque y no poco genio en cuanto tuvo ocasión de mostrarse tal cual lo parieron toreramente hablando. Y eso tanto en su cortísima etapa novilleril como de matador de toros.

Sin embargo, algo iba a pesar mucho en el empeño: la falta de ese «sitio» que solo se adquiere toreando mucho. Esa seguridad al mil por mil que deben desarrollar y poseer los toreros, y que les permite poder quitarse en una décima de segundo de cualquier acoso imprevisto de los toros. A Cayetano le cogen demasiadas veces y eso termina pagándose.

En paralelo, el menor de los Rivera suma haber caído de pie en los medios que le siguen como si fuera un príncipe de sangre real y no cesa de aparecer en periódicos, revistas y en todas las televisiones. Además de torero, modelo internacional, guapo oficial, invitado especial en todos los saraos y fiestas mundanas... En fin, que mejor imposible, aunque, por lo que respecta a su profesión principal, lo llevan entre privilegiados algodones y ayudas incontables que compensan sus carencias. Muy medidas sus comparecencias y debuts que espacia y administra demasiado; por el momento, y pese a la excelencia de su estilo, profesionalmente está sobrevalorado.

Y menos mal que la suerte no le abandonó en momentos claves con muy buenos toros que le permitieron triunfar donde más le fue conviniendo. Alternativa, debut en las Fallas, confirmación de Madrid... Pero falta resolver lo que le espera en Sevilla cuando comparezca en la Maestranza ya de matador, en los Sanfermines de Pamplona, dentro de las Corridas Generales de Bilbao, que es cuando hay que ir al bocho y no como invitado especial, a la feria del Pilar en Zaragoza... En definitiva, que le falta afrontar una carrera con absoluta seriedad.

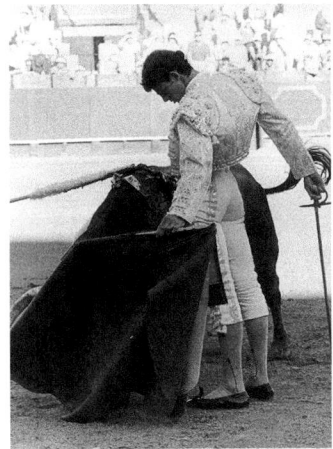

Eugenio de Mora.

Claro que, a Cayetano le adornan muchas virtudes naturales: su atractivo físico, su omnipresente planta en las plazas y fuera de ellas, un sentido torero netamente ordoñista por empaque, temple y elegante naturalidad salpicada con ramalazos gitanos que le brotan espontáneamente, y un enrazado valor de fondo también heredado de todos sus antepasados todavía sin desarrollar.

¿Futuro como posible gran torero? Está por ver. Depende de qué pese más en sus deseos e intenciones más sinceras. Si prima la vida social en la que ya es figura principal, se mueve como pez en el agua y de la que, además, obtiene grandes rendimientos, o ser matador de toros con todas las consecuencias, lo que conlleva grandísimos sacrificios que tendrá que aceptar, aunque ya lleva sufrido lo suyo con varios percances y cornadas, alguna grave, realmente inoportunas e inquietantes por difícilmente explicables. De momento, Cayetano atiende por igual las dos opciones y aunque él niega que eso le perjudique, no todos pensamos igual.

Miguel Abellán.

Aparte los glosados individualmente y los aún por contrastar en próximas temporadas, la actual generación se amplía con otros toreros que ya figuran en muchas ferias y que mencionamos a continuación:

El valenciano de Xátiva **José Pacheco «El Califa»**, batallador nato y triunfador en las plazas de su región y en la Feria de San Isidro de Madrid; el toledano **Eugenio de Mora**, clásico y hasta perfecto con la muleta en sus mejores tardes en las Ventas, la Maestranza y la Monumental de México, testigos de sus mejores faenas; el madrileño **Miguel Abellán**, tan valiente y deseoso que llega a tropezar con la razón, aunque ya ha logrado abrirse hueco entre las figuras e intenta permanecer arriba; el cordobés **José Luis Moreno**, puro y siempre entregado, aunque sin demasiada suerte; el jerezano **Juan José Padilla**, verdadero «gladiador» en corridas duras y que arrasa allá donde pisa; y, entre otros, el aragonés **Jesús Millán**, como última promesa aún por ver cuando toree más.

ÚLTIMOS CONSEJOS

El primero es que no se conformen con leer este libro. Los nuevos espectadores, antes que nada, deben asistir a todas las corridas de toros que les sea posible y, si pueden, acompañados de muy buenos aficionados.

El segundo se refiere al peligro que para los espectadores sin formación supone contentarse con ver corridas de toros a través de la televisión, aunque sean un sustitutivo cómodo y goloso. Cuando acudan a la plaza y vean varias corridas, podrán comprobar lo diferente que es el espectáculo contemplado «in situ». Los objetivos de las cámaras aplanan las imágenes. No dan, por ello, sensación de profundidad, ni tampoco pueden abarcar permanentemente todo el ruedo. La comprensión de la lidia, sobre todo, requiere muchas e inmediatas referencias de visión que la televisión no puede ofrecer; el telespectador taurino se ve obligado a conformarse con planos detallistas –sin duda atractivos–, con las imágenes que el realizador quiera mostrarle a su capricho –no siempre acertado–, y con verborreicos e incesantes comentarios frecuentemente interesados en demostrar que todo lo que aparece por la pantalla es estupendo y sin matices. En cualquier caso, el telespectador que no sepa mucho de toros siempre deberá preocuparse de estar delante del televisor junto a algún amigo que sepa de lo que ve.

La tercera recomendación para nuevos aficionados es sugerirles la lectura de algunos libros. Por ejemplo: *Juan Belmonte, matador de toros*, de Chaves Nogales; *¿Qué es torear?*, de Gregorio Corrochano; *Memorias de Clarito*, de César Jalón; *Tauromagia*, de Guillermo Sureda; *El hilo del toreo*, de Pepe Alameda; *El Toro y su Lidia*, de Claude Popelín; *Las orejas y el rabo*, de Jean Cau; *Estirpe y tauromaquia de Antonio Ordóñez*, de Antonio Abad Ojuel; *Nacido para morir y Tauromaquia de José María Manzanares*, de José Carlos Arévalo y José Antonio del Moral; *El Toro Bravo*, de Álvaro Domecq; *Mi gente*, de Pepe Dominguín; *Por las rutas del toro: Geografía europea del toro de lidia*, de Joaquín López del Ramo; *Toros, toreros y públicos*, de Antonio Caballero; *Tauromaquia de A a la Z* (diccionario en dos tomos), de Marceliano Ortiz Blasco, y *Las suertes del toreo por sus protagonistas*, de José Luis Ramón.

Finalmente, a todos los nuevos aficionados que, lógicamente, quieran contrastar sus propias opiniones con las de los críticos, queremos darles nuestro último consejo: si después de presenciar una corrida leen o escuchan una crónica de la misma y les parece que no tiene que ver con lo que ellos han contemplado en la plaza, desestímenla. Porque la crítica debe ser fiel a los hechos y ceñirse a lo que ocurra y, a la vez, faro que ilumine: descubra a los aspectos que los espectadores no han sido capaces de observar en el ruedo con los que, sin embargo, se identifiquen plenamente. Jamás sostén de cerriles caprichos ni de narcisista contrariedad con la opinión de la mayoría. En casi todas las corridas de toros suele haber una docena de «listos» que miran displicentemente a miles de «idiotas». No les hagan caso.

Sólo resta desear a los lectores de este libro que sus primeras experiencias sean fructíferas y lo mismo que se les dice a los toreros antes de hacer el paseíllo: «¡Suerte, vista y al toro!».

Laus Deo.

Primera edición.–Córdoba, octubre de 1993. Triana, enero de 1994.
Edición de lujo corregida, aumentada y actualizada.– Triana, noviembre de 2000.